权威·前沿·原创

皮书系列为
"十二五""十三五"国家重点图书出版规划项目

BLUE BOOK

智 库 成 果 出 版 与 传 播 平 台

四川蓝皮书
BLUE BOOK OF SICHUAN

2021年四川经济形势分析与预测
ECONOMY OF SICHUAN ANALYSIS AND FORECAST (2021)

名誉主编 / 杨　钢
主　编 / 达　捷
副主编 / 陈　映　陈　妤

社会科学文献出版社
SOCIAL SCIENCES ACADEMIC PRESS (CHINA)

图书在版编目(CIP)数据

2021年四川经济形势分析与预测/达捷主编.——北京:社会科学文献出版社,2021.10
(四川蓝皮书)
ISBN 978-7-5201-8647-6

Ⅰ.①2… Ⅱ.①达… Ⅲ.①区域经济-经济分析-四川-2021②区域经济-经济预测-四川-2021 Ⅳ.①F127.71

中国版本图书馆CIP数据核字(2021)第136462号

四川蓝皮书
2021年四川经济形势分析与预测

名誉主编 / 杨 钢
主　　编 / 达 捷
副 主 编 / 陈 映　陈 妤

出 版 人 / 王利民
责任编辑 / 王 展
责任印制 / 王京美

出　　版 / 社会科学文献出版社·皮书出版分社 (010) 59367127
　　　　　地址:北京市北三环中路甲29号院华龙大厦 邮编:100029
　　　　　网址:www.ssap.com.cn
发　　行 / 市场营销中心 (010) 59367081　59367083
印　　装 / 三河市东方印刷有限公司

规　　格 / 开 本:787mm×1092mm　1/16
　　　　　印 张:21.25　字 数:316千字
版　　次 / 2021年10月第1版　2021年10月第1次印刷
书　　号 / ISBN 978-7-5201-8647-6
定　　价 / 249.00元

本书如有印装质量问题,请与读者服务中心 (010-59367028) 联系

▲ 版权所有 翻印必究

四川蓝皮书编委会

主　任　李后强　向宝云

副主任　李卫宏

编　委（按姓氏拼音为序）

安中轩　陈　映　陈　妤　陈井安　柴剑峰
达　捷　郭晓鸣　黄　进　侯水平　何祖伟
李明泉　李晟之　廖冲绪　廖祖君　刘　伟
骆　希　彭　剑　庞　淼　盛　毅　王　芳
杨　钢　张立伟　张克俊

摘 要

2020年伊始，受新冠肺炎疫情的严重冲击和国内外多种不利因素的影响，四川经济增速出现了大幅下滑。但得益于不断推出的"稳增长、促改革、调结构、惠民生"项目，四川经济增长在第四季度基本回到常态运行区间，主要经济指标表现均好于全国平均水平。其中，GDP同比增长3.8%，增速比全国平均水平高1.5个百分点。第一、第二、第三产业增加值分别同比增长5.2%、3.8%和4.5%，第一、第二、第三产业增速分别高于全国平均水平2.2个、1.2个和1.3个百分点。规模以上工业增加值同比增长4.5%，投资增速高于全国7个百分点，进出口增速高于全国17.1个百分点，城镇居民、农村居民人均可支配收入增速分别高于全国2.3个和1.7个百分点，社会消费品零售总额增速比全国平均水平高1.5个百分点。

2021年，随着国际经济环境的好转，国内经济将持续回升。作为我国"双循环"潜力最大的重要区域，再加上成渝地区双城经济圈建设、西部大开发等政策的支持，四川的主要经济指标将持续高于全国平均水平。其中，GDP增速将有望达到7%左右，第一产业增长3%以上，第二产业增速稳定在7%~8%，第三产业增长8%~9%，投资增长7%以上，消费增长10%以上，进出口增速将有所回落，但增速有望保持在10%以上。

关键词： 四川省 经济形势 区域经济 成渝双城经济圈

前　言

四川省地处中国西南腹地，辖区面积48.6万平方公里，居中国第5位，辖21个市（州）、183个县（市、区），山清、水秀、人美，宜居、宜业、宜商，素有"天府之国"的美誉。四川是我国的资源大省、人口大省、经济大省，人口和经济总量均居西部首位，产业种类齐全，市场潜力巨大，在西部经济版图中具有举足轻重的地位。改革开放以来，四川各族人民奋进新时代，把握新机遇，迎接新挑战，砥砺新征程，以永不懈怠的精神状态和一往无前的奋斗精神，斩关夺隘、攻坚克难，在这片充满诗情画意的土地上书写着从悲壮走向豪迈的壮丽篇章。

2020年是全面建成小康社会和"十三五"规划的收官之年，也是四川发展史上极不平凡的一年。面对复杂严峻的国内外形势，特别是新冠肺炎疫情的严重冲击，四川省坚决贯彻落实党中央、国务院和省委、省政府各项决策部署，统筹推进疫情防控和经济社会发展，坚持稳中求进工作总基调，坚持新发展理念，坚持以供给侧结构性改革为主线，按照"农业多贡献、工业挑大梁、投资唱主角、消费促升级"的工作思路，深入推进"一干多支、五区协同""四向拓展、全域开放"等战略部署，全省经济实力持续壮大，质量效益稳步提升，改革创新成效显著，社会事业全面进步，为开启全面建设社会主义现代化四川新征程奠定了坚实基础。

2021年是中国共产党成立100周年，也是"十四五"规划的开局之年。从当前国际国内形势来看，全球经济逐步复苏，疫苗接种加快，市场对经济前景的预期趋于乐观；我国经济呈现稳定恢复态势，经济发展动力不断增强，积极因素明显增多。然而，外部环境依然复杂严峻，近期多国疫情反弹进一步增加了经济恢复的不确定性，世界经济复苏不平衡不稳定日益凸显，我国经济恢复基础尚不牢固，经济社会发展仍面临不少风险挑战。从四川来看，全省经济延续稳定恢复态势，发展活力持续增强，但发展不平衡不充分问题仍然突出。中共四川省委十一届九次全会审议通过了深入推进创新驱动引领高质量发展的决定，明确把创新驱动引领高质量发展作为一项长期而紧迫的重大任务来抓，深入实施创新驱动发展战略，再加上"一带一路"建设、长江经济带发展、新时代西部大开发、黄河流域生态保护和高质量发展，特别是成渝地区双城经济圈建设等国家战略部署，为四川经济发展带来了新的历史契机。如何认识和把握这些重大历史机遇，找准发展定位，明确发展目标，优化发展规划，创新发展路径，以实现四川省经济的高质量发展，是我们所面临的重大课题。因此，全面、深入分析四川经济发展现状，科学、准确预测其发展趋势，尤为重要。

本书以四川省经济发展面临的新环境、新机遇为出发点，以四川经济发展现状及发展趋势为研究对象，以为省委、省政府进行经济发展战略决策、制定经济调控政策提供对策建议为主要目标，打造四川经济问题研究人才队伍，构筑四川省经济问题研究平台，充分调动全社会资源为四川深入推进创新驱动引领高质量发展服务。本书在分析2020年全省各项经济工作的基础上，对2021年全省经济发展形势做出初步预测。全书分为总报告、综合篇、区域篇、产业与行业篇、专题篇、数说天府六大部分。其中，第一部分是总报告，主要对全省经济运行的总体情况进行分析与预测。第二部分是分报告，主要对固定资产投资、财政、金融、消费、进出口等宏观经济形势进行分析和预测。第三部分是区域篇，对成都平原经济区、川南经济区、川东北经济区、攀西经济区、川西北生态示范区的经济运行情况进行分析和预测。第四部分是产业与行业篇，涵盖四川三次产业、部分重点产业和行业的分析与预测。第五部分是专题篇，涉及四川经济高质量发展以及全面深化改革中的重点、难点问题，如数字经济发展、民族地区经济社会发展、科技协同创新发展等等。第六部分是"数"说天府。四川天府新区面积1578平方公里，于2014年10月获批国家级新区。按照习近平总书记"一点一园一极一地"战略定位和重大要求，以建设公园城市统揽全局，完善城市功能、集聚高端要素，2020年实现经济总量3561亿元，居19个国家级新区第5位。"数"说天府部分对四川天府新区进行了专题研究。

本书在四川省社会科学院蓝皮书编委会指导下，由产业经济研究所组织选题、研究、撰写和编辑；书中各报告由相关领域专家学者撰写，并得到四川省发展和改革委员会、财政厅、政府国有资产监督管理委员会、经济和信息化厅、商务厅、农业农村厅、住房和城乡建设厅、经济合作局、统计局、人力资源和社会保障厅、科技厅、文化和旅游厅、乡村振兴局、中国人民银行成都分行、四川天府新区行政审批局、四川天府新区成都管理委员会税务局、四川天府新区新经济局、四川大学、西南财经大学、西南民族大学等单位的大力支持，在此表示忠心感谢！四川天府新区行政审批局李谦局长、四川发展资产管理有限公司原党委书记兼董事长蒙宇博士、重庆市国有资产监督管理委员会刘达参与本书的编撰工作，在此一并表示感谢！

本书的出版发行得到社会科学文献出版社领导和同仁的帮助与支持，在此表示深深的感谢！

由于编者水平有限，本书难免存在缺点和不足，敬请各位领导、专家和广大读者指正！

目 录

Ⅰ 总报告

B.1 应对疫情着力稳动力，抢抓机遇率先布新局
　　——四川省2020年经济形势分析与2021年走势预测
　　　　　　　　　　　　　　　　　盛　毅　曹玉鑫 / 001
　一　2020年四川经济发展的六个亮点 …………………… / 002
　二　对2021年四川经济走势的分析预测 ………………… / 008
　三　2021年促进经济稳定回升的建议 …………………… / 013

Ⅱ 分报告

B.2 2020~2021年四川省固定资产投资分析与预测
　　　　　　　　　　　　　　　　　陈　妤　张　萌 / 016
B.3 2020~2021年四川省财政形势分析与预测 …… 胡建中 / 026
B.4 2020~2021年四川省金融形势分析与研判 …… 罗志华 / 035
B.5 2020~2021年四川省消费品市场分析与预测 … 刘艳婷 / 044
B.6 2020~2021年四川省进出口贸易分析与预测
　　　　　　　　　　　　　　　　　袁　境　李世佳 / 054

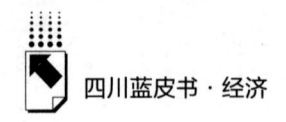

Ⅲ 区域篇

B.7 2020~2021年成都平原经济区经济形势分析与预测
　　…………………………………… 陈　映　薛建飞 / 066

B.8 2020~2021年川南经济区经济形势分析与预测
　　…………………………………… 龚勤林　谭　英 / 082

B.9 2020~2021年川东北经济区经济形势分析与预测 …… 曹　瑛 / 095

B.10 2020~2021年攀西经济区经济形势分析与预测
　　…………………………………… 段　莉　张芙蓉 / 106

B.11 2020~2021年川西北生态示范区经济形势分析与预测
　　……………………………………………………… 周　俊 / 121

Ⅳ 产业与行业篇

B.12 2020~2021年四川省农业经济发展形势分析与预测 …… 周　杰 / 133

B.13 2020~2021年四川省工业经济发展形势分析与预测
　　…………………………………… 王　磊　达　捷 / 140

B.14 2020~2021年四川省服务业发展形势分析与预测
　　…………………………………… 陈红霞　何　飞 / 149

B.15 2020~2021年四川省房地产市场发展形势分析与预测
　　…………………………………… 刘成高　徐维德 / 157

B.16 2020~2021年四川省电子信息产业发展形势分析与预测
　　……………………………………………………… 杨成万 / 164

B.17 2020~2021年四川省装备制造业发展形势分析与预测
　　……………………………………………………… 邵平桢 / 181

B.18 2020~2021年四川省白酒产业发展形势分析与预测
　　……………………………………………………… 李　晶 / 190

Ⅴ 专题篇

B.19 新时期四川省高新技术产业开发区高质量发展研究 …… 王 磊 / 201

B.20 四川数字经济发展实践探索与创新策略 …… 陈 映 彭雅洁 / 209

B.21 信贷支持四川制造业高质量发展的对策分析 ………… 黄 坚 / 223

B.22 投贷联动模式助力四川省科技企业发展的分析及思考
　　……………………………………………………… 李 由 / 232

B.23 2021年四川省民族地区经济社会发展研究 ………… 贾兴元 / 241

B.24 成渝地区科技协同创新的机制与路径研究 …… 李忠鹏 张 萌 / 251

B.25 四川省农产品流通体系发展现状及建议 ……………… 达 捷 / 261

B.26 四川城市(旧城)更新研究报告
　　——以成都市为例 ………… 刘文杰 杨国军 田 焱 / 268

B.27 谋划推动川南航空货运枢纽布局的思考 ……………… 关焕文 / 278

Ⅵ "数"说天府

B.28 提升四川天府新区成都科学城创新策源功能的对策建议
　　……………………………………………………… 刘 洋 / 288

B.29 2021年四川天府新区数字经济发展形势分析与预测 …… 向娟娟 / 298

B.30 税收视角下四川天府新区科创企业发展现状、瓶颈及对策研究
　　…… 国家税务总局四川天府新区成都管理委员会税务局课题组 / 307

皮书数据库阅读使用指南

总报告

General Report

B.1
应对疫情着力稳动力，抢抓机遇率先布新局

——四川省2020年经济形势分析与2021年走势预测

盛毅 曹玉鑫*

摘　要： 2020年，面对新冠肺炎疫情的严重冲击和国内外多种不利因素的影响，四川经济呈现出先急速下滑再迅速回升态势，于第四季度基本回到常态运行区间，总体上好于全国平均水平，呈现出六个亮点。2021年，四川经济将继续保持回升态势，预计GDP增长7%以上，主要经济指标继续高于全国平均水平。为实现"十四五"发展的良好开局，四川要抓住国家重大政策机遇，以高质量发展为主题，以加快经济结构调整为主线，积极对接国家战略部署，全面扩大内外循环，着

---

* 盛毅，四川省社会科学院研究员，主要研究方向为宏观经济、区域经济和产业经济；曹玉鑫，四川省社会科学院产业经济学硕士研究生。

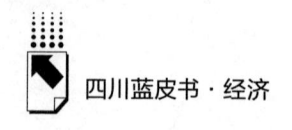

力优化营商环境，大力发展先进制造业。

关键词： 经济增长　经济形势　高质量发展　四川

2020年，四川统筹推进疫情防控和经济发展，针对疫情冲击造成的巨大困难，围绕完成全面建成小康收官任务和"十四五"开局的发展部署，深入推进"一干多支"战略，坚持把"农业多贡献、工业挑大梁、投资唱主角、消费促升级"作为发展着力点，努力稳定增长动力，全面推进结构调整，着力深化改革开放，把疫情影响降到了最低，实现了经济的率先回升。2021年，四川将抓住成渝地区双城经济圈建设、"一带一路"建设、新时代西部大开发等战略性机遇，抓住国家推进"双循环"、鼓励科技和制度创新等重大措施带来的机遇，持续推进改革开放，继续优化经济结构，不断增强市场活力，全面开启"十四五"新征程，推动经济进入初步现代化轨道。

一　2020年四川经济发展的六个亮点

2020年，四川经济呈现先急速下滑再迅速回升态势，主要经济指标到第四季度恢复到接近上年同期水平，呈现出以下亮点。

（一）应对疫情措施有力，受冲击程度相对较小

面对突如其来的疫情冲击，四川及时开展疫情排查和防控措施评估，针对感染人数散发、总体数量不大、风险管控到位的实际情况，率先实施了分区分级管控的措施，并对不断出现的新情况和新问题实施防控隐患再排查、防控重点再明确、防控要求再落实等举措，完善首站、首问、首诊负责制，坚决防止因局部防控不力造成疫情反弹。在周密部署和严格管控下，四川不仅在春节假期后比全国诸多省区市提前上班，而且根据疫情的缓解及时降低

风险等级，出台十三条政策缓解中小企业生产经营困难，加大减负、金融、财税、稳岗支持力度，采取各种办法保物流畅通，防止产业链中断，为促进经济迅速回升创造了有利条件。

（二）稳增长效果明显，经济率先实现快速回升

在疫情严重冲击下，四川经济运行出现了短时间的近乎停摆，第一季度GDP同比下降3%。第二季度，由于四川疫情得到有效控制，应对疫情的措施迅速到位，特别是围绕让投资"唱主角"的措施出台，四川经济进入生产回升、消费回补、投资加速阶段，GDP先于全国实现0.6%的正增长。进入第三季度，全省经济继续稳步回升，同比增长2.4%，增速高于全国1.7个百分点。第四季度基本恢复到上年同期水平，增速高于全国1.1个百分点，经济总量继续排全国各省区市第6位。全年实现GDP 48598.8亿元，较上年增长3.8%，增速高于全国1.5个百分点，完成年初预期目标。其中工业恢复良好，第二产业恢复速度要较第三产业快2~3个月。

（三）投资增速回升最快，对经济回升支撑明显

为应对疫情冲击，四川省加大了投资力度，努力让投资"唱主角"，紧紧围绕补短板扩大有效投资，重点抓了700个全省重点项目，2020年度预计投资6000亿元以上。其中，《四川省大力推动基础设施等重点领域补短板2020年工作方案》明确，2020年力争完成交通基础设施投资1900亿元。为确保投资增长，四川紧锣密鼓开展项目集中开工、2020中外知名企业四川行投资推介会等活动，有力地促进了投资的迅速回升，全社会固定资产投资在第二季度恢复正常水平。2020年，四川省全社会固定资产投资比上年增长9.9%（见图1），增速比前三季度回升2.1个百分点，保持了增速逐季回升的态势。三次产业投资分别增长35.6%、10.7%、8.3%；全年增速比全国高7个百分点，在各省区市中居于前列。

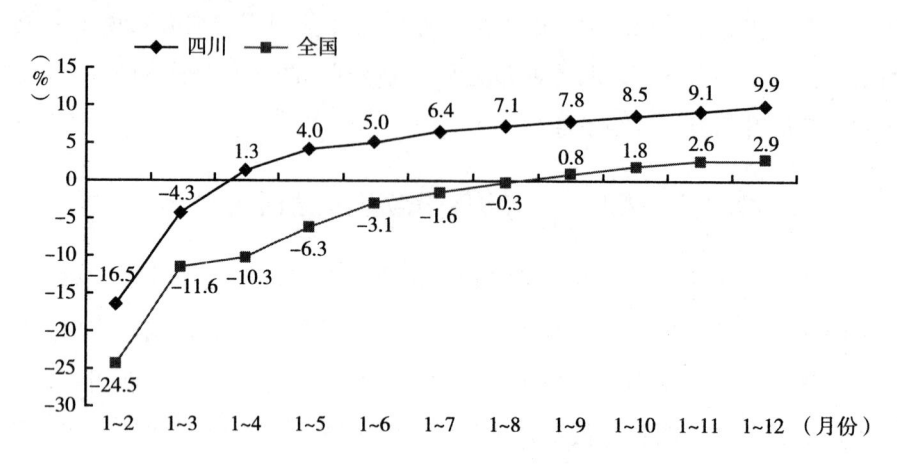

图1　2020年四川和全国固定资产投资累计增速

（四）工业受冲击相对较小，结构调整步伐加快

依托保物流畅通、保供应链正常运行、大力开展数字经济试验区建设等工作基础，工业投资全年增长10.7%，同时持续提升集成电路、新型显示创新能力，建成全球重要的电子信息产业基地，加快完善氢能产业链等措施的实施。工业恢复的情况比服务业好。1~12月，全省规模以上工业增加值比上年增长4.5%，增速比全国平均水平高1.7个百分点，其中规模以上高技术产业增加值增长11.7%。工业利润加快回升，1~11月规模以上工业企业实现利润总额2706.5亿元，增长8.2%。全年增长较快的经济成分为股份制企业（4.3%）、外商及港澳台商投资企业（7.7%），集体企业、股份合作制企业降幅较大。分行业看，增长较快的有计算机、通信和其他电子设备制造业（17.9%），电气机械和器材制造业（13.4%），石油和天然气开采业（12.2%），传统制造业等增速普遍较低。从主要产品看，增长较快的有发电设备（32.9%）、汽车（14.3%）、电子计算机整机（14.2%）、天然气（12.0%）、发电量（7.7%），另外，煤炭、汽油、平板玻璃、成品钢材、生铁、啤酒、白酒等传统产品增速也在第四季度逐渐回稳。

（五）进出口增长表现抢眼，高新区贡献最大

进出口表现出超预期的韧性，全年进出口总额突破8000亿元，居全国第8位，增速为19%，比全国高17.1个百分点，居全国第1位。在2020年1~3月受疫情冲击最严重的时期，全省实现货物进出口同比增长10.7%（见图2）。全年加工贸易增长最快，增长24.8%，占外贸进出口总值的63.5%。机电产品份额进一步提高，占进出口总额的89.7%。以跨境电商为主的新业态蓬勃发展，前三季度交易额增长90.2%。全年对"一带一路"沿线国家或地区实现进出口额2454.9亿元，增长24%，市场占比提高到30.4%。进出口额占四川外贸进出口总额的71.5%，前五大贸易伙伴增长情况如下：东盟（16.8%）、欧盟（27.4%）、中国台湾（20.4%）、日本（18.1%）、美国（13.5%）。对进出口贡献最大的外商投资企业增长25.3%，其占进出口总额比重上升到70.8%，占比较上年上升3.5个百分点。对进出口贡献最大的成都高新综合保税区增长26.8%，占比提高到68%。

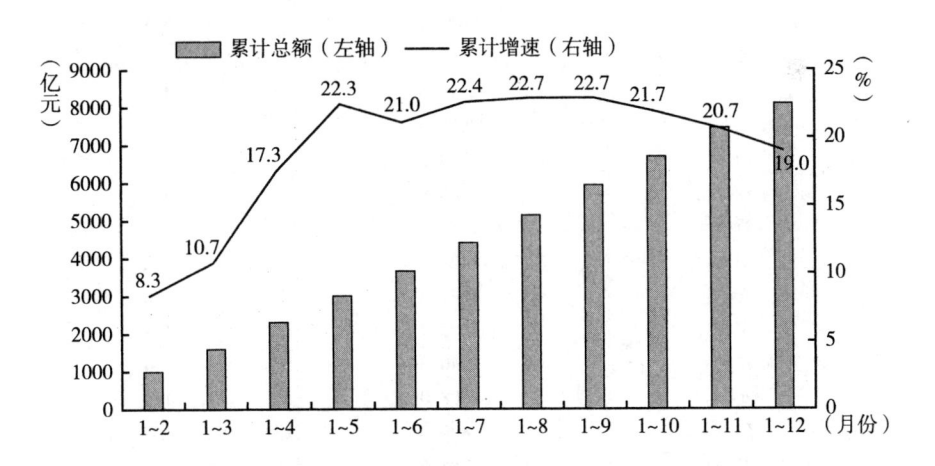

图2　2020年四川外贸进出口累计总额和累计增速

（六）各市州增速较均衡，重点地区增速普遍高于全省

作为四川省"领头羊"的成都市，全年实现GDP 17716.7亿元，同比

增长4.0%，增速高于全省0.2个百分点，其中第三产业表现更好一些（见表1）。五大经济片区全社会固定资产投资较上年增长情况如下：成都平原经济区9.9%、川南经济区10.9%、川东北经济区9.4%、攀西经济区11.4%、川西北生态示范区5.6%。四川省争创省域经济副中心的7个城市中，除德阳外其他6个城市都实现了快于全省的增长。区域中心城市不断壮大，五区协同发展持续深化。绵阳GDP突破3000亿元，10个县（市、区）GDP超过千亿元，19个县（市、区）GDP超过500亿元，批复设立宜宾三江新区、成都东部新区、南充临江新区、绵阳科技城新区。

表1 2020年四川各市州GDP总额及增速

单位：亿元，%

市州	GDP	增速
成都	17716.7	4.0
绵阳	3010.1	4.4
宜宾	2802.1	4.6
德阳	2401.1	2.5
南充	2401.1	3.8
泸州	2157.2	4.2
达州	2117.8	4.1
乐山	2003.4	4.1
凉山	1733.2	3.9
内江	1465.9	3.9
自贡	1458.4	3.9
眉山	1423.7	4.2
广安	1301.6	3.6
遂宁	1403.2	4.3
攀枝花	1040.0	4.0
广元	1008.0	4.2
资阳	830.0	4.0
雅安	754.6	4.4
巴中	767.0	2.5
阿坝	411.8	3.3
甘孜	410.6	3.6

资料来源：根据各市州2019年、2020年公报整理。

同时，也要看到经济运行存在的困难和问题也很突出。消费领域出现了一些热点，其中互联网销售、信息传输、软件和信息技术服务业以及文化办公用品、粮油、食品、饮料、烟酒、日用品、体育和娱乐用品等均实现两位数的增长，有的增速高达20%以上。1~12月，全省社会消费品零售总额同比下降2.4%（见图3），降幅比前三季度收窄2.4个百分点，8月消费实现转负为正，比全国的情况好，但与上年同期相比，还有较大的恢复空间。消费品零售总额下降幅度远大于工业，表明消费需求复苏进程要滞后于供给端。其中城镇降幅大于乡村，部分消费领域如餐饮下降9.0%、商品零售下降1.5%，一些行业仍然处于负增长态势。还有一些指标的运行情况也不乐观。其中，居民消费价格指数仍然处于近年来较高的区间，前三季度四川居民消费价格指数（CPI）分别同比上涨6.2%、5.1%、4.5%，居民消费价格指数虽在第四季度逐渐回稳，但仍然处于高位，比全国平均水平高出0.7个百分点。其中，食品烟酒类价格上涨11%，对物价上涨的推动大，稳定物价的压力依然较大。

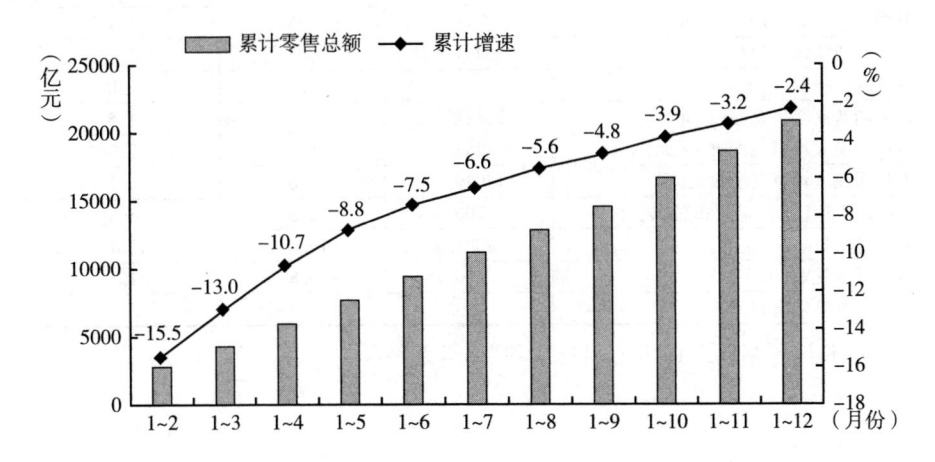

图3　2020年四川省社会消费品零售总额及增速

还有一些重要指标如失业率高于往年水平。四川将稳就业放在突出位置，全面落实国务院《关于应对新冠肺炎疫情影响强化稳就业举措的实施意见》的22条就业措施，成立省就业工作领导小组，多渠道促进农民工、高校毕业生、灵活就业者、下岗员工等群体实现就业，尽管这些行动取得了较好效果，前三季度全省城镇调查失业率分别为6.1%、6.0%、5.7%，呈逐步下降态势，但仍然比上年同期高出0.5~1.2个百分点。新增城镇就业96.2万人，较预期目标高13%，但增速仍比全国低了1.5个百分点。特别是中小企业受疫情影响大，恢复比较缓慢，造成了就业岗位的减少。财政收入负增长且下降幅度较大，而应对疫情和恢复经济增长，需要财政政策更加积极主动，无形中增加了各级政府的财政压力。此外，产业结构调整步伐还跟不上转型升级需要，推动经济高质量发展还受到体制机制不健全、龙头企业带动性不强、科技创新能力不足等的制约，这也对2021年的开局形成了挑战。

表2 2020年四川主要经济指标情况

指 标	数值	同比增加(%)	增速与全国相比 (个百分点)
GDP(亿元)	48598.8	3.8	1.5
第一产业增加值(亿元)	5556.6	5.2	2.2
第二产业增加值(亿元)	17571.1	3.8	1.2
其中规上工业增加值(亿元)	—	4.5	1.7
第三产业增加值(亿元)	25471.1	3.4	1.3
固定资产投资(亿元)	—	9.9	7.0
社会消费品零售总额(亿元)	20824.9	-2.4	1.5
城镇居民人均可支配收入(元)	38253	5.8	2.3
农村居民人均可支配收入(元)	15929	8.6	1.7
1~11月规上工业企业利润(亿元)	2706.5	8.2	5.8
外贸进出口总额(亿元)	8081.9	19.0	17.1
城镇新增就业(万人)	96.2	-10.8	-1.5
居民消费价格指数(%)	3.2	—	0.7

资料来源：根据全国和四川省2019年、2020年公报整理。

二 对2021年四川经济走势的分析预测

2021年是"十四五"规划开局之年，考虑疫情不出现大的反弹，经济发展将继续保持回升态势，不排除GDP增长超过7%的可能性。

（一）国际经济环境将有所好转，企业市场拓展空间扩大

尽管当前许多国家深受新冠肺炎疫情困扰，经济运行重回正常轨道的曙光还未显露，但随着疫苗的问世和疫情基本得到控制，2020年被压抑的需求，部分会在2021年得到释放。国际有关机构对中国2021年的经济增长预测普遍持乐观态度（见表3）。虽然四川外贸企业2020年增速已经很高，但由于进出口总额只有8081.9亿元，占GDP的16.6%，与东部地区外贸依存度高的省市达到120%以上相比，潜力还很大，保持较快增长可以预期。同时，国内企业出口回升，也会带动四川省的原料、半成品、零部件等配套企业生产的好转，与出口相关的企业均有希望实现快于2020年的增长。同时，随着各国尤其是发达国家消费和投资信心的恢复，外商投资增速也将有所回升，四川作为"双循环"潜力最大的重要区域，再加上有成渝地区双城经济圈建设、西部大开发等政策的支持，有双流国际机场与天府国际机场双机场的营运，有中欧国际班列更加完善的运输体系，有更加完善的营商环境，外商投资将有所回升。此外，对外经济合作的情况预计好于2020年。

表3 国际有关机构对中国2021年经济增速的预测

单位：%

预测主体	预测增速	预测时间
国际货币基金组织	8.2	2020年10月
经济合作与发展组织	6.8	2020年9月
世界银行	7.9	2020年10月
亚洲开发银行	7.7	2020年9月
惠誉国际	7.7	2020年9月
穆迪公司	7.0	2020年9月

资料来源：根据各官方发布网站整理。

（二）国内经济回升势头不变，投资和消费机会增多

构建"双循环"格局，必将进一步扩大市场需求，其中消费需求在

2020年受疫情抑制，反弹动力非常强，只要疫情逐步缓解，餐饮、旅游、影视等行业将出现超常态的增长。到2020年9月，四川省的批发、零售、住宿、餐饮等受疫情冲击严重的行业，都已基本恢复到了正常水平，第四季度复苏的进程还在加快。考虑到2020年投资增长快，产生的部分需求会滞后一段时间反应出来，因此投资也成为经济回升的较强动力。四川为落实成渝地区双城经济圈建设任务，2021年许多大项目将加快推进，如成南达万高铁、成渝高铁中线、西渝高铁四川段、渝昆铁路四川段等铁路建设，也包括四川境内的川藏铁路建设，南充至重庆潼南高速公路、内江至重庆大足高速公路等项目开工，几个城市新区等加快建设，刚刚摘帽的贫困地区为巩固脱贫成果需要加强基础设施建设和产业发展。截至2020年10月底，四川发放地方债1840亿元，同比增长46.7%，主要投向城乡基础设施改造、社会事业、工业园区和"棚改"等。如此众多的投资，都会为四川经济增长注入新的发展能量。以5G为代表的新基建，正成为四川当前投资的新增长点。《四川省加快推进新型基础设施建设行动方案（2020～2022年）》计划三年内建成重大科技基础设施30个，数字经济规模达2万亿元。服务数字经济的基础设施形成，对消费和新兴产业发展又是一个大的促进。

（三）区域合作搭建新平台，合作发展条件更优

为落实中央部署的成渝地区双城经济圈建设，2020年，四川与重庆联合印发《关于推动成渝地区双城经济圈建设的若干重大改革举措》，提出了推动两地协同发展的11项重大改革举措。同时，确定共同推动万达开川渝统筹发展示范区建设，支持达州、广安、遂宁等地加强与重庆的合作，共同推进一体化建设，打造一批合作先行区、示范区和协同区。这些举措必将推动川渝范围内的生产要素，在更大范围内优化布局。毗邻地区过去存在的政策落差和市场分割，也会在推进一体化中逐步实现相对统一，从而使发展潜力得到更充分释放。四川省深入实施"一干多支"战略，正在加快推进成德眉资同城化，建设成都大都市圈，在双城经济圈中搭建最大的平台，这将会更大程度地带动周边区域的发展。此外，宜宾、南充、成都设立新区，还有1~2个区域正在加快推进新区建设，目标是培育壮大一批区域中心城市，提升要素集聚能力，真正将其建设成为承担区域发展战略任务的综合功能平台，以承载中高端产业、创新服务等功能配置。这些平台的建设，将为区域提升发展水平、企业集聚先进要素提供有利条件。

（四）科技创新催生新动力，产业提升有支撑

为加快将成渝地区双城经济圈建设成为全国有影响力的科技创新中心，提升科技创新能力，成都正在加快天府新区、成都东部新区和中国西部（成都）科学城"两区一城"建设，并以天府新区100平方公里左右为核心区域，培育创建综合性国家科学中心。2020年已启动的重点项目包括新型空间光学、超高速轨道交通等，争取布局的重大科技基础设施包括先进核能、西部光源等。下一步将聚焦新一代信息技术、生物医药、航空航天等领域，以综合性国家科学中心、成都科学城、绵阳科技城等高能级科创平台为载体，布局100个以上重大项目，打造科技创新策源地和产业创新应用场。加快鲲鹏生态基地、紫光IC国际城、成都芯谷、绵阳惠科等一批项目建设，推动"芯火"双创基地建设等。此外，成渝地区共建国家数字经济创新发展试验区、川渝自贸试验区协同开放示范区都在全面布局和建设之中。科技创新功能的强化，必将有力推动高新技术产业发展，推动新技术和新业态的广泛应用，推动企业的技术改造等。

（五）改革开放迈出新步伐，营商环境更加优化

围绕落实成渝地区双城经济圈建设任务，按照建设改革开放新高地的标准，进一步加大对区域协同机制改革、政府"放管服"体系建设、要素市场建设、国有企业改革、全面扩大开放等的推进力度，为区域的合理分工、要素的自由流动、企业营商环境的优化、投资贸易的便利化自由化法治化等创造了有利条件。而与重庆共同建设能源综合改革试验区，推进常规天然气混合所有制改革，完善页岩气、天然气开发利益共享机制，则使区域内具有明显优势的水电、天然气、页岩气、光伏、风能等的利用能够发挥出更好效益。

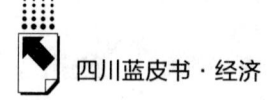

《四川省国有资本投资、运营公司改革试点实施方案》着力推进国有企业改革向更好发挥功能作用转变，设立成都国际铁路港经济开发区，推进宜宾、泸州综合保税区和南充综合保税中心建设，使开放进一步向纵深推进。

当然，对2021年四川经济发展的不确定性和不利影响因素，也要有充分估计。

最大的不确定性来自国际经济环境。目前全球防疫形势依然严峻，还没有看到结束的曙光。一是尽管世贸组织预计第三季度全球贸易增速约为2.5%，全球市场在第三季度已进入复苏阶段，但全球经济的复苏并不稳定，什么时候能够完全控制住疫情、使世界经济运行进入常态化轨道，短时间内还难以预计。二是根据美国国际战略与研究中心统计，G20国家共出台的财政支持额度达到7.6万亿美元，规模之大势必会给全球经济的包容性带来极大的不确定性。三是中美关系虽然有可能朝着缓解的方向变化，但中美摩擦会出现什么样的局面，目前也难以确定。

国内不确定性因素也有不少。一是财政政策是偏积极还是偏中性，货币政策是偏松还是偏紧，调控的手段和力度会出现什么变化，仍然不确定。二是疫情期间的支持政策是否将部分退出，全球疫情环境下的中国生产替代效应，尤其是部分商品进出口高增长是否会回归正常，也不确定。三是许多中小企业受疫情冲击，亏损面很大，短时间难以恢复；出现的债务问题会不会有所暴露，也存在不确定性。四是疫情导致居民消费习惯变化，部分服务行业面临着更大的转型升级压力，能否渡过这一难关，也存在许多变数。

基于以上分析，我们预计2021年四川经济的主要指标将继续高于全国平均水平，具体如下。

GDP预计增长7%以上，呈现上半年走高、下半年逐季回落的态势。

全社会固定资产投资预计增长7%~8%，增速在2020年较高基础上略有回落。社会消费品零售总额增长10%以上，基本回到2020年以前的水平。

第一产业增长3%以上，第二产业增长7%~8%，第三产业在2020年基数偏低的基础上可能增长8%~9%。进出口增长速度将有所回落，但有希望保持在 10% 以上。

财政收入恢复正增长，但增速较低。就业和物价指数与 2020 年持平，将高于前几年的水平。

城乡居民收入有望保持 2020 年的增长速度，但与前几年相比速度有所放慢。

三 2021年促进经济稳定回升的建议

努力使四川经济运行在合理区间，继续保持高于全国 1 个百分点以上的增长速度。争取实现 2021 年的预期指标，需要加强以下几个方面的工作。

（一）全面对接国家战略部署，充分利用好各种政策机遇

2021 年，四川仍然要坚持充分融入国家战略，在成渝地区双城经济圈发展规划和政策指导下，大力推进成都平原一体化发展，加快推进成德眉资同城化，加快省域经济副中心城市建设，着力抓好四川和重庆 9 个毗邻区域合作，以交通、科技创新、流域保护和治理、部分产业和公共服务中的重大项目为抓手，加强联动和协同发展，健全合作机制，带动经济圈建设全局。要积极谋划"双循环"新格局下的发展思路，争取成为"双循环"的重要枢纽和腹地。要利用中央关于推进新时代西部大开发的政策措施，积极争取中央对落后地区的基础设施、民生工程、产业发展等的支持政策，加快补齐迈向初步现代化尚存在的短板。

（二）坚持"三驾马车"同时发力，统筹推进两个循环

聚焦"投资唱主角"，围绕城市群建设统筹推进工业化和城镇化进程，充分发挥投资对构建新发展格局、促进高质量发展的作用。把具有带动性的高铁、高速公路、新区发展、重大产业项目、各种功能性平台等领域建设，以及改善消费环境的教育、医疗、公共卫生、文化体育、生态等基础建设，作为促投资的主要抓手。特别是要加大新型基础设施建设投资力度，推进数

智赋能的融合基础设施建设，加快交通运输和交通枢纽服务设施、能源设施、市政设施等的智能化升级，争取有一批项目列入国家"十四五"规划。全面落实《四川省培育发展新消费三年行动方案（2020~2022年）》，多措并举提升居民的消费能力和消费欲望，创建更加多元化的消费场景，加快培育新消费模式和业态，推出促进新消费的政策举措。充分发挥成都国际铁路港连接境外55个城市和境内17个城市的7条国际通道以及正在形成亚欧空中大通道的优势，促进商品和要素跨境流动。依托5个综合保税区、15个省级外贸转型升级基地等，大力支持龙头型企业、出口园区保持出口较快增长，引导出口企业加快转型升级，提高出口产品的技术含量和附加值。

（三）优化营商和创新环境，增强对企业的吸引力

进一步放宽民间投资市场准入，鼓励民企参与重点领域的国有企业混改，加大金融机构对民企贷款的支持力度。加强中小企业信息与信用制度建设，拓展中小企业信用担保机制，充分利用现代信息技术解决信用信息不对称的问题。全方位为中小企业纾困解难。健全消费者权益保护机制，营造安全可靠的消费环境。加快布局创新基础设施，加快打造创新平台和实验室科研平台、国家科教基础设施，加快新兴产业培育试点基地建设等。加快推进产业技术创新设施能级提升工程，继续推动产业发展投资引导基金支持先进技术工程和重点产业创新平台等领域。加大对科技创新型企业的支持力度和财政补贴力度，在固定资产折旧率、税收起征点、税率等方面对初创型企业、转型升级企业给予优惠。

（四）实施制造业强省战略，强化工业的带动作用

重视制造业占比偏低的突出问题，围绕重点制造业链条延伸和载体功能的现代化，改善软硬环境，加快引进和培育新的龙头企业以及链条上的重要配套企业。鼓励和支持有品牌和有技术优势的制造业，增加技术改造资金投入，给予更有力度的政策或资金奖励。支持与互联网、生物医药相关的新兴

制造业、高新技术制造业发展，进一步完善促进"5+1"产业中16个新兴领域发展的政策措施，积极创建国家数字经济创新发展试验区。注重强化产业基础，提升生产体系的自动化、智能化。更好发挥政府基金引导社会资本投入先进制造业的作用。

分 报 告
Topical Reports

B.2
2020~2021年四川省固定资产投资分析与预测

陈妤 张萌*

摘 要： 2020年，四川省固定资产投资稳定回升，三次产业投资均较快增长，呈现工业投资加速恢复、重点项目加快建设、房地产开发投资实现增长等特点，同时也存在制造业投资活力相对不足、民间投资有待激活、区域差异明显等问题。展望2021年，四川省固定资产投资总体上有望保持较快增长，推动经济持续恢复。

关键词： 固定资产投资 工业投资 经济形势 四川

---

* 陈妤，经济学硕士，四川省社会科学院产业经济研究所助理研究员，主要研究方向为产业经济、计量经济；张萌，四川省社会科学院产业经济学硕士研究生。

近年来,四川省始终坚持"农业多贡献、工业挑大梁、投资唱主角、消费促升级",加强经济运行调度,把抓项目促投资作为全省经济工作的重中之重。2020年,全省召开抓项目促投资现场会,组织第一季度、第四季度重大项目集中开工,深化基础设施等重点领域补短板三年行动,制定并出台加快推进新型基础设施建设的行动方案,773个省重点项目加快推进。2020年,全省全社会固定资产投资实现持续快速回升,增速比预期目标高1.9个百分点,为促进全省经济恢复、实现高质量发展发挥了关键的支撑作用。

一 2020年四川省固定资产投资情况

(一)固定资产投资稳定回升

受疫情影响,2020年1~2月四川省固定资产投资比上年同期下降16.5%,为近年来最低增速。1~4月,固定资产投资增速转负为正,并逐月提高,呈现出平稳增长态势,到年底已基本接近前几年的增长水平,全年比2019年增长9.9%,仅低于2019年增速0.3个百分点(见图1)。其中,全省重点领域投资增长较快,基础设施投资全年增长11.6%,产业投资全年增长11.8%。

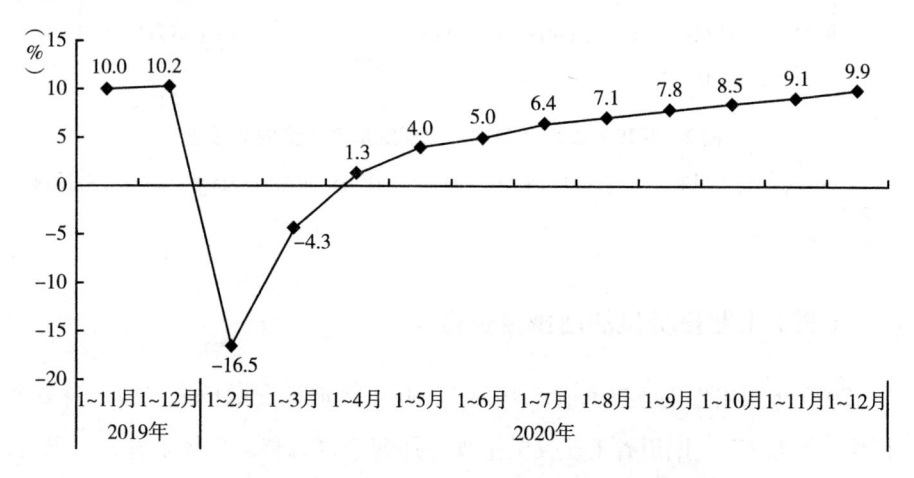

图1 2019~2020年完成全社会固定资产投资增长情况

（二）三次产业投资均实现较快增长

分产业看，2020年四川省第一产业固定资产投资比上年增长35.6%，增速较上年提高29.4个百分点，呈现高速增长态势；第二产业固定资产投资增长10.7%，增速较上年提高3.8个百分点，第四季度增速明显高于上年水平，呈现波动增长态势；第三产业固定资产投资增长8.3%，增速较上年下降3.4个百分点，呈现稳定增长态势，但增长速度低于2019年（见图2）。其中，2020年全省制造业高技术产业投资增长0.3%，比2019年下降21个百分点。

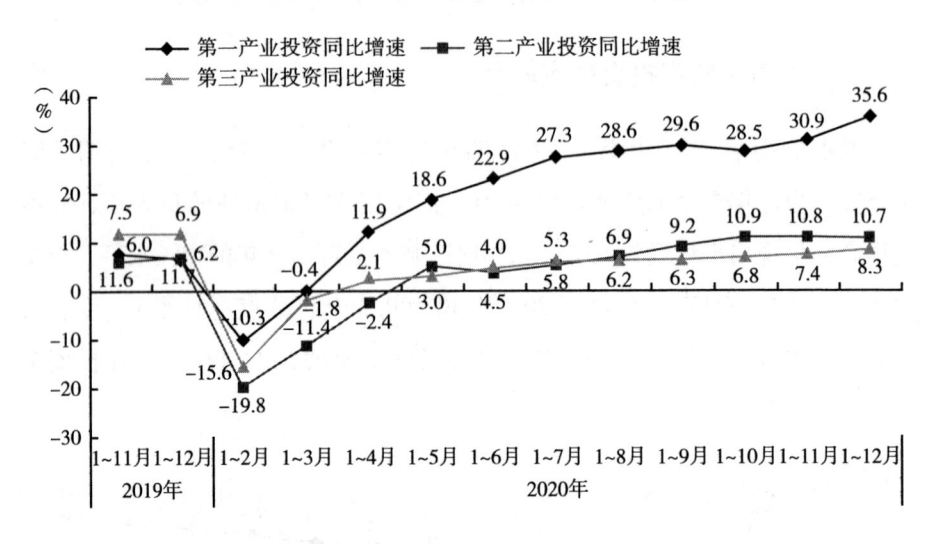

图2　2019~2020年三次产业固定资产投资同比增速

注：如无特别说明，本文数据均来源于四川省统计局、四川省经济和信息化厅等政府网站。

（三）工业投资呈加速恢复态势

2020年四川省工业投资增长10.7%，技术改造投资增长12.1%。自2020年第二季度以来，四川省工业投资呈现出加速恢复态势。具体来看，一季度，工业投资较上年同期下降10.7%；1~5月增速为5.1%，转负为正，且增速呈扩大趋势，上半年增速达4.9%，比一季度回升15.6个百分点；前三季度，工业投资同比增长9.3%，增速比上半年提高4.4个百分点，其中第三季度增长13.3%；全年工业投资增长10.7%，增速较上年提高3.1个百分点（见图3）。2020年，全省加快构建"5+1"现代工业体系，召开推动制造业高质量发展现场会，出台推动制造业高质量发展的意见和"稳定工业生产25条"，全年工业投资增幅已明显高于2019年的增长水平，有力促进了工业生产的回升。

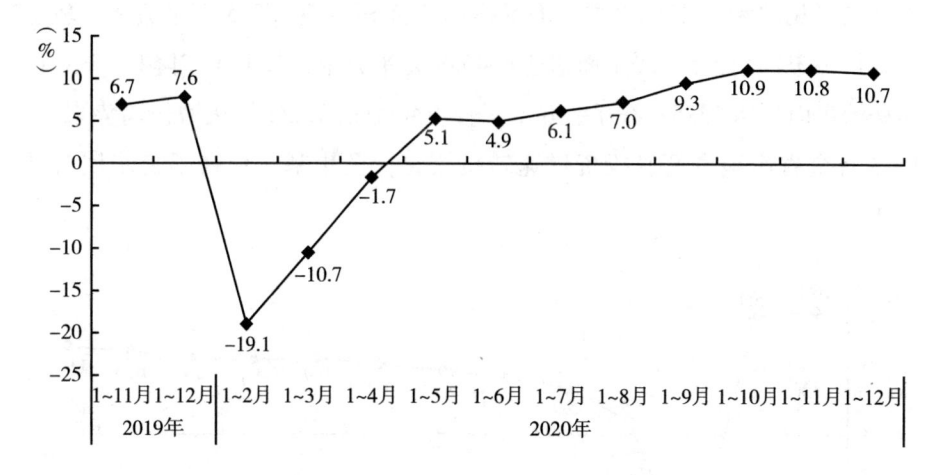

图3　2019~2020年工业投资增长情况

（四）重点项目加快建设

2020年四川省重点项目建设加快，773个省重点项目建设共完成投资8361.8亿元，年度投资完成率为133.7%，比2019年提高7.4个百分点，为推动全省经济社会的高质量发展提供了有力支撑。2020年，一批关系到四川省长远发展的重大项目取得突破进展，成渝中线高铁、渝西高铁、隆黄铁路隆昌至叙永段前期工作加快推进，西宁至成都铁路、成达万高铁、川藏铁路雅安至林芝段开工建设，民航科技创新示范区、大运会体育场馆、成自宜高铁、渝昆高铁、成兰铁路等加快建设，成昆铁路扩能改造米易至攀枝花段实现开通运营，成资渝高速公路、成宜高速公路、汶马高速公路建成通车，四川高速公路全面实现"市市通"，乌东德水电站首批机组实现投产发电，绵阳京东方第六代生产线建成并投产，成都天府国际机场试飞工作完成。

（五）房地产开发投资实现增长

2020年全省房地产开发投资增长11.3%，增速较上年同期下降4.1个百分点（见图4）。具体来看，商品房施工面积达50755.5万平方米，较上年增长3.3%；商品房竣工面积达4545.9万平方米，较上年下降0.7%；商品房销售面积达13257.8万平方米，较上年增长2.2%。从增长趋势来看，1~3月全省房地产开发投资增速转负为正，全年基本保持了稳步回升的态势。

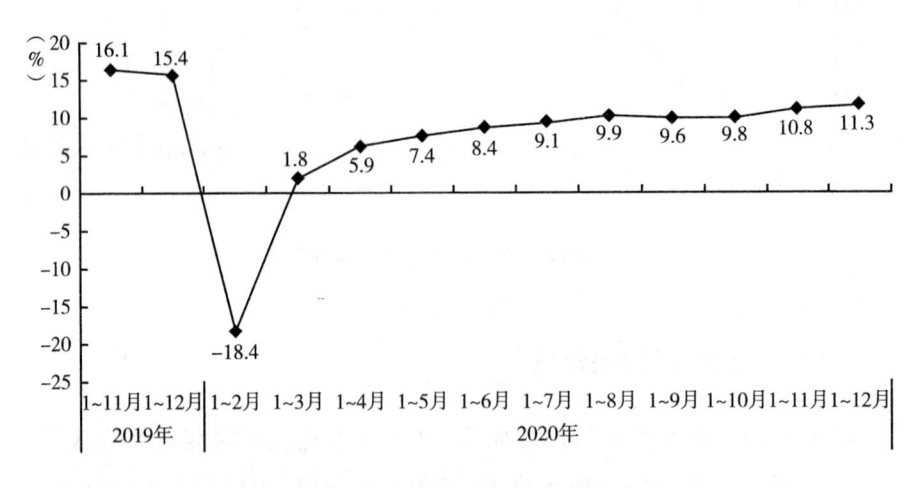

图4 2019~2020年房地产开发投资增长情况

（六）民间投资对全省投资贡献较大

2020年四川省民营经济贡献了全省46.4%的投资。近年来，四川省开展政务服务质效提升、深化商事制度改革、深化行政审批制度改革等专项行动，优化营商环境，促进了民营经济的健康发展。但是，由于受疫情冲击和市场波动影响较大，2020年民营经济对全省经济增长的贡献率下降，民间投资增速下降，民间投资占全社会投资的比重也随之下降。

二 四川省各市州固定资产投资情况比较

2020年，四川省全社会固定资产投资增长9.9%。从各市州来看，21个市州全部实现正增长，其中有15个市州实现两位数的增长。从五大经济区来看，成都平原经济区增长9.9%，各市州增速均不低于8%，增长强劲，其中乐山、眉山增长最快，增速均为10.7%；川南经济区全社会固定资产投资增长10.9%，各市均实现两位数增长，其中宜宾增长最快，增速达11.3%；川东北经济区全社会固定资产投资增长9.4%，除巴中、广安外，其他市州均实现两位数较快增长；攀西经济区全社会固定资产投资增长11.4%，其中攀枝花增长10.0%、凉山增长12.4%，增长均较快；川西北生态示范区全社会固定资产投资增长5.6%，其中甘孜增长0.7%、阿坝增长12.3%（见表1）。

表1 2019~2020年四川省各市州全社会固定资产投资增速

单位：%，个百分点

区域		2019年增速	2020年增速	2020年增速与2019年相比
全省		10.0	9.9	-0.1
成都平原经济区	成都	10.0	9.9	-0.1
	德阳	10.5	8.0	-2.5
	资阳	-6.8	9.3	16.1
	眉山	12.3	10.7	-1.6
	绵阳	13.6	10.0	-3.6
	遂宁	12.0	10.4	-1.6
	雅安	10.5	10.4	-0.1
	乐山	12.3	10.7	-1.6
川南经济区	泸州	11.9	10.8	-1.1
	宜宾	12.9	11.3	-1.6
	自贡	13.0	10.4	-2.6
	内江	12.1	10.9	-1.2

续表

区域		2019年增速	2020年增速	2020年增速与2019年相比
川东北经济区	南充	13.3	12.0	-1.3
	广元	12.7	10.5	-2.2
	广安	10.6	8.0	-2.6
	达州	12.0	10.0	-2.0
	巴中	-10.7	4.6	15.3
攀西经济区	攀枝花	9.7	10.0	0.3
	凉山	13.8	12.4	-1.4
川西北生态示范区	阿坝	12.2	12.3	0.1
	甘孜	8.2	0.7	-7.5

资料来源：四川省各市州人民政府、统计局网站。

三 四川省与其他地区固定资产投资发展的横向比较

2020年，我国全社会固定资产投资527270亿元，比上年增长2.7%。其中，固定资产投资（不含农户）518907亿元，增长2.9%。分地区看，东部地区固定资产投资同比增长3.8%，中部地区固定资产投资同比增长0.7%，西部地区固定资产投资同比增长4.4%，东北地区固定资产投资同比增长4.3%。其中，四川省固定资产投资（不含农户）增速在全国各地中排名第24，增速较全国平均增速低0.1个百分点（见表2）。

表2 2020年全国及各地固定资产投资（不含农户）情况

单位：%

区域	2020年固定资产投资（不含农户）增速	2019年固定资产投资（不含农户）增速
全国	2.9	5.4
东部地区	3.8	4.0
北京市	2.2	-2.4
天津市	3.0	13.9
河北省	3.2	6.1

续表

区域	2020年固定资产投资（不含农户）增速	2019年固定资产投资（不含农户）增速
上海市	10.3	5.1
江苏省	0.3	5.1
浙江省	5.4	10.1
福建省	-0.4	5.9
山东省	3.6	-8.4
广东省	7.2	11.1
海南省	8.0	-9.2
中部地区	0.7	9.1
山西省	10.6	9.3
安徽省	5.1	9.2
江西省	8.2	9.2
河南省	4.3	8.0
湖北省	-18.8	10.6
湖南省	7.6	10.1
西部地区	4.4	5.5
内蒙古自治区	-1.5	6.8
广西壮族自治区	4.2	9.5
重庆市	3.9	5.7
四川省	2.8	8.6
贵州省	3.2	1.0
云南省	7.7	8.5
西藏自治区	5.4	-2.1
陕西省	4.1	2.5
甘肃省	7.8	6.6
青海省	-12.2	5.0
宁夏回族自治区	4.0	-10.3
新疆维吾尔自治区	16.2	2.5
东北地区	4.3	-4.6
辽宁省	2.6	0.5
吉林省	8.3	-16.3
黑龙江省	3.6	6.3

资料来源：国家统计局网站。

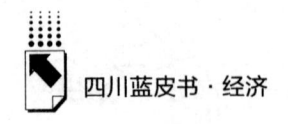

四 四川省固定资产投资存在的问题

(一)制造业投资活力相对不足

四川省工业投资尤其是制造业投资活力仍然相对不足。2020年,四川省制造业投资同比增长7%,低于全社会固定资产投资增速(9.9%),也低于工业投资增速(10.7%)。制造业投资增速偏低,主要原因是部分制造业行业内外循环不畅,主要表现为第二季度后外循环不畅,电子信息等行业订单明显减少,生产增速明显回落;医药行业生产在第三季度呈现下降态势;石油行业生产下降也较为明显。目前,全省经济需求端整体恢复相对滞后,外部经济环境持续恶化导致外部需求萎缩,再加上高度不确定的中美经贸关系,将在一定程度上降低工业企业进一步扩大投资和生产的积极性。

(二)民间投资有待激活

受疫情冲击、市场波动影响,2020年四川省民间投资增速下降,民间投资占全社会投资比重随之下降。除此之外,民营经济的增加值增速下降,且低于全省GDP增速,增加值占比也相应下降,对经济增长贡献率下降。这反映出四川省的民营经济要素保障能力较差,供应链稳定性较差[①]。

(三)区域差异明显的问题仍然存在

2020年,四川省各市州固定资产投资均实现正增长,但区域差异明显的问题仍然存在。一方面,投资增长速度有差异。大部分市州投资增长强劲,投资增速在10%左右,但仍有城市固定资产投资增速偏低,如巴中市增速为4.6%、甘孜州增速为0.7%。另一方面,大部分市州投资增速较

---

① 《解读2020年全省民营经济发展报告:民营经济走出V形曲线》,http://www.sc.gov.cn/10462/10464/10797/2021/3/10/82fb2e139cd346bebd58780dab9265fa.shtml,2021年3月10日。

2019年有所回落，仅有少部分市州投资增速较2019年有所提高，如资阳市和巴中市投资增速转负为正，有较大幅度提高，除资阳、巴中、攀枝花、阿坝以外，其他市州投资增速均较2019年有所回落。

五 2021年四川省固定资产投资趋势预测

受国内外形势和疫情等复杂环境因素影响，2021年四川省经济社会发展面临着巨大挑战。与此同时，成渝地区双城经济圈建设等一系列国家战略、政策和措施的出台，为四川省打造内陆开放战略高地和实现经济高质量发展带来了新的历史发展机遇。预计2021年全省经济发展将继续保持回升态势。从固定资产投资来看，一是全省将继续把抓项目促投资作为全省经济工作的重中之重，坚持以规划锚定项目、以项目拉动投资、以投资增添动力，全力推动各类项目加快建设。二是水利、交通、能源等重点领域的重大项目基建投资，以及人工智能、大数据中心、5G、特高压、充电桩等新基建投资，都将保持较快增长；另外，中央和四川省财政收入改善等因素也将对基建投资形成强有力的支撑。三是2020年第四季度，四川省工业生产已经基本恢复到正常水平，预计2021年工业增长会明显加速，在盈利改善、需求回升带动下，制造业投资也将继续恢复。四是在"房住不炒"主基调以及"三道红线"等分类监管政策下，房地产企业的资金链压力有所加大，但考虑到低基数效应、房地产需求总体稳定等因素，房地产开发投资增长估计将保持稳定。因此，预计2021年四川省固定资产投资将保持较快增长，增速有望达到10%，推动经济持续恢复。

B.3
2020~2021年四川省财政形势分析与预测

胡建中*

摘 要: 2020年四川省GDP比2019年增长3.8%,全省地方一般公共预算收入比2019年增长4.6%。2021年,要保持四川财政收入稳定增长,必须以成渝地区双城经济圈建设为抓手,推动经济高质量发展,同时加快区域内产业布局,积极对接、承接东部沿海产业转移,打造内陆开放战略高地。

关键词: 财政收入 财政支出 税收 成渝双城经济圈 高质量发展

2020年是全面建成小康社会和"十三五"规划收官之年。新年伊始,我国就遭受了新冠肺炎疫情的袭击,四川省按照习近平总书记关于疫情防控的重要指示,将疫情防控当作最重要的工作来抓,投入大量的人力物力,严防死守;坚决关停景区景点和公共文化场馆,禁止举办大型活动和聚会聚餐,终于遏制住了疫情;随后,按照党中央的统一部署,安排农民工安全有序返岗,加快恢复生产生活秩序;扎实做好"六稳""六保"工作,坚持创新发展理念,全力推进"一干多支、五区协同""四向拓展、全域开放"重大发展战略。根据《2020年四川省国民经济和社会发展统计公报》数据,2020年四川省GDP为48598.8亿元,比2019年增长3.8%。其中,第一产业增加值

---

* 胡建中,博士,四川省社会科学院金融与财贸经济研究所助理研究员,主要研究方向为公共经济学、金融学。

为5556.6亿元，比2019年增长5.2%；第二产业增加值为17571.1亿元，比2019年增长3.8%；第三产业增加值为25471.1亿元，比2019年增长3.4%。2020年全省地方一般公共预算收入为4258.0亿元，比2019年增长4.6%，其中全省税收收入为2967.7亿元，比2019年增长2.7%。2020年全省一般公共预算支出为11200.7亿元，比2019年增长8.2%[①]。

一 2020年1~7月四川省财政税收情况

（一）财政预算执行情况

1. 四川省财政收支情况

1~7月，四川省实现一般公共预算收入2457.9亿元，同比下降3.5%。其中，实现税收收入1747.8亿元，同比下降6.5%；实现非税收入710.1亿元，同比增长4.9%。

1~7月，四川省上划中央"两税"收入为999.3亿元，比上年同期下降8.3%。其中，上划中央所得税716.1亿元，比上年同期增长4.7%。全省一般公共预算总收入完成4173.3亿元，同比下降3.4%。全省一般公共预算支出完成5786.6亿元，占预算的52.5%[②]，同比下降7.9%。

1~7月，四川省政府性基金收入完成1570.2亿元，占年初预算的60.4%，同比下降9.7%；政府性基金支出2570.9亿元，占年初预算的49.7%，同比增长27.4%。

2. 省级财政收支情况

1~7月，省级层面一般公共预算收入为478亿元，比上年同期下降4.5%；一般公共预算支出为995.9亿元，占2020年初预算的35.8%，比上年同期增长7.3%。

---

① 资料来源于四川省统计局网站。
② 四川省财政厅国库处：《四川省2020年7月财政预算执行情况分析》，《四川财政与会计》2020年8月。

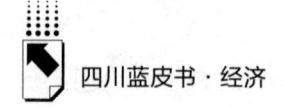

省级政府性基金收入完成32亿元，为预算的58.6%，下降19.4%；政府性基金支出52.8亿元，为预算的45.4%，增长61.6%。

（二）财政收支执行的主要特点

1. 财政收入下降幅度逐月放缓，部分地区增幅转正

随着全国疫情得到有效防控，四川省经济运行逐步进入正轨，全省地方一般公共预算收入降幅从3月开始持续收窄。1~7月，全省地方一般公共预算收入比上年同期下降3.5%，但比2020年第一季度、上半年下降幅度分别收窄2.2个和9.2个百分点，分月累计增幅分别为0.9%、-7.3%、-12.7%、-11.9%、-8.9%、-5.7%、-3.5%。7月当月，全省实现地方一般公共预算收入343.9亿元，为近五年来单月最高，增长较上月增长3.3%；5月、6月、7月全省地方一般公共预算收入连续实现正增长。7月非税收入增长4.9%，增幅较上月提高1.9个百分点，主要原因是各地加大国有资源资产盘活力度、加快非税收入缴库进度等。国有资本经营收入、国有资源资产有偿使用收入分别较上年增长91.1%、2.2%，两项收入合计增收22.6亿元，占非税收入增收额的68%。

分市州来看，财政收入降幅普遍收窄，但不同地区差异较大。1~7月，市州实现地方一般公共预算收入1979.9亿元，同比下降3.2%，但降幅高于全省平均水平0.3个百分点。有6个市州保持正增长，大多数市州财政收入较上月有所回升，成都市降幅为4.6%，降幅较上月收窄了3.3个百分点。全省五大经济区中，成都平原经济区、川东北经济区、攀西经济区等财政收入增幅为负，分别为-4%、-5.1%、-2.7%，但较上月均有不同程度回升。由于宜宾市、内江市收入增幅较上月有明显提高，川南经济区财政收入为正增长，增幅为0.7%。川西北经济区在甘孜州财政收入持续两位数增长的带动下，增幅一直高于其他四大区域，为7.2%。[①]

[①] 四川省财政厅国库处：《四川省2020年7月财政预算执行情况分析》，《四川财政与会计》2020年8月。

2. 税收降幅继续收窄，主体税种止滑回升

随着各项经济活动恢复常态，主要经济指标表现出恢复性增长，税收收入降幅逐步收窄。1~7月，全省税收收入完成1747.8亿元，下降6.5%，降幅较上月收窄2.6个百分点。截至7月，税收收入已经连续两个月保持两位数增长，税收收入1~7月增速分别为-2.1%、-24.1%、-34%、-19%、2.2%、13.9%、10%。与经济发展密切相关的增值税和企业所得税完成1023.5亿元，下降7.3%，降幅较上月收窄2.2个百分点。增值税继续负增长，同比下降14.2%，但降幅较上月收窄2.4个百分点。分月度看，增值税增速已从6月开始由负转正。由于复工达产企业逐月增多，更多企业利润由负转正，进而带动企业所得税增速逐月加快，1~7月企业所得税完成398.5亿元，同比增长6.2%，较上月提高1.1个百分点，拉高税收收入增幅1.2个百分点。受土地、房地产交易逐步复苏的影响，土地增值税、耕地占用税、契税、印花税等税种增幅较上月均有明显的提高。

分产业行业看，第二产业税收567.9亿元，同比下降8.8%，降幅较一季度收窄7.4个百分点；第三产业税收1177.2亿元，同比下降5.3%，降幅较一季度收窄11.4个百分点，第三产业主要受房地产业持续复苏及金融业、现代新兴服务业逆势增长带动，因而恢复情况好于第二产业。四大行业中，工业税收下降10.3%，降幅较上月收窄3.6个百分点。其中，白酒行业贡献突出，川酒骨干企业联动发力，营业收入和企业利润均持续增长，带动白酒制造业税收增长14.2%。汽车制造业、通用设备制造业、电力生产供应业等税收降幅较上月均收窄。随着四川省多批重大项目集中开工，特别是房地产开发投资快速增长，全省商品房销售逐步回暖，建筑和房地产业税收降幅较上月收窄4.5个百分点。土地交易也在房地产业好转的带动下逐步恢复，土地出让收入在连续三个月下降15%左右后降幅明显减缓，较上月收窄6.4个百分点。金融业税收增长9.2%，延续第二季度8%以上的稳定增长，其主要原因是金融行业受疫情影响较小，资本市场交易较为活跃。其中，货币金融服务与资本市场服务分别增长13.7%和4.6%，是金融业税收

增长的主要动力。虽然疫情已经得到有效控制，人们大部分生产生活逐步正常化，但旅游、文体、仓储物流等活动仍受一定程度限制，商贸流通业恢复比较缓慢，该行业税收下降119%，降幅较上月还略有扩大。其中，交通运输、仓储和邮政业，住宿和餐饮业税收分别下降82.2%和53.9%，降幅依然较大，行业复苏情况还不乐观。此外，以互联网、大数据为代表的新业态发展迅猛，新兴行业活力持续增强，软件和信息技术服务业、科技推广和应用服务业等行业税收收入保持较快增长。

3. 财政支出力度逐月加大，重点支出保障有力

在财政收入大幅减少的背景下，各级财政部门量入为出，大力压减一般性支出，加大资金拨付力度，优先保障"六保"等重点支出需要，加快推进重大项目建设。全省一般公共预算支出降幅在上半年逐月扩大后开始收窄，7月，全省一般公共预算支出下降7.9%，降幅较上月收窄6.7个百分点。分科目看，社会保障和就业支出增长5.6%，增幅较上月回升21.5个百分点，回升幅度最大；涉及脱贫攻坚、民生保障内容的农林水、住房保障、灾害防治及应急管理、资源勘探信息等支出持续较快增长，增幅分别为13.1%、12.8%、37.7%、54.4%。支持各地采购疫情防控所需的设备试剂以及开展医疗救治临时性工作等，下达新冠肺炎疫情防控中央补助结算资金15.34亿元。安排2020年度中央和省级城乡义务教育补助148亿元，用于巩固完善城乡义务教育经费保障机制，提升保障水平。截至7月31日，财政部累计下达四川省的直达资金2228.4亿元预算指标已全部分配下达至市县基层，全力支持基层做好"六稳""六保"相关工作。①

二 2021年四川省财政形势预测

受中美贸易摩擦持续发展、新冠肺炎疫情的影响，2020年我国财政收

---

① 四川省财政厅国库处：《四川省2020年7月财政预算执行情况分析》，《四川财政与会计》2020年8月。

入形势非常不好。从前三季度的情况来看，除浙江和青海外，其他各省税收都是负增长，特别是湖北和海南降幅最大。全国一般公共预算收入比2019年下降6.4%，其中，中央一般公共预算收入比2019年下降9.3%，地方一般公共预算本级收入比2019年下降3.8%；全国税收收入比2019年下降6.4%，非税收入比2019年下降6.7%[①]。

从前三季度数据来看，四川财政收入形势略好于全国。前三季度，全国一般公共预算收入比2019年下降6.4%，而四川地方一般公共预算收入增长1%，增幅高于全国平均水平7.4个百分点；全国税收收入同比下降6.4%，四川仅下降2.8%，降幅比全国小3.6个百分点。但是如果进一步深入分析会发现，四川税收收入占一般公共预算收入比重较低（简称税收占比），仅为69.5%，远远低于北京（83.5%）、上海（82.6%）、浙江（84.9%）和江苏（82.1%）[②]，同时也低于四川2018年和2019年同期税收占比72.2%和72.1%。这反映了四川财政收入质量不高，说明四川财政收入好于全国的表面是靠非税收入增加来填补税收下降的缺口，这样可能会增加企业和居民的负担，对四川经济可持续发展不利。

2021年，世界经济形势、全国经济形势和四川经济形势都不明朗，不确定因素仍然很多，中央减税降费的政策预计仍会持续，"六保""六稳"的任务仍然艰巨，预计2021年四川财政收入能恢复到2019年水平。

三 2021年四川财政政策

（一）加快成渝地区双城经济圈建设，推动经济高质量发展

2020年1月，习近平总书记做出重大战略部署，推动成渝地区双城经

[①] 《财政部介绍2020年前三季度财政收支情况》，http://www.gov.cn/xinwen/2020-10/21/content_5553078.htm。

[②] 《各地区2020年前三季度地方财政税收排名，对比GDP看含金量》，http://www.yidianzixun.com/article/0RbIUI3z?s=op398&appid=s3rd_op398&from=timeline。

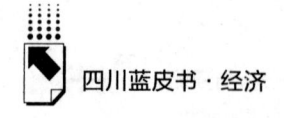

济圈建设,打造内陆开放战略高地,推动成渝双城经济圈成为我国高质量发展第四极。

首先,要加强成渝经济圈内基础设施的互联互通。成渝经济圈建设目标是"一极两中心两地",因此,随着成渝经济圈的建设,"两中心""两地"之间的人流、物流势必大大增加,必须要构建更加便捷畅通的通道,以便利两地各类要素的流通,这是最基本的基础设施要求。

其次,要加强要素自由流动和市场化配置改革。成渝地区地处内陆地区,既不临海也不沿边,从世界城市经济发展史上看,这还没有先例。因此,成渝地区要成为中国经济增长第四极,必须要大胆改革、勇为人先。特别是在要素自由流动和市场化配置改革方面,可以先从农村土地产权制度改革方面率先突破,对农村农用土地、集体建设用地和宅基地制度进行探索和改革。中国第一次农村土地制度改革初心是解决农村的温饱问题,释放生产力。新时代,农村土地制度的再次改革是要解决农民致富的问题以及打破城乡二元结构,在保障农民利益不受损害的前提下,实现城乡住房、社保、医疗制度城乡统一,让农民与城市居民共享我国改革开放的成果。现行农村土地制度让农民的资产变成"沉睡"资本,资产价值大打折扣。通过农村土地改革,推动资金、人才、技术向成渝地区流动,从而带动整个成渝双城经济圈的建设。

最后,加快城市群建设。重庆和四川都是一城独大。成渝地区双城经济圈的建设,就是要建立以"两个中心"为基础的城市群,走新型城市化发展道路。因此,除了要做大做强"两个中心",还要发展更多的城市次级中心。中心城市与周边城市要分工协作、优势互补,尽量在基础设施、公共服务和通勤方面实现一体化或者同城化,推动要素自由双向流动,建立起"中心城市-次级中心城市-县城"的城市群发展模式,从而带动整个城市群内经济社会的发展。

(二)加快区域内产业布局,打造内陆开放战略高地

中美政治经济摩擦不断升级、疫情期间西方"去中国化"和"逆全球

化"明显抬头且动作频频，中国及世界经济面临大变局。从国家经济战略安全出发，应促进启动从海洋向内陆发展，构建东西双向互济的对外开放新格局，形成陆海内外联动的全新发展局面。这一战略的提出，近在提振信心、扩大内需、促成"六稳""六保"；中在升级国内产业结构、重整国内产业链，北促陆上丝绸之路，南通海上丝绸之路，重塑国际产业链，从而形成以国内大循环为主体、国内国际双循环相互促进的新发展格局；远在打造中国经济增长第四极，拓展经济发展纵深，建设中国经济安全大后方。随着中国西部陆海大通道的建设、泛亚铁路（中线）的修建以及《区域全面经济伙伴关系协定》（RCEP）的签署，以前那种单独依靠海运进行世界贸易的局面将大大改变，铁路运输、陆海联运将成为世界贸易往来的新方式。通过强大的铁路运输，将商品运往世界各地会越来越便捷，内陆地区建设开放高地也成为可能。

因此，跟随中央经济发展思路的改变，四川也要重新对产业进行布局，沿大江、铁路物流枢纽中心布局相关产业成为必然选择，这样才能将货物及时运送到世界各地，从而建立起国内国际双循环的新发展格局。

（三）积极对接，承接东部沿海产业转移

"逆全球化"、中美贸易摩擦导致沿海很多外向型企业不得不考虑产业重新布局，向越南、柬埔寨等南亚国家转移生产线。不过从已经转移的企业遇到的情况来看，这种产业链的转移并不是一帆风顺的，这些国家最大的优势是劳动力成本低，另外就是在中美贸易摩擦情况下，避免被征收高额关税。但是很多已经转移的生产线，其很多原料、设计等环节都依赖中国，如果再考虑到熟练技术工人培养、基础设施配套和发展环境等，加上我国陆海大通道的建成、《区域全面经济伙伴关系协定》的签署，内陆地区的竞争优势就凸显出来。

四川要认真研究《区域全面经济伙伴关系协定》的相关内容，特别是有关产业关税下降的幅度，在美国大选换届成功的基础上、中美贸易摩擦有可能缓和的情况下，积极对接东部沿海企业，争取相关企业到四川布局发

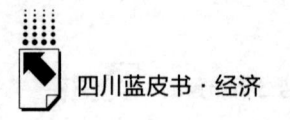

展。同时，尽快制定土地、资金、税收、人才等优惠政策，为东部沿海产业向四川省转移提供优惠政策，尽量降低企业迁移过程中产生的损失，为企业尽快恢复产能、建立通畅的销售渠道提供更多便利。

B.4 2020~2021年四川省金融形势分析与研判

罗志华*

摘　要： 在2020年四川省经济金融实际运行数据的基础上，本报告对2021年四川省区域内银行保险业机构、资本市场等主要金融产业及市场参与主体运行态势进行了分析研判。本报告认为，2021年宏观逆周期财税政策和货币政策将保持稳定性和连续性，金融支持实体经济特别是"支农支小"的力度将继续提升，实体经济融资规模将保持较高增速，消费金融活动将随着疫苗普及和疫情控制得以恢复性增长，信息科技、数字技术对传统银行业、保险业的渗透率会有显著提高，一些中小型地方法人银行机构面临资本不足并加速兼并重组。在注册制改革推进下，四川省上市公司数量将继续增加，质量将有效提高，资本市场直接融资规模将持续扩大；保险继续回归保障和服务功能，科技化、场景化、碎片化的便利型保障保险产品将有较好发展前景。

关键词： 金融业　资本市场　债券市场　保险业务

一　2020年四川省金融业运行态势

2020年，受疫情和国家宏观政策影响及逆周期政策驱动，四川省金融

---

* 罗志华，经济学博士，四川省社会科学院金融与财贸经济研究所副研究员，主要研究方向为信用风险管理。

业增速逆势上行，相比上年有进一步上升，从上年的6.2%提高至2020年的6.4%，成为全省服务行业中较少保持增速提升的行业，为全省2020年经济增长和"六稳""六保"提供了重要保障。

（一）2020年存款类金融业机构运行态势

中国人民银行成都分行统计数据显示，2020年四川省金融运行形势表现出向好态势，在流动性适度宽松的政策环境下，传统存款类金融业机构存贷款均全面增长。相比上年，非金融企业活期存款、财政性存款、住户短期和中长期经营性贷款、企事业单位短期贷款增速均显著上升。

1. 存款业务

2020年，四川省本外币各项存款持续增长，非金融企业活期存款由负转正，取得了7.61%的正增长，增速相比上年提高9.1个百分点。在积极财政政策推动下，财政性存款取得了26.52%的增长。非银行业金融机构存款也由负转正取得11.87%的正增长，增速同比提高34.39个百分点（见表1）。

表1　2020年四川省本外币存款余额及变化

项目	2020年末存款余额（亿元）	2019年各项存款增速（%）	2020年各项存款增速（%）	增速变化（个百分点）
各项存款	91835.79	7.40	10.48	3.08
（一）境内存款	91568.87	7.25	10.50	3.24
1. 住户存款	49514.32	12.44	14.00	1.56
（1）活期存款	15459.98	9.76	11.77	2.01
（2）定期及其他存款	34054.35	13.73	15.04	1.31
2. 非金融企业存款	22677.00	6.99	11.15	4.15
（1）活期存款	9466.96	-1.49	7.61	9.10
（2）定期及其他存款	13210.04	14.46	13.83	-0.63
3. 机关团体存款	14579.42	0.64	-2.50	-3.14
4. 财政性存款	2025.02	6.12	26.52	20.40
5. 非银行业金融机构存款	2773.10	-22.52	11.87	34.39
（二）境外存款	266.92	100.71	5.91	-94.81

资料来源：中国人民银行成都分行，作者分析整理。

2. 贷款业务

2020年,四川省银行业本外币各项贷款呈结构性调整和增长态势,集中表现为经营贷款增长积极,消费贷款增速回落,特别是住户短期消费贷款和经营贷款,增速调整十分显著,前者下降了13.98%,后者增长了31.06%。此外,非金融企业及机关团体短期贷款增速从上年的3.31%扩大至2020年的14.10%,增速同比扩大10.79个百分点(见表2)。

表2　2020年四川省本外币贷款余额及变化

项目	2020年末贷款余额（亿元）	2019年各项贷款增速(%)	2020年各项贷款增速(%)	增速变化（个百分点）
各项贷款	71025.99	12.82	13.65	0.83
(一)境内贷款	70394.27	12.71	13.93	1.22
1.住户贷款	23534.78	17.56	14.50	-3.06
(1)短期贷款	3215.66	22.07	6.82	-15.25
消费贷款	1393.86	37.18	-13.98	-51.16
经营贷款	1821.80	8.18	31.06	22.88
(2)中长期贷款	20319.13	16.81	15.82	-1.00
消费贷款	16579.32	19.71	16.28	-3.42
经营贷款	3739.81	5.73	13.79	8.06
2.非金融企业及机关团体贷款	46755.16	10.19	13.66	3.48
(1)短期贷款	9614.42	3.31	14.10	10.79
(2)中长期贷款	34917.53	11.46	14.70	3.24
(3)票据融资	2111.16	24.54	-1.74	-26.28
(4)融资租赁	99.50	-1.11	5.79	6.90
(5)各项垫款	12.55	-45.59	-44.49	1.10
3.非银行业金融机构贷款	104.33	1766.48	6.47	-1760.01
(二)境外贷款	631.72	24.12	-10.58	-34.70

资料来源:中国人民银行成都分行,作者分析整理。

2020年四川省的信贷增速变化,反映出"支农支小""六稳""六保"取得明显政策效果,企业贷款可得性和信贷成本显著下降。在活期存款方面,表现为非金融企业和非银行业金融机构日常现金流显著增加,流动性适度充裕,近年来反映出的非金融企业短期流动性偏紧的状况得到显著缓解。

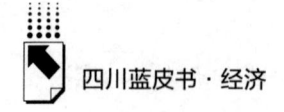

（二）2020年资本市场运行分析

2020年，四川省资本市场持续发力，在科创板上市、服务实体经济融资、上市公司总市值、证券及期货交易规模、政府一般债券及专项债券发行、企业债融资等方面，均取得较好成效。

1. 上市公司及证券期货市场

中国证监会四川监管局数据显示，截至2020年末，四川省资本市场情况如下：上市公司136家，比上年末增加11家；上市公司总市值3.06万亿元，比上年末增长1.28万亿元，增幅为71.91%；服务实体经济融资总额4317亿元，比上年增长1141亿元，增幅为35.93%；在全国股份转让系统（新三板）挂牌交易公司239家，比上年末减少33家；证券分公司66家，比上年末增加5家；证券营业部419家，比上年末减少8家；年内代理证券交易额18.12万亿元，比上年增长5.38万亿元，增幅42.22%；期货营业部52家，比上年末增加1家；年内代理期货交易额12.46万亿元，比上年同期增长2.63万亿元，增幅26.74%；备案登记私募基金管理人434家，比上年末增加4家；管理私募基金规模1984亿元，比上年增长57亿元（见表3）。

总体来看，2020年四川省上市企业数量、市值和融资额都取得了较好的成绩，特别是科创板实现了零的突破，取得了IPO上市4家的佳绩。在证券期货机构数量相对稳定的情况下，代理证券交易额、代理期货交易额保持高速增长态势，证券期货市场较为活跃，私募基金市场稳步发展。

表3 2020年四川省证券期货业发展概况

主要指标	2020年末	2019年末	2018年末	2020年与2019年比较
服务实体经济融资金额（亿元）	4317	3176	2861	增长35.93%
上市公司家数(家)	136	125	120	增加11家
其中:主板(家)	67	65	63	增加2家
中小板(家)	33	30	29	增加3家
创业板(家)	32	30	28	增加2家

续表

主要指标	2020年末	2019年末	2018年末	2020年与2019年比较
科创板(家)	4	0	—	实现零的突破
上市公司总市值(万亿元)	3.06	1.78	1.08	增长71.91%
新三板挂牌公司家数(家)	239	272	311	减少33家
证券公司家数(家)	4	4	4	持平
证券公司分公司家数(家)	66	61	54	增加5家
投资咨询公司家数(家)	3	3	3	持平
证券营业部家数(家)	419	427	428	减少8家
年内代理证券交易额(万亿元)	18.12	12.74	9.90	增长42.22%
期货公司家数(家)	3	3	3	持平
期货营业部家数(家)	52	51	49	增加1家
辖区本年累计代理期货交易额(万亿元)	12.46	9.83	6.62	增长26.74%
私募基金管理人(家)	434	430	—	增加4家
管理基金规模(亿元)	1984	1927	—	增长57亿元
独立基金销售机构(家)	3	3	—	持平

资料来源：中国证监会四川监管局，作者分析整理。

2. 债券市场

联合资信《2020年度债券市场发展报告》数据显示，截至2020年末我国债券市场主要债券品种存量规模113.12万亿元，较上年增长17.56%。2020年，全国发行各类债券融资55.47万亿元，较上年大幅增长24.83%。总体来看，我国债券市场规模正在持续扩大，直接融资占比进一步提高，债券融资已成为我国政府、公共事业部门、大型国企及民企重要融资渠道，在对冲2020年新冠肺炎疫情和中美贸易摩擦带来的经济下行压力中发挥了积极作用。

四川省积极发展债券融资。2020年四川省地方政府债务余额为12743亿元，与国务院核定的债务限额13987亿元相比，还有1244亿元举债空间，地方政府债务风险总体可控。2020年四川省地方政府债务余额相比2019年底增加2166亿元，地方政府债务规模增速为20.48%，反映出抗疫环境下四川省以地方政府债务逆周期对冲经济下行压力的政策力度较大。

据天府信用增进股份有限公司《2020年上半年度四川省非金融企业信用债券市场分析报告》数据，2020年上半年，四川省非金融企业共发行信用债234只，发行规模为1851.15亿元，较2019年上半年发行数量和规模分别增长32.20%和28.03%。2020年上半年除可转债和一般短期融资券发行规模同比下降外，超短期融资券、定向工具、私募公司债、一般公司债、一般企业债、一般中期票据的发行规模分别同比增长30.98%、57.61%、47.38%、66.67%、25.46%和14.06%。成都市2020年上半年发行债券规模为1312.03亿元，占全省非金融企业债发行规模的70.88%，占比较2019年上半年增加0.7个百分点。绵阳市和泸州市2020年上半年及2019年上半年排名均列全省第2、第3位，且发行规模继续保持较快增速，分别增长89.1%和36.9%。

（三）2020年保险业运行态势

中国银保监会四川监管局公布的2020年数据显示，四川保险业各项指标保持稳定增长，特别是保险金额和保单件数实现较快增长，与上年相比分别增长83%和255%，标志着四川保险业创新动力在不断增强。

2020年四川保险业共实现原保险保费收入2273.57亿元，同比增长5.81%，总体增速比上年略有下降，但财产险增速相比上年上升2.46个百分点。2020年健康险增速为17.38%，增长较为显著。寿险和人身意外伤害险增速有所回落，分别下降4.33个百分点和6.17个百分点（见表4）。

2020年，在四川保险业赔付支出方面，赔付率总体基本保持稳定，健康险和人身意外伤害险略有上升，分别比上年上升约3个百分点（见表5）。

表4 2020年四川保险业原保险保费收入及增速变化

收入项目	2020年原保费收入（亿元）	2020年与上年同比增长（%）	2019年与上年同比增长（%）	增速变化（个百分点）
原保险保费	2273.57	5.81	9.73	-3.92
1. 财产险	548.12	6.78	4.32	2.46
2. 人身险	1725.45	5.51	11.55	-6.04

续表

收入项目	2020年原保费收入（亿元）	2020年与上年同比增长（%）	2019年与上年同比增长（%）	增速变化（个百分点）
(1)寿险	1258.38	2.24	6.57	-4.33
(2)健康险	408.87	17.38	34.02	-16.64
(3)人身意外伤害险	58.20	3.59	9.76	-6.17
保险金额（万亿元）	226.82	83.09	—	—
保单件数（亿件）	7.82	255.35	—	—

资料来源：中国银保监会四川监管局，作者分析整理。

表5 四川保险业2020年赔付支出及近三年赔付率比较

单位：亿元，%

支出项目	2020年原保险赔付支出	2020年赔付率	2019年赔付率	2018年赔付率
原保险赔付支出	687.75	30.25	29.54	32.31
1. 财产险	320.86	58.54	59.14	57.43
2. 人身险	366.89	21.26	20.25	23.88
(1)寿险	214.08	17.01	17.25	22.51
(2)健康险	135.59	33.16	29.82	29.37
(3)人身意外伤害险	17.22	29.59	26.69	26.90

资料来源：中国银保监会四川监管局，作者分析整理。

二 2021年四川省金融业发展研判

(一)2021年四川省银行业发展研判

2021年，随着新冠疫苗在全球接种，疫情将逐渐被控制，中国和世界也将逐渐迎来严重衰退后的经济复苏。2021年政府工作报告提出中国经济增长目标为6%以上，提出"宏观政策要继续为市场主体纾困，保持必要支持力度，不急转弯"，"积极的财政政策要提质增效、更可持续"，"稳健的货币政策要灵活精准、合理适度"，推动经济恢复、改革创新、高质量发展。

2021年，在保持宏观政策连续性、稳定性和可持续性大背景下，货币政策总体上将继续稳健运行并保持适度宽松。基于此，本报告认为四川省银行业各项存款、贷款增速会大概率与2020年基本保持一致，经营贷款将继续保持较高增长速度，"支农支小"普惠贷款力度将进一步加大，贷款利率政策将保持持续性，一些小型银行、民营银行贷款利率有望继续下调，贷款便利性进一步提升、随着疫苗接种普及，疫情将逐渐受到控制，消费活动和消费贷款有望回升。

本报告认为，数字经济和科技金融将继续推动银行业机构、人员、业务和组织架构变革，线上金融、数字货币继续普及，银行营业网点功能继续弱化，网点撤并、人员裁撤转岗分流仍将继续深化。同时，疫情影响导致的资产质量下迁可能给一些银行特别是地方法人银行带来较大的不良信贷压力和拨备计提压力；部分地方法人银行资本不足的问题仍然存在；地方商业银行兼并重组特别是四川省农村银行业金融机构兼并重组将取得重大进展。

（二）2021年四川省资本市场发展研判

从2021年政府工作报告中提出的"稳步推进注册制改革，完善常态化退市机制，加强债券市场建设，更好发挥多层次资本市场作用，拓展市场主体融资渠道"要求来看，资本市场注册制改革推进将取得重大进展，债券市场将稳步发展，企业资本市场融资渠道将更加丰富。

本报告认为，2021年四川省在IPO上市融资、科创板上市、并购重组、独角兽企业及私募基金培育、资本市场发债等方面将有积极作为并取得较好成效，新增上市公司数量或超过上年成绩。在发债融资方面，地方政府债券年内发行规模大概率不会低于上年水平，但增速会有所放缓。在企业债及公司债、中票、短融等方面，在省内三家大型省属发债增信机构支持下，城投债发行规模会有较大提升，国企国资证券化率将进一步提高。

（三）2021年四川省保险业发展研判

2021年全国两会政府工作报告明确了"提升保险保障和服务功能"发

展定位，保险业回归保障和服务的总体监管要求和发展趋势不会改变。本报告认为，从四川省 2021 年社会经济发展预期来看，财产险、健康险保障功能的市场空间仍然较大，年内有望继续保持较高增长速度；基于智能手机的线上保险及理赔、基于消费场景的碎片化线上保险、基于不同经营业态的量身定制式保险等业务占比将继续上升；大数据和信息科技在保险活动中的应用将保持快速渗透，对于居民住户和企事业单位来说，保险将变得更加可得、便利、友好。

（四）预测局限与不足

新冠肺炎疫情对全球经济金融的影响远未结束，世界主要经济体均在采取一切必要措施应对这一影响，这导致了经济金融活动的不稳定性和难以预测性，加大了对经济金融研究、研判的难度。本报告依据当前国内宏观经济金融政策和相关形势及过往数据，对四川省金融形势进行分析与研判，显然仍较为粗糙，且该判断很可能与未来结果并不一致。鉴于此，敬请业内外专家、读者予以谅解。

B.5
2020~2021年四川省消费品市场分析与预测

刘艳婷*

摘　要： 2020年初受新冠肺炎疫情冲击，四川省消费品市场显著收缩下滑。目前，随着我国疫情控制取得重大成效，生产生活秩序逐步恢复，四川省消费市场呈现持续回升态势。但境外疫情仍然在蔓延，国际经济环境趋于严峻，四川经济仍面临诸多不确定因素。2021年，随着国内省内经济形势持续稳定向好，我国扩大内需、促进消费政策措施进一步生效，四川省消费市场将延续回升复苏态势，消费增速将在转正基础上进一步提升。

关键词： 消费品市场　居民消费　四川

一　2020年四川消费品市场运行基本态势

（一）消费品市场受疫情冲击明显收缩

2020年初暴发的新冠肺炎疫情，对社会经济生活造成巨大冲击，其中对消费品市场的冲击尤为显著，四川省消费品市场呈现显著的收缩下滑

---

* 刘艳婷，经济学博士，四川省社会科学院产业经济研究所副研究员，主要研究方向为产业经济、对外经济。

态势。

这一态势在2020年第一季度最为显著。2020年第一季度四川省社会消费品零售总额为4334.4亿元，同比下降13.0%，增速比上年同期下降了22.9个百分点，其中2月消费下滑最为显著，社会消费品零售总额同比下降幅度高达36.8%。从消费形态看，第一季度商品零售额同比下降10.2%，餐饮收入同比下降32.1%，受冲击程度更大。从商品类别看，消费市场的萎缩覆盖面广，非必需消费品下滑明显，第一季度16个大类商品中，有12个大类呈现负增长，其中书报杂志类（-39.0%）、服装鞋帽针纺织品类（-29.6%）、金银珠宝类（-28.4%）、汽车类（-23.7%）、建筑及装潢材料类（-22.5%）等5个大类降幅均超过20%。疫情对实体业态构成较大冲击，第一季度限额以上有店铺零售类法人企业零售额同比下降14.2%，降幅比无店铺零售类高22.7个百分点。

随着我国疫情控制逐步取得成效，第二季度开始，四川消费市场呈现回暖趋势，但消费市场尚未全面恢复，消费复苏仍然较缓慢。2020年1～12月，全省累计实现社会消费品零售总额20824.9亿元，消费规模比上年有所收缩，同比下降了2.4%，消费增速比上年下降了12.8个百分点。消费市场的恢复滞后于供给，2020年全省实现GDP 48598.8亿元，同比增长3.8%，已实现正增长，三次产业分别实现增速5.2%、3.8%、3.4%，增速全面转正，生产供给端的恢复快于消费。

（二）消费品市场呈现持续回升态势

随着我国疫情得到控制，经济生活秩序逐步恢复，经济回升势头进一步巩固，消费市场呈现持续回暖态势。2020年四川消费市场各类经济指标呈现逐月逐季度向好趋势，呈现出企稳回升的良好局面。按月度看，四川社会消费品零售总额从2月高达36.8%的降幅，到3月降幅强力缩减至8.2%，到8月份社会消费品零售总额已实现1.1%的正增长。按季度看，全年、前三季度、上半年、第一季度社会消费品零售总额累计同比增速分别为-2.4%、-4.8%、-7.5%、-13%，降幅呈现逐季收缩的良好态势，回升

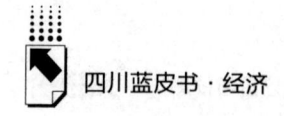

势头显著。同时，和全国水平相比，2020年四川消费下降幅度偏低，全年、前三季度、上半年、第一季度四川社会消费品零售总额降幅分别比全国平均水平低1.5个、2.4个、3.9个、6.0个百分点。

（三）受疫情影响消费结构呈现较大不均衡性

受疫情影响，四川消费商品结构、业态结构呈现出一定不均衡性。近年来作为消费热点的服务类消费成为受疫情冲击最严重的消费领域。2020年全省第三产业增加值同比增长3.4%，其中与消费联系紧密的批发和零售业增加值增长0.2%，交通运输、仓储和邮政业增长0.7%，相较于第三产业总体增速增幅较低。餐饮业受到较大冲击，住宿和餐饮业增加值下降了9.7%。从消费形态看，2020年全省实现餐饮收入2482.5亿元，同比下降9.0%，相比同时期商品零售额1.5%的降幅，呈现出更严重的市场紧缩。

消费商品结构呈现出不均衡性，非必需品受到较大冲击。一方面，受疫情影响，居民收入不确定性增加，缩减了对非必需品的消费。限上16大类商品中，石油及制品类、建筑及装潢材料类、金银珠宝类、服装纺织品类、化妆品类、汽车类等的消费均呈现一定程度的削减。另一方面，疫情造成居民居家办公增多，防疫用品增多，相关消费增加。呈现正增长的商品主要为文化办公用品类（增长21.1%）、中西药品类（增长7.5%）、日用品类（增长6.5%）、粮油、食品类（增长16.6%）等。

消费业态呈现出不均衡性，以网络销售为代表的新型消费增长迅速。疫情为线上消费快速增长提供了条件。2020年限上商品零售中，通过互联网实现商品零售额1226.5亿元，同比增长16.9%，在商品零售总额同比下降的情况下，线上消费却呈现快速增长。疫情条件下，各类新型消费业态不断推出，无接触配送、社区消费、共享消费、直播带货、网上授课、网上问诊等新型消费业态快速发展，得到了较好的发展空间与机遇。

（四）受疫情影响物价上涨较为显著

2020年，新冠肺炎疫情对经济生活秩序造成较大冲击，生产流通领域受限受阻,生活必需品价格出现较大幅度上涨。2020年第一季度四川省居民消费价格指数(CPI)涨幅高达6.2%,比2019年全年CPI涨幅(3.2%)升高了3个百分点,反映出疫情对经济的巨大冲击。后期随着复工复产、生产流通秩序的逐步恢复,以及国家对重要生活必需品加强保障,物价涨幅有所回落。上半年、前三季度、全年CPI涨幅分别回落至5.1%、4.5%和3.2%,但过高的CPI增幅仍然需要高度警惕。从商品结构看,8大类商品与服务物价变化呈现"四涨四降"。衣着、居住、交通和通信价格呈现中小幅下跌,显然为受疫情影响需求下降所致。物价涨幅较大的主要为食品烟酒类,第一季度涨幅接近20%,猪肉、鲜果、鲜菜等生活必需品价格上涨态势最为显著,后三季度食品价格涨幅有所回落,但全年11%的食品价格涨幅仍然需要引起警惕(见表1)。

表1 2020年四川省居民消费价格增长速度

单位:%

指 标	第一季度累计增长	上半年累计增长	前三季度累计增长	全年累计增长
居民消费价格指数	6.2	5.1	4.5	3.2
1. 食品烟酒	19.5	16.8	15.0	11
2. 衣着	0.3	0.0	-0.2	-0.3
3. 居住	-0.5	-0.8	-1.0	-1.1
4. 生活用品及服务	0.0	-0.2	-0.2	-0.1
5. 交通和通信	-1.6	-3.3	-3.6	-3.6
6. 教育文化和娱乐	1.6	2.0	1.3	1.2
7. 医疗保健	1.1	1.0	0.8	0.7
8. 其他用品和服务	3.1	3.4	3.5	3.1

二 2021年四川省消费品市场发展环境与展望

(一)消费市场复苏态势不断巩固

目前我国疫情防控取得重大成效,"六稳""六保"工作、统筹疫情防控和经济社会发展工作扎实推进,社会经济生活秩序稳步持续恢复,复工复商复市步伐加快,扩大内需战略政策持续发力,各级政府一系列刺激、支持消费的政策效果逐步显现,我国居民消费信心有所提振,消费市场活力逐步提升,消费市场呈现出回升向好的发展趋势,各项经济指标的不断回升为消费市场进一步复苏打下了坚实基础。四川省GDP、三次产业增加值均恢复正增长,特别是服务业增加值由上半年同比下降0.4%转为增长3.4%,社会消费品零售总额虽然尚低于上年水平,但呈现持续向好趋势。复商复市将持续推进,复苏基础进一步巩固。

(二)中央高度重视扩大内需促进消费

面对世界范围内仍然形势严峻的新冠肺炎疫情,以及国际经济形势的不确定性,我国提出要"坚定实施扩大内需战略",构建"双循环"新发展格局,要把扩张、满足国内需求作为发展的出发点和落脚点。扩大内需、激活国内消费潜能、发挥消费在经济中的基础性作用在当前特殊时期至关重要。国家近期出台了一系列促进消费的政策措施,提出要以扩大内需作为战略基点,强调建设完整的内需体系,要畅通国内大循环,全面促进消费。国家发展改革委等十四部门发布《近期扩内需促消费的工作方案》,制定了四部分十九条扩内需促消费的务实举措。提出要推动线下服务消费加速"触网",充分释放线上经济潜力;开辟服务消费新模式;实施促进实物消费政策,畅通供需更高水平良性循环;抓好助企纾困政策落实,加大对制造业企业支持力度,加大对民营企业、小微企业支持力度。国务院办公厅出台《关于以新业态新模式引领新型消费加快发展的意见》,提出要从加快新型消费基础设施和服务保障能力建设、加强信息网络基础设施建设、优化新型消费发展环境、加大新型消费政策支持力度等几方面促进新型消费发展的体制机制和政策体系更加完善。商务部等七部门联合印发《关于开展小店经济推进行动的通知》,提出要发挥小店经济对促进就业、扩大消费、惠及民生、发展多元化经济的重要作用。各项措施的出台将为促进消费提质升级、形成强大国内市场提供良好的政策环境。

（三）四川省着力打造促进消费的发展环境

为应对疫情带来的消费市场萎缩问题，四川省积极贯彻中央精神，大力实施促进消费的配套政策措施，着力营造促进消费的良好环境，出台了《四川省培育发展新消费三年行动方案（2020～2022年）》，提出实施文旅消费提振行动、信息消费提速行动、健康消费提质行动、夜间消费创新行动、时尚消费引领行动、传统消费升级行动、消费环境优化行动七大消费行动，并加快打造高品质生活宜居地，创建成都综合性国际消费中心城市，建成绵阳、南充、宜宾等一批具有巴蜀特色的区域消费中心城市，实现消费回补增长、新消费蓬勃发展、消费环境持续优化等目标，促进全省消费提质扩容。省商务厅、中国银联四川分公司联合印发《关于应对新冠肺炎疫情支持商贸流通发展促进居民消费的通知》，从4个方面提出13条支持措施促进消费，包括助力小微企业纾困、建设移动支付引领县、开展"天府里·悦生活——万企联动促消费"系列惠民促销活动等，加强政企协作联动，优化商贸流通领域信用消费受理环境，推动数据共享，加强市场研判，推动出台相关行业政策与开展金融支付服务等。落实好中央和省出台的一系列纾困惠企政策措施，深入开展"中小企业服务提升年"活动，大力实施"助企暖心"行动，精准施策帮助解决"经营难""融资难""用工难"等问题，助力企业恢复发展。大力发展各类促销活动，包括"步步欢乐购"步行街促消费活动、"金鼠闹金秋"等系列促销活动，促进消费市场回暖繁荣。

（四）积极夯实新型消费发展基础

疫情为新型消费快速增长提供了空间，四川省在现有基础上，将进一步加强新型消费基础设施、载体、平台建设，积极发展消费新业态，夯实新型消费发展基础。2019年以来，积极加强5G、人工智能、物联网、数据中心等新基建类基础设施打造，推动商贸零售数字化、智能化改造。促进商贸零售业改造升级，抓好步行街改造、商业综合体升级、便利店智能化升级、商品配送分拨中心建设等重点项目建设。积极发展夜间经济、首店经济、小店经济等消费业态，打造夜间消费示范街区。进一步强化电商平台打造，出台《四川电商营商高地建设总体方案》，有效优化四川电商营商环境，在中西部形成营商环境改革的比较优势，着力扩大全省电商交易规模与跨境电商交易规模。积极发展直播带货、社区团购、线上办公授课医疗等新模式，到2022年底，四川省将建设10个特色产业直播电商网络流量基地，实现年直播带货销售额100亿元。四川消费流通业态更加丰富，新型消费市场更加广阔。

（五）消费回补增长仍面临一定困难

目前国外疫情波及面大，疫情控制效果欠佳，国际宏观经济环境呈现较大不确定性，将在较长时期内对我国经济社会发展产生影响。供给端与需求端都受到较大冲击。供给端企业恢复正常经营面临内外需大量缩减、流通环节严重受阻、经营成本高、资金周转困难、租金税费压力大等困境，特别是民营企业、中小企业抗风险能力差，受冲击更大。需求端面临就业形势严峻、收入削减不稳定、受经济下滑影响消费信心不足等困难。因此，居民消费将在较长时期内面临不确定性，对消费回补增长形成一定阻碍。

综上，随着我国疫情控制取得重大成效，生产生活秩序逐步趋于恢复，各行业运行越来越接近于疫情发生之前，主要经济指标向好回暖，经济回升势头趋于稳定，为消费市场进一步回补增长打下坚实基础。目前四川省居民消费逐步趋于活跃，消费市场呈现持续回升态势。但境外疫情仍在蔓延，国际经济环境趋于严峻，四川消费市场发展仍面临诸多不确定因素。2021年，随着国内省内经济形势持续向好，以及我国助企纾困、稳定就业、扩大内需、减轻居民负担释放消费潜力、积极发展新型消费等一系列政策措施进一步发力生效，四川省消费市场将延续回升复苏态势，消费同比增速将在转正基础上进一步提升。

三 促进消费品市场发展的对策建议

(一)多措并举,需求端与供给端共同发力促进消费复苏增长

要坚持供给侧结构性改革,强化创新,以高质量供给引领创造新需求,不断满足居民对升级类、品质类、服务类、个性化商品的消费需求。加强住房、汽车、家电、健康服务、生活便利性服务、文旅、餐饮等重点消费领域的供给侧改革、建设与创新。加强助企纾困配套政策的制定落地,加大对中小民营企业的帮扶力度,加大税费减免、金融支持政策落实力度,放宽企业信贷条件,提高信贷额度,加强融资担保,引进小额贷款公司,扩大直接融资渠道,切实缓解企业融资难题,降低融资成本。对有发展潜力但暂时受困企业加大补贴力度。大力保障中小企业稳就业功能,积极落实吸纳就业补贴、稳岗补贴等促就业优惠措施。

需求侧方面,要切实保障居民收入,减轻居民负担,提升居民消费预期与消费信心。贯彻就业优先政策,加大中小企业稳岗补贴力度,通过研究生扩招解决大中专毕业生就业问题,保障失业救济政策的执行落实,加大农民工工资拖欠的清理力度。全面推进个税扣除项目落到实处,简化操作程序。加大对居民住行基本生活保障力度,促进住房消费健康发展,坚持"房住不炒",增加公积金使用范围,放宽使用条件,积极扩张汽车消费市场规模。落实带薪休假制度,有效扩张节假日消费。加大优惠促销力度,切实发挥优惠券在销售促进中的终端性、直接性作用。进一步推进社会保障制度体系改革,确保教育医疗养老等基本民生投入只增不减。积极开拓城乡消费市场,促进农村消费,落实农业人口的财产性收入保障措施。

(二)积极拓展新型消费发展空间

着力促进新型消费提质扩容,使其成为战胜疫情、推动消费市场复苏增长的重要武器。加大5G网络、大数据中心、人工智能、工业互联网等新基

建建设力度，积极促进"互联网+"消费模式拓展与消费业态创新，促进新型消费蓬勃发展。积极引进发展社群团购、共享经济、"无人经济"、直播带货、定制消费、网上办公教育医疗、云旅游等新消费业态。完善新型消费的政策制度保障机制，加强在政务服务、行政审批、财税金融、用工、用地、社保等方面的支持，调整相关法律法规等。发挥成都消费中心城市优势，积极发展做强夜间经济、小店经济、首店经济、首发经济等，加强消费街区、载体、消费场景打造，促进线上线下深度融合。顺应新生代消费群体不断增长的新兴文化娱乐消费需求，积极促进文娱产业的更新换代与消费场景打造。加快现代商贸流通体系建设，强化步行街打造，支持传统商业加快数字化、智能化改造，健全流通标准体系，加快发展商贸物流和现代供应链创新。

（三）加强惠民促销与消费热点建设

广泛开展日常性、话题性、节庆性惠民促销活动，包括"全国消费促进月""天府里·悦生活——万企联动促消费""惠民购物全川行动""川货全国行""老字号·新国潮""川渝好物进双城""买川货·助脱贫"等市场开拓活动。与金融机构联合，扩大惠民促销红包的覆盖范围并加大优惠力度，加大对个体工商户、小微企业消费金融支持力度，出台首单手续费减免政策等。加大财政资金支持，强化对重点活动的配套政策支持。

加强重点产业与热点消费领域建设。加大汽车市场促销力度，加快新能源汽车推广应用，延长购车补贴活动时间，开展汽车下乡、购车节等市场拓展活动，加大乡镇地区加油站等配套设施建设力度。开展家电等耐用消费品以旧换新等活动，加大消费信贷力度。拓展农村消费市场，实施城乡高效配送专项行动，推进"快递下乡"，扩大电商进农村覆盖面。促进服务业快速回升，做好常态化防控，积极发展家政、托育等社区生活服务，促进线上线下融合，开辟服务消费新模式。促进旅游业加快复苏，积极发布景区优惠政策，开展文化旅游节等多项活动，推动"智游天府"上线文旅公共服务平台，推进"互联网+文化旅游"融合发展，加强金融支持，推出文旅信贷产品。

（四）积极营造良好消费环境

着力营造安全诚信的消费环境。加强市场监管，完善跨部门市场监管机制，营造公平有序高效的市场秩序。加强商品质量监管，加大对不公平竞争行为的监管规制力度，继续完善消费者权益保护的相关法律机制，提供有效的维权申诉通道，对农村假冒伪劣商品加强专项整治。针对电子商务、互联网消费等领域监管难度大的问题，需要加快出台相关法规与监管措施，严厉打击网络销售产品虚假信息、强制消费、售后服务不完善、刷单炒信等行为。加强消费信用体系建设。加强银政企合作，健全企业、个人信用记录信息库，实现信息共享。加快征信体系建设，培育消费信用法制环境，形成信用激励和惩戒机制。完善电子商务法、网络安全法和个人信息保护的相关管理规定。通过各项措施不断提高经营者诚信度、消费者满意度、消费安全度。

B.6
2020~2021年四川省进出口贸易分析与预测

袁 境 李世佳*

摘 要： 近年来，四川通过全面深入实施开放合作战略，优化全省开放布局，提升开放型经济水平，扩大进出口规模，形成了立体全面的对外开放新态势。2021年，四川继续坚定不移推动"四向拓展、全域开放"的对外开放战略，牢牢抓住新时代西部大开发、成渝地区双城经济圈建设、"一带一路"建设、长江经济带发展以及西部国际陆海新通道等重大战略机遇，充分激发自由贸易试验区的引领作用，全力推动四川进出口贸易高质量发展。

关键词： 四川 进出口贸易

一 2020年四川进出口贸易主要特点

自新冠肺炎疫情发生后，四川先后出台"稳外贸9条"和"自贸试验区改革开放9条"等举措，以支持外贸企业尽快复工复产，努力将疫情对四川外贸影响降到最低限度，在全国进出口下降情况下实现逆势增长。依据统计数据，2020年四川货物贸易进出口总值达8081.86亿元，规模居全国第8位，同比增长19%，增速居全国第2位。

---

* 袁境，经济学博士，四川省社会科学院产业经济研究所副研究员，主要研究方向为产业经济；李世佳，经济学博士，西南财经大学经济信息工程学院副教授，主要研究方向为技术经济。

（一）进出口总值增长显著

2020年四川贸易进出口总值达8081.86亿元，比上年同期（下同）增长19%。其中，出口总值4654.33亿元，增长19.2%；进口总值3427.53亿元，增长18.8%。仅在12月，四川贸易进出口总值就达740.95亿元，增长16.7%。其中，出口433.97亿元，增长20.9%；进口306.99亿元，增长11.3%[①]。

（二）进口、出口增长平衡

2020年四川省出口累计总额为4654.33亿元，占进出口总额的57.59%，同比增长19.2%；进口总额为3427.53亿元，占进出口总额的42.41%，同比增长18.8%，出口累计金额高于进口累计金额，净出口总额1226.8亿元，出口与进口增长率相差不大，进口、出口较为平衡。

（三）加工贸易占主体，其他贸易大幅度增长

按贸易方式分析四川进出口情况。一般贸易累计金额1682.83亿元，占比20.8%，同比下降6%，上年同期占比26.4%；加工贸易累计金额5130.17亿元，占比63.5%，同比增长24.8%，上年同期占比60.5%；其他贸易累计金额1268.86亿元，占比15.7%，同比增长42.8%，上年同期占比13.1%。可见，全年进出口额中，一般贸易占比有所下降，加工贸易与其他贸易有所增长，其他贸易增长幅度较大。

（四）对美国、东盟和欧盟（不含英国）进出口量较大

2020年，四川前七大贸易伙伴美国（21.3%）、东盟（19.4%）、欧盟（不含英国）（18.9%）、中国台湾（6.3%）、日本（5.6%）、韩国（5.2%）、中国

---

① 如无特殊说明，本文数据均来源于四川省人民政府网站、四川省商务厅网站、成都市人民政府网站。

香港（5.1%）合计进出口总值占81.8%。其中，四川对美国进出口总值为1719.8亿元，同比增长13.5%；四川对东盟进出口总值为1568.0亿元，同比增长16.8%；四川对欧盟进出口总值1528.9亿元，同比增长27.4%；四川对中国台湾进出口总值505.3亿元，同比增长20.4%；四川对日本进出口总值454.8亿元，同比增长18.1%；四川对韩国进出口总值417.7亿元，同比增长30.0%；四川对中国香港进出口总值409.6亿元，同比增长40.2%。

2020年，从主要出口市场来看，东盟占比最大，达到1163.7亿元，同比增长7.9%，占全省出口总值的25%；欧盟为第二，出口总值达到925.5亿元，增长39.9%，占全省出口总值的19.9%；美国排名第三，出口总值为900.1亿元，增长18.2%，占全省总值的19.3%；中国香港为第四，出口总值为408.5亿元，同比增长42.1%，占全省总值的8.8%。2020年全年，从主要进口来源地看，美国是第一位，进口总值达819.7亿元，同比增长8.7%，占全省进口总值的23.9%；欧盟排名第二，进口总值达到603.4亿元，同比增长12%，占全省进口总值的17.6%；中国台湾为第三进口来源地，进口总值459.3亿元，同比增长22%，占全省进口总值的13.4%；东盟是第四大进口来源地，进口总值404.4亿元，同比增长52.9%，占全省进口总值的11.8%；韩国为第五大进口来源地，进口总值314.6亿元，同比增长28.6%，占全省进口总值的9.2%；日本是第六大进口来源地，进口总值为217.4亿元，同比增长7.8%，占比全省进口总值的6.3%；以色列为第七大进口来源地，进口总值为192.8亿元，同比增长92.5%，占全省进口总值的5.6%。

（五）外贸新动能显著增强，开拓新市场成效突出

随着电商经济的发展，四川贸易新业态呈现蓬勃发展态势。依据跨境电商管理平台的统计，2020年四川跨境电商进出口总值为17.6亿元，同比增长125.9%。在开拓新市场方面，四川取得突出成效。四川企业在继续深耕传统出口市场的同时，积极开拓新兴市场。2020年，四川对"一带一路"沿线国家的进出口额增长24%。

（六）成都保持"领头羊"地位

2020年，成都外贸体现出下面几个特点：增速快、比重提升，加工贸易方式占主体，主要进出口国家或地区为美国、东盟和欧盟，对"一带一路"沿线国家贸易额稳定快速增长，"宅经济"产品快速增长，部分高附加值、高技术含量商品出口快速增长。2020年成都加工贸易进出口总值达5031.6亿元，占成都外贸比重的70.3%。成都对美国进出口1634.8亿元，占成都外贸总值的22.9%，同比增长13.9%；对东盟进出口1469.6亿元，占成都外贸总值的20.5%，同比增长20%；对欧盟进出口1453.7亿元，占成都外贸总值的20.3%，同比增长30.1%；对"一带一路"沿线国家进出口达2226.6亿元（其中进出口值排名前三的分别为越南、马来西亚和以色列，增速分别为29.6%、17.8%、89.5%），占成都外贸总值的31.1%，同比增长29.9%。

（七）外商投资企业及民营企业为主体，进出口增长快速

从企业类型来看，外商投资企业进出口额在进出口总值中所占比重较大，并且增长较快。2020年在川外商投资企业进出口总值达到5719.82亿元，占全省进出口总值的70.8%（上年同期占比为67.2%），同比增长25.3%；民营企业进出口总值1848.46亿元，占全省进出口总值的22.9%（上年同期占比为24.4%），同比上涨11.5%；国有企业进出口总值513.58亿元，占全省进出口总值的6.4%（上年同期占比为8.3%），同比下降9.2%。[①]

可见，进出口总值占比最高的是外商投资企业，同比增长最快；其次是民营企业，增长率较高。

（八）机电产品、高新技术产品为进出口主体

从进出口商品分类来看，机电产品与高新技术产品是四川贸易的主要产

---

① 资料来源于成都海关。

品。2020年农产品进出口总额为102.41亿元，同比下降3.8%，占比为1.3%，上年同期占比为1.6%；机电产品累计进出口总额7179.56亿元，同比增长25.6%，占比为88.8%，上年同期占比为84.2%；高新技术产品累计进出口总额6389.33亿元，同比增长29.6%，占比为79.1%，上年同期占比为72.6%。由此可见，高新技术产品占进出口总额的比重最大，增长率高，进出口产品结构高端化。

二 2020年四川进出口贸易增长原因分析

（一）"宅经济"产品推动出口较快增长

受疫情影响，海外对防疫物资以及居家办公、在线教育、网络消费等电子消费产品的需求增加，防疫物资和居家办公商品出口快速增长。一些企业抓住海外防疫物资需求猛增的商机，及时调整经营策略和方向，生产、出口包括口罩、防护服在内的防疫物资，总额达49.2亿元，同比增长492.7%。疫情之后，全球对居家办公等方面的需求不断上升，推动了"宅经济"的相关产品出口迅速增长。2020年，四川笔记本电脑的出口值增长29%，平板电脑增长49%，两者合计拉动四川整体出口增长13.1%。

（二）市场需求的增长为扩大进口提供有力支撑

疫情之后，国内经济持续稳定恢复，消费与投资需求回升，拉动民生类商品与原料进口快速增长。2020年前三季度四川进口猪肉5951.5吨，增长919.4%；牛肉8152.6吨，增长661.2%；食用植物油4.6万吨，增长37.2%。企业复工复产有序推进，带动省内部分企业对生产原材料进口的增长。2020年，四川进口基本有机化学品21.2亿元，比2019年增长9.7%；进口初级形状的塑料20.9亿元，比2019年增长25.9%。

(三)高水平开放平台带动作用凸显

四川的综合保税区"稳定器"作用明显。截至 2020 年底,四川已获批 6 个综合保税区,其中成都占 3 个(成都高新综合保税区、成都高新西园综合保税区、成都国际铁路港综合保税区)。作为目前四川省对外开放的重要平台,成都高新综合保税区 2020 年进出口总值达到 5491.7 亿元,占全省外贸进出口总额的 68%,增长 26.8%,拉动四川整体外贸增长 17.1%。

三 四川进出口贸易发展面临的挑战、机遇与优势

(一)四川进出口贸易发展面临的挑战

1. 国际环境形势依然严峻

近几年,世界多边贸易体系面临挑战,世贸组织地位和作用被严重削弱。同时,当前境外疫情尚未得到有效控制,这给全球经济带来巨大影响,国际市场需求持续走低,特别是欧盟、美国等发达经济体经济受到严重影响,大面积停工停产,国际贸易运输受阻,产业链、供应链中断,金融、股市、原油市场等动荡更加激烈,消费需求减弱。国际环境的恶化致使世界经济进入"供需两弱"困境,全球经济遭遇危机的风险急剧上升。

2. 出口商品品类集中

四川出口商品主要集中于机电产品。2020 年四川出口机电产品总值 4082.43 亿元,占同期四川外贸出口总值的 87.7%,相比 2019 年增长 27.5%;四川进口机电产品总值达 3097.13 亿元,占同期四川外贸进口总值的 90.4%,相比 2019 年增长 23.2%。[①]

3. 出口企业过于集中

外商投资企业的进出口额占比超七成,增长最快,国有企业进出口额占

---

① 资料来源于成都海关。

比低，同比增速是负值。2020年，按企业性质划分，国有企业出口总值260.64亿元，占四川全年出口总值的5.6%，同比下降0.5%，上年同期占比6.7%；外商投资企业出口金额总值3081.93亿元，占比66.2%，同比增长24.2%，上年同期占比63.6%；其他企业出口额累计1311.75亿元，同比增长13.1%，占比为28.2%，上年同期占比29.7%。①

4. 区域外贸发展不平衡

成都头部效应显著，其进出口贸易额占全省八成以上。据统计数据，2020年成都外贸进出口总值再创历史新高，达到7154.2亿元，较2019年增长2.4%，占同期四川进出口总值的88.5%，拉动全省外贸总额增长19.3%。四川其他三大城市进出口总值分别为：绵阳216.3亿元，宜宾183亿元，德阳116.4亿元。可见，成都与四川其他地区外贸进出口总值相差巨大，也显示出四川区域之间外贸发展极不平衡②。

（二）四川进出口发展的机遇与优势

1. 经济发展全面恢复

2020年四川省GDP为48598.8亿元，按可比价格计算，比2019年增长3.8%③。

（1）工业生产稳步增长。2020年全省工业增加值为13428.7亿元，相比2019年增长了3.9%。2020年末，全省有14843家规模以上工业企业，其工业增加值增长4.5%；外商及港澳台商投资企业工业增加值增长7.7%。从行业看，规模以上工业41个行业大类中有25个行业增加值增长。其中，增长最快的为三个大的行业：计算机、通信和其他电子设备制造业增加值比2019年增长17.9%，石油和天然气开采业比2019年增长12.2%，高技术制造业比2019年增长11.7%④。

---

① 资料来源于成都海关。
② 资料来源于成都海关。
③ 资料来源于四川省统计局。
④ 资料来源于四川省统计局。

（2）对外经济快速发展。截至2020年底，已获批在川设立领事机构的国家达到20个，有13家领事机构已开馆；有364家世界500强企业在川落户，其中有250家为境外世界500强。2020年全年，四川全省新设842家外商投资企业（机构），比2019年增长24.6%，累计设立外商投资企业（机构）13826家；全年全省实际利用外资100.6亿美元，比2019年下降19.4%，其中有25.5亿美元为外商直接投资，比2019年增长2.9%，实际利用外资规模居中西部第一位；全年新增64家境外投资企业，全省共有1219家境外投资企业[1]。

（3）固定资产投资持续回升。在新冠肺炎疫情的影响下，2020年四川全社会固定资产投资依然呈现增长态势，比2019年增长9.9%。从产业分类来看，相比2019年，第一产业投资增长35.6%，第二产业投资增长10.7%（其中工业投资增长10.7%），第三产业投资增长8.3%[2]。

2. 川渝两地深入推进成渝地区双城经济圈建设

当前，四川与重庆两地正全面深入推进成渝地区双城经济圈区域发展战略，这为四川经济发展提供了机遇。成渝双城经济圈的发展战略是全方位、多层次地推进川渝两地交通、社会、经济等一体化发展：一方面推进川渝两地从省级到相邻地市等区域的深度融合发展，另一方面从政府部门之间协调机制、两地高校科研机构合作机制、两地贸易发展协作机制等多维度推进川渝两地发展，这都有利于促进四川进出口贸易发展。

四 推进四川进出口贸易发展的建议

（一）扩大对外贸易改革开放

深入扩大改革开放，全面推动"四向拓展、全域开放"战略，特别要

---

[1] 资料来源于四川省统计局。
[2] 资料来源于四川省统计局。

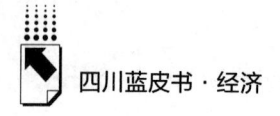

深化贸易领域的改革,优化进出口贸易服务,为全省进出口贸易提供优质服务;加大国企改革力度,提高国企出口贸易所占比重与扩大出口规模。

(二)建议扩大自贸服务试验区

建议将成都(包含泸州港)自贸区范围拓展到成渝双城经济圈的四川区域部分,比如增加乐山、宜宾、南充、达州等区域作为自贸区试验区域,或者以成都自贸区为统领,覆盖全省设置试验点。特别是随着四川内陆水域交通的通航以及铁路交通的不断完善,"四向拓展、全域开放"战略的硬件基础设施得到保障,但是还需要更优质的自贸区服务为对外开放与贸易提供软性保障。

(三)鼓励更多四川企业走出国门

出台更多优惠政策鼓励四川企业走出国门,开拓海外市场。继续利用好西部博览会、糖酒会等投资贸易商品展览会,加大对四川企业、四川制造与四川品牌的宣传,积极吸引海外的贸易商来川洽谈商贸活动。同时,对于四川的特色产品、特色产业还可以组织专业的贸易投资展览会,以提高四川特色产业、特色产品的知名度,并通过海内外的互相借鉴学习,扩展四川出口产品的种类与规模。

附件:四川省对外贸易统计资料(2020年1~12月)

附表1 2020年四川省进出口构成情况

单位:亿元,%

项目	12月		累计			
	金额	同比增长	金额	同比增长	占比	上年同期占比
四川进出口额	740.95	16.7	8081.86	19.0	100	100
1. 按贸易方式划分						
一般贸易	156.44	-0.9	1682.83	-6.0	20.8	26.4

续表

项　目	12月		累　计			上年同期占比
	金额	同比增长	金额	同比增长	占比	
加工贸易	445.56	15.9	5130.17	24.8	63.5	60.5
其他贸易	138.95	50.2	1268.86	42.8	15.7	13.1
2. 按企业性质划分						
国有企业	40.54	-15.7	513.58	-9.2	6.4	8.3
外商投资企业	510.39	21.0	5719.82	25.3	70.8	67.2
其他企业	190.02	15.2	1848.46	11.5	22.9	24.4
3. 按商品类划分						
农产品	9.21	-16.3	102.41	-3.8	1.3	1.6
机电产品	658.81	20.7	7179.56	25.6	88.8	84.2
高新技术产品*	592.09	25.6	6389.33	29.6	79.1	72.6
出口额	433.97	20.9	4654.33	19.2	100	100
1. 按贸易方式划分						
一般贸易	99.40	9.5	1010.47	-8.8	21.7	28.4
加工贸易	242.97	20.9	2750.72	25.6	59.1	56.1
其他贸易	91.60	36.2	893.14	47.5	19.2	15.5
2. 按企业性质划分						
国有企业	21.26	-17.6	260.64	-0.5	5.6	6.7
外商投资企业	277.26	25.3	3081.93	24.2	66.2	63.6
其他企业	135.44	21.1	1311.75	13.1	28.2	29.7
3. 按商品类划分						
农产品	5.40	3.9	44.92	-9.9	1.0	1.3
机电产品	381.39	26.5	4082.43	27.5	87.7	82.0
高新技术产品*	336.89	34.2	3571.27	32.9	76.7	68.8
进口额	306.99	11.3	3427.53	18.8	100	100
1. 按贸易方式划分						
一般贸易	57.04	-15.1	672.35	-1.5	19.6	23.6
加工贸易	202.59	10.4	2379.45	23.9	69.4	66.6
其他贸易	47.36	87.5	375.72	32.8	11.0	9.8
2. 按企业性质划分						
国有企业	19.28	-13.6	252.94	-16.8	7.4	10.5
外商投资企业	233.12	16.3	2637.88	26.6	77.0	72.2
其他企业	54.58	2.8	536.71	7.7	15.7	17.3
3. 按商品类划分						

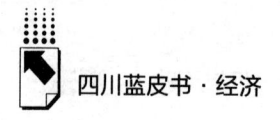

续表

项　目	12月		累　计			
	金额	同比增长	金额	同比增长	占比	上年同期占比
农产品	3.81	-34.4	57.49	1.5	1.7	2.0
机电产品	277.42	13.4	3097.13	23.2	90.4	87.1
高新技术产品*	255.20	15.9	2818.06	25.6	82.2	77.8

注：*产品与所列其他产品有交叉。
资料来源：成都海关。

附表2　2020年四川省主要贸易伙伴

单位：亿元，%

序号	地区	12月	同比增长	累计	同比增长	占比
		741.0	16.7	8081.9	19.0	100.0
1	美国	167.7	46.8	1719.8	13.5	21.3
2	东盟	147.5	12.6	1568.0	16.8	19.4
3	欧盟	132.1	9.1	1528.9	27.4	18.9
4	中国台湾	52.2	56.1	505.3	20.4	6.3
5	日本	31.1	-13.1	454.8	18.1	5.6
6	韩国	31.6	1.3	417.7	30.0	5.2
7	中国香港	51.4	54.0	409.6	40.2	5.1
8	以色列	11.5	-48.4	206.7	86.9	2.6
9	英国	11.9	30.0	134.7	14.5	1.7
10	澳大利亚	9.9	-36.4	129.8	-3.9	1.6
11	印度	11.4	25.5	117.9	15.6	1.5
12	俄罗斯	9.1	27.4	110.2	32.1	1.4
13	巴西	6.7	-11.3	69.9	-7.7	0.9
14	阿拉伯联合酋长国	6.4	121.3	55.8	17.8	0.7
15	墨西哥	3.2	41.7	42.5	16.3	0.5

附表3 2020年四川省主要进口来源地

单位：亿元，%

序号	地区	12月	同比增长	累计	同比增长	占比
		307.0	11.3	3427.5	18.8	100.0
1	美国	71.9	8.5	819.7	8.7	23.9
2	欧盟	50.0	2.2	603.4	12.0	17.6
3	中国台湾	48.6	63.4	459.3	22.0	13.4
4	东盟	47.4	77.1	404.4	52.9	11.8
5	韩国	23.6	-6.6	314.6	28.6	9.2
6	日本	18.3	-8.3	217.4	7.8	6.3
7	以色列	9.9	-53.0	192.8	92.5	5.6
8	澳大利亚	1.8	-55.0	32.2	-23.1	0.9
9	巴西	1.7	-32.2	22.4	-15.2	0.7
10	俄罗斯	1.2	-36.3	21.7	10.1	0.6
11	沙特阿拉伯	1.2	9.4	12.4	22.8	0.4
12	南非	1.8	270.6	11.9	-36.8	0.4
13	新西兰	1.2	-18.8	11.2	-11.5	0.3
14	英国	0.6	-17.0	10.9	-25.0	0.3
15	印度	0.5	-45.3	9.6	-4.2	0.3

区域篇
Regional Reports

B.7
2020~2021年成都平原经济区经济形势分析与预测

陈映 薛建飞*

摘 要： 当前，全球经济进入大调整时期，经济波动的各种不确定性因素增多。新冠肺炎疫情全球大流行以及产业链和供应链的重新调整，给全球经济带来了巨大冲击。疫情对中国经济的影响尚未完全消退，经济仍面临巨大下行压力。在此背景下，成都平原经济区高质量发展挑战倍增、难度加大。但随着一系列应对复杂环境以及稳定经济发展的政策措施的实施，2021年成都平原经济区经济将持续恢复并实现稳定增长。

关键词： 成都平原经济区 经济恢复 稳定增长 经济形势

---

* 陈映，经济学博士，四川省社会科学院产业经济研究所副所长、研究员，主要研究方向为区域经济、产业经济；薛建飞，四川省社会科学院产业经济研究所硕士研究生。

一 经济运行总体情况

成都平原经济区涵盖成都、德阳、绵阳、遂宁、乐山、雅安、眉山、资阳八市，占全省面积的17.9%，占全省人口的45.8%。2020年上半年，经济区GDP达13652.29亿元，占全省的61.7%。在当前的区域发展格局下，成都平原经济区肩负着成渝地区双城经济圈建设核心增长极、长江经济带建设重要节点、"一干多支、五区协同"核心区域等重大历史使命，作为引领四川五大经济区发展、带动西部地区产业转型升级的现代化都市圈，在中西部地区和全国区域发展大局中具有重要的地位和作用。

（一）2020上半年成都平原经济区经济运行情况

2020年上半年，面对疫情带来的巨大冲击和严峻考验，成都平原经济区八市都出台了一系列疫情防控措施以稳定经济发展，切实推进复工、复产、复商、复市，经济区经济稳步复苏，持续向好。

经济增速逐渐恢复。受疫情影响，与2019年上半年相比，经济区各市经济增速均大幅下降，但较2020年一季度已逐步恢复。2020年上半年，成都平原经济区经济总量为13652.29亿元，占全省的61.7%。除德阳为负增长外，经济区其余七市均略有增长。其中，成都完成GDP 8298.63亿元，同比增长0.6%，占经济区GDP的60.8%；雅安增速第一，为1.7%（见图1）。

经济结构优化调整。2020年上半年，成都平原经济区三次产业结构为6.2∶35∶58.8。相较于2019年上半年，第二产业占比下降7.7个百分点，第三产业占比提高7.3个百分点。其中，德阳市二产占比最高，达48.8%，与上年同期相比下降1.2个百分点，其余各市二产占比较上年同期也均有所下降；除遂宁外，其余七市三产占比均有所上升，显现出第三产业快速恢复的良好态势，其中成都占比最高，达66.5%（见图2）。

规上工业企业发展节奏放慢。2020年上半年，成都平原经济区八市中，

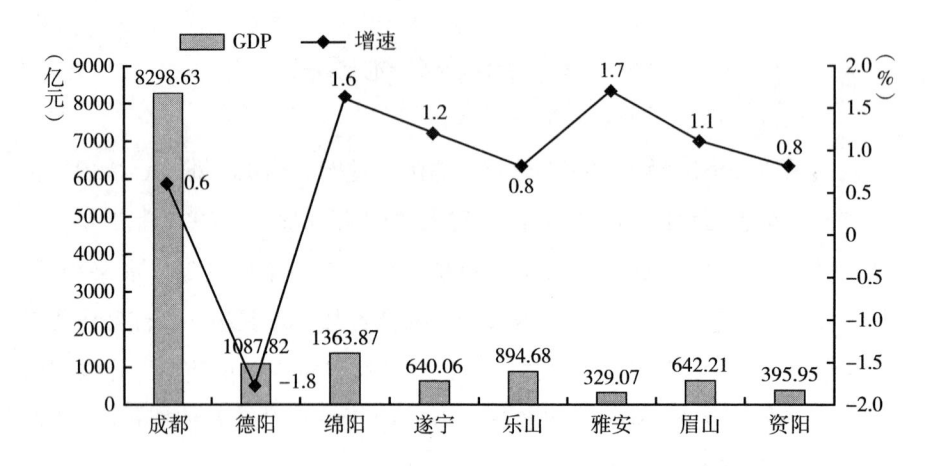

图1 2020年上半年成都平原经济区八市GDP及增速

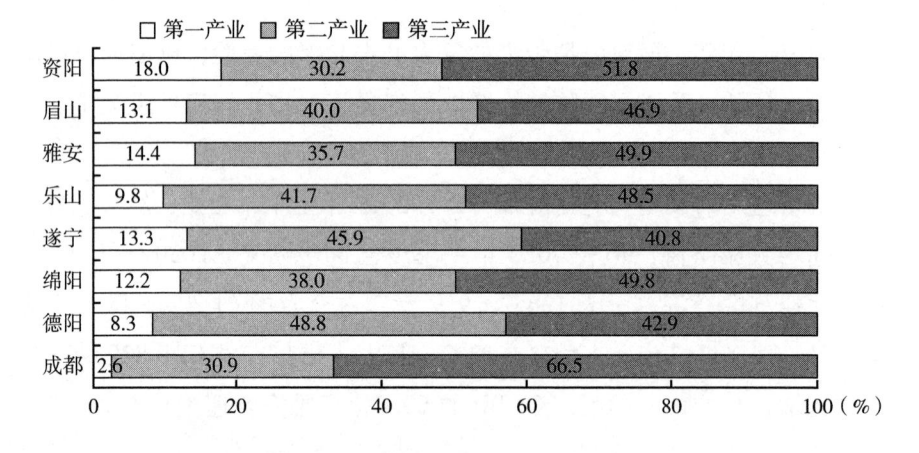

图2 2020年上半年成都平原经济区八市三次产业结构

乐山规上工业企业工业增加值增速最大,达3.6%,雅安、资阳增速并列第二,成都、眉山紧随其后。受疫情影响,各市规上工业企业工业增加值增速与上年同期相比均有大幅度下降。其中,德阳降幅最大,下降9.7个百分点,规上工业企业工业增加值呈现负增长,降幅为-2.2%。

固定资产投资增速放缓。2020年上半年,成都平原经济区八市全社会固定资产投资增速均在10%以下。眉山增速跃居第一,为7.2%,但与上年同期相比下降6.5个百分点,除雅安、资阳分别上升3.8个和0.7个百分点外,其余6市增速均有所放缓。其中,绵阳增速降幅最大,同比下降11.4个百分点;德阳出现负增长,增速为-2.1%。

消费品市场活力再现。2020年上半年,成都平原经济区社会消费品零售总额为5825.14亿元,较上年同期下降2.1%。受疫情影响,八市消费品零售总额均为负增长,除德阳、乐山外,其余六市增速均低于全省平均水平(-7.5%)(见图3)。但与2020年一季度相比,八市消费品市场运行状况皆有所好转。

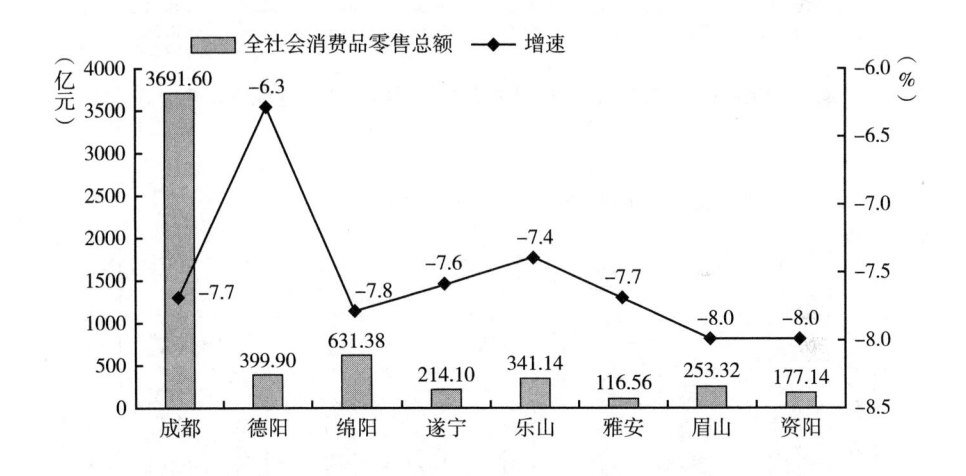

图3　2020年上半年成都平原经济区八市社会消费品零售总额及增速

城乡居民收入不断攀升。2020年上半年,成都平原经济区各市城镇及农村人均可支配收入均有所增长。其中,成都市城镇居民人均可支配收入和农村居民人均可支配收入分别为24563元和14007元,均居经济区榜首。遂宁市城乡居民人均可支配收入增速皆居经济区首位,分别为5.1%、7.9%。资阳(3.1%)城镇居民人均可支配收入增长最慢,德阳(6.8%)、乐山(6.8%)农村居民人均可支配收入增速最慢,均低于四川平均水平(城镇4.2%,农村7.6%)(见图4、图5)。

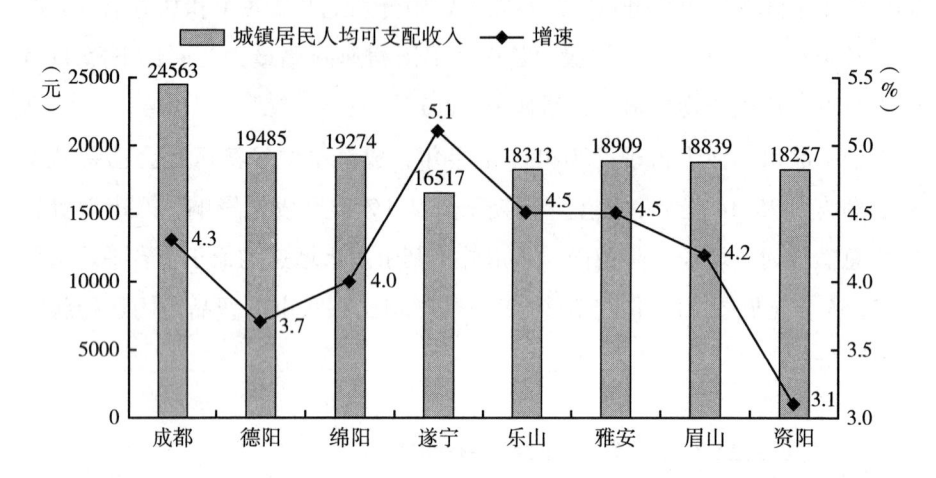

图4 2020年上半年成都平原经济区八市城镇人均可支配收入及增速

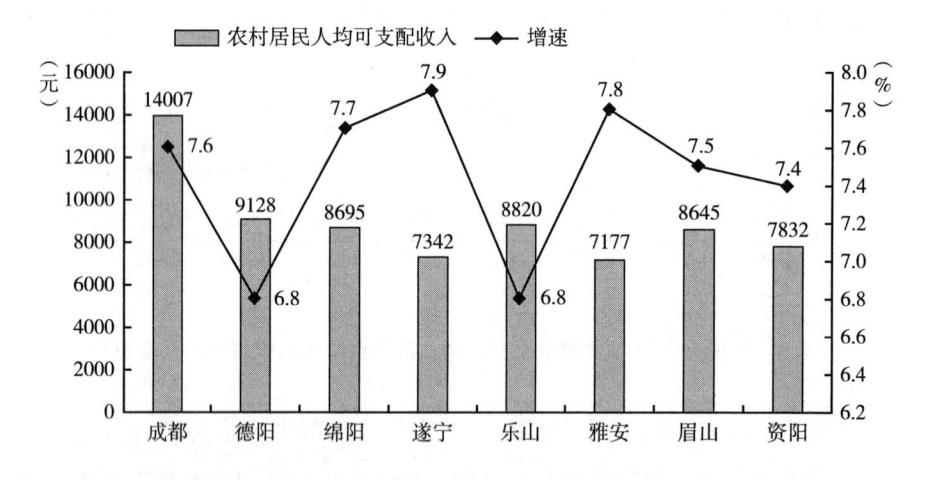

图5 2020年上半年成都平原经济区八市农村人均可支配收入及增速

（二）经济发展纵横对比

1. 纵向比较

近年来，成都平原经济区经济总量稳步增长，产业结构持续优化，投资规模平稳增长，消费品市场需求不断扩大，城乡居民收入持续攀升。

经济总量增长，增速放缓。2019年，经济区GDP达到28295.58亿元，较2014年增长了10522.58亿元，年均增速为9.7%（见图6）。经济区经济总量增速虽有所放缓，但占全省的比重一直保持在60%以上。

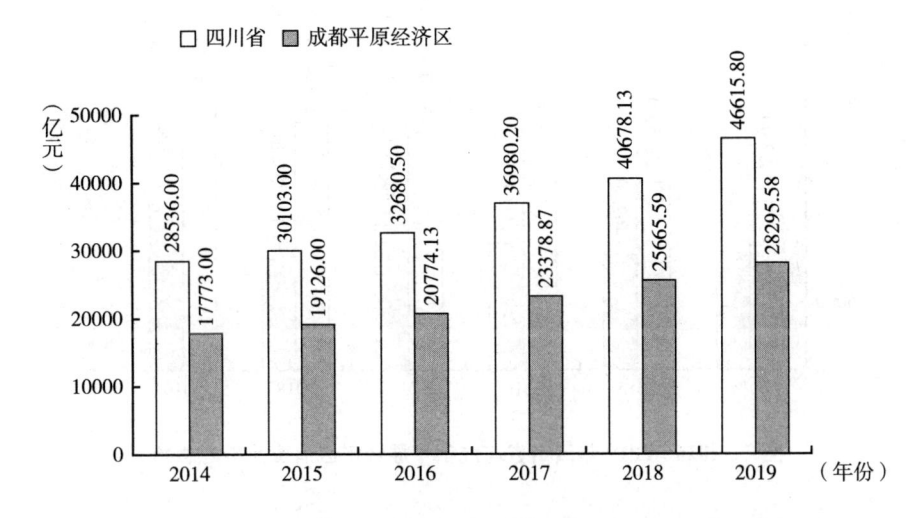

图6 2014~2019年四川省与成都平原经济区GDP情况

经济结构不断优化。2014~2019年，经济区三次产业结构由8.8∶50.2∶41调整为7.2∶35.3∶57.5。同期，四川三次产业结构由12.4∶45.0∶42.6调整为10.3∶37.3∶52.4。2020年上半年，经济区三次产业结构为6.2∶35.0∶58.8，四川省三次产业结构为8.9∶36.9∶54.2，经济区第一、第二产业占比分别比全省低2.7个、1.9个百分点，第三产业占比高于全省4.6个百分点。

投资结构优化，增速放缓。2014~2019年，经济区固定资产投资结构不断优化，但自2018年开始增速减缓。2019年，经济区固定资产投资增速为10.3%，较上年下降0.8个百分点，但高于全省平均水平0.1个百分点。其中，成都市以有效投资优质项目为中心，2019年固定资产投资同口径比上年增长10.0%；东部新区、天府新区成都直管区等重点区域投资活跃。

消费市场恢复，重现活力。2019年，经济区社会消费品零售总额达到12265.83亿元，与2014年相比增加了4879.83亿元，增幅达66.1%，经济区社会消费品零售总额占全省的60.9%（见图7）。2020年上半年，经济区社会消费品零售总额达5825.14亿元，占全省的61.7%。

图7 2014~2019年四川省与成都平原经济区消费品零售总额

2. 横向对比

在四川省五大经济区中，成都平原经济区的经济体量、经济增速和经济活力等均具绝对优势，有力地支撑着四川经济又好又快发展。

经济总量稳居榜首。2019年，成都平原经济区GDP占全省的60.7%，川南经济区、川东北经济区、攀西经济区、川西北经济区分别占全省的16.2%、15.7%、5.8%、1.7%。2020年上半年，成都平原经济区GDP占全省的61.7%。2020年上半年，四川经济总量排名前十的市州中，成都平原经济区占4个，川南、川东北、攀西经济区分别占3个、2个、1个。从增速来看，宜宾以2.4%的增速位列全省第一，成都平原经济区有雅安、绵阳、遂宁、眉山、乐山、资阳六市进入前十。

经济结构持续最优。2020年上半年，成都平原经济区产业结构为6.2∶35∶58.8，第三产业占比持续增加。同期，川南、川东北、攀西、川西北经济区三次产业结构分别为11.4∶43.7∶44.9、15.5∶37.1∶47.4、13.1∶41.1∶45.8、8.9∶27.6∶63.5。五大经济区均为"三、二、一"的产业结构，其中成都平原经济区和川西北经济区第三产业占比均超过50%。可见，疫情后全省各地加速恢复第三产业发展的各项政策措施成效显著。

固定资产投资增速逐渐放缓。2020年上半年，四川省全社会固定资产投资同口径同比增长5%。成都平原经济区中，遂宁、乐山、雅安、眉山、资阳5市分别高于全省平均水平2.1个、2.1个、1.6个、2.2个、0.4个百分点（见图8）。五大经济区中固定资产投资增速最快的是川东北经济区的南充（8.1%）；全省大部分市州投资增速与2019年上半年相比均有所下降。

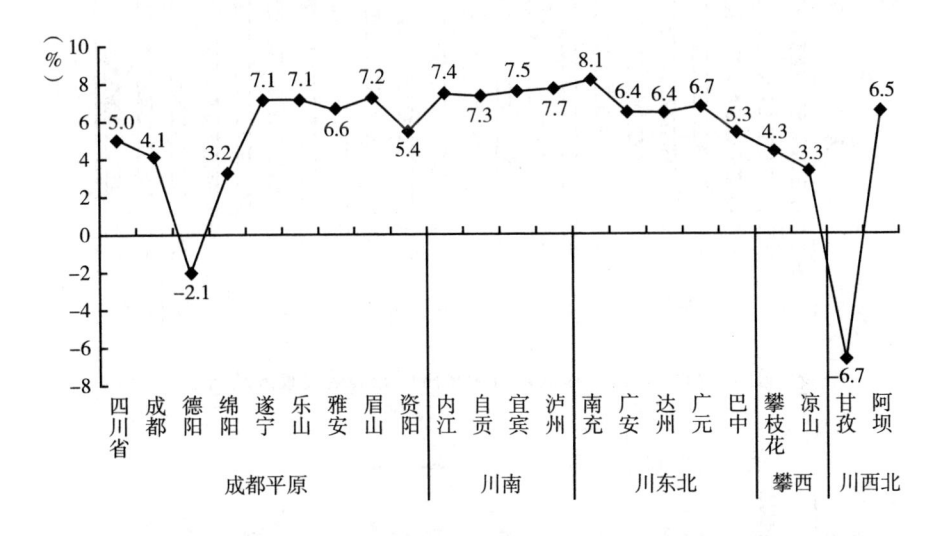

图8 2020年上半年四川五大经济区各市州固定资产投资增速

消费表现全省最佳。2020年上半年，四川省社会消费品零售总额达到9444.87亿元，其中成都平原经济区实现社会消费品零售总额5825.14亿元，占全省的61.7%，分别是川南、川东北、攀西、川西北经济区的4.14倍、3.4倍、14.25倍、64.1倍，消费品市场在全省最为活跃。

居民收入全省最高。2020年上半年，成都平原经济区城镇居民与农村居民人均可支配收入与上年同期相比持续升高，位居全省首位。从城乡人均收入绝对值来看，成都市位居全省第一，攀枝花市位列第二。巴中市城镇居民可支配收入全省最低，甘孜州农村居民人均可支配收入全省最低。从城镇居民人均可支配收入增速来看,南充市增速最快,达5.3%,高于全省1.1个百分点。从农村居民人均可支配收入增速来看,凉山州增速为全省第一,达8.3%(见图9、图10)。

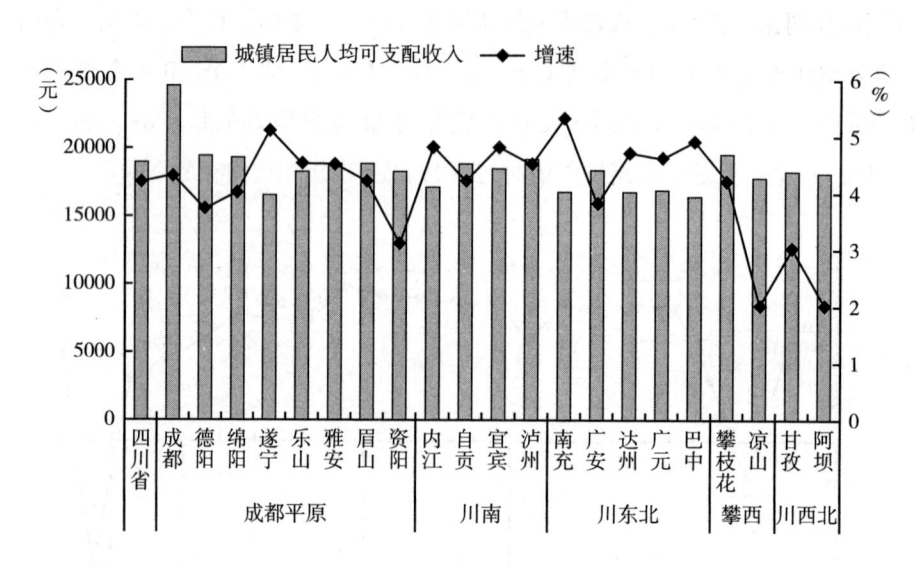

图9 2020年上半年四川五大经济区城镇居民收入及增速

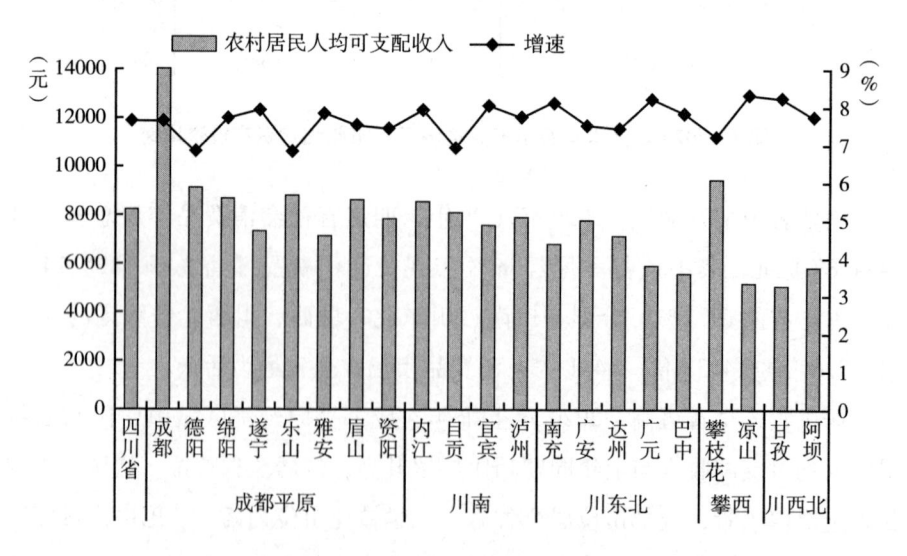

图10 2020年上半年四川五大经济区农村居民收入及增速

二 经济运行中的有利因素和制约

成都平原经济区在四川经济发展大格局中的地位举足轻重。作为"一干多支、五区协同"的中心区域以及成渝地区双城经济圈、长江经济带建设等区域发展规划中的重要增长极,成都平原经济区正处于高质量发展的重大历史机遇期,有着得天独厚的发展优势。"十三五"时期,围绕建设高质量发展先行区、现代经济集中发展区、国家级现代化城市群的发展目标,经济区抓住机遇,加快发展,整体经济实力不断提升,区域协同发展成效显著。但与此同时,发展不平衡不充分、产业同构化等问题依然突出,加之新冠肺炎疫情对经济发展的影响尚未消除,经济区经济高质量发展仍面临诸多制约。

(一)经济发展的有利条件

1. 经济实力不断增强

随着成渝双城经济圈建设的不断推进、成德绵资一体化步伐的加快以及成都东进战略的大力实施,经济区整体经济实力不断提升,成为四川乃至西部面积最大、人口最多、发展水平最高的综合性经济区,经济总量持续增长,经济结构持续优化,科技创新能力不断增强,对外开放新格局业已形成,生态环境不断改善,区域一体化程度不断深化。

2. 基础设施步伐加快

经济区以铁路、高速公路、轨道交通、机场为载体的立体交通网络初步形成,城际实现了互联互通。成都绕城高速、环线高速等串联成网,成乐、成雅、成绵等十多条高速公路以成都为中心向各市延伸,交通便捷度不断提高,经济技术联系更为密切;成绵乐、成渝两条高铁线路连接成、遂、德、绵、资、眉、乐七市,经济区全域纳入"1小时经济圈"。轨道交通方面,18号线延伸至资阳,且将向德、眉二市延伸。天府国际机场的建成,将大

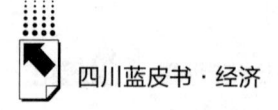

大加强经济区的对外联系。此外，经济区已实现能源以及信息基础设施的互联互通。

3. 产业协作初见成效

经济区各市立足自身定位，发挥优势，推动产业协同发展，合力打造以成渝为主轴和以成德绵眉乐为中轴的"一核一圈、两轴三区"区域空间发展新格局。经济区各市之间签署了一系列产业合作协议，携手探索"总部+基地""应用+存储"的产业协作模式，共同培育关联产业和配套产业，推动重点产业成链配套集群发展。经济区以成都为中心共建产业园区，成资、成眉、成德、成雅等工业园区以交通、汽车、电子信息等为重点，共同推进产业协作，产业协作成效初现。

4. 科创能力不断提升

经济区集聚了四川绝大部分的科研和教学资源，依托这些资源，经济区强化创新赋能、智能制造、绿色示范、高端服务等的引领作用，着力建设总部集聚区、高新技术-企业服务区和改革创新示范区。成德绵全面创新改革试验先行区推动中国（绵阳）科技城加快发展，打造创新驱动发展"试验田"，成为辐射西部的增长极。中国（四川）自由贸易试验区围绕重点发展现代服务业、高端制造业、高新技术、临空经济、口岸服务等产业，加快建设国家重要的创新驱动发展引领区和开放型金融产业创新高地。经济区依托科教资源打造产学研用协同创新平台，"天府万人计划""天府高端引智计划"等人才服务保障特殊政策为创新创业提供了有力支撑。

5. 协同发展有序推进

强化"一盘棋"意识，发挥"抱团"效应，经济区着力推进"一体化"发展，促进区域内资源、产业、技术、人才等优势在合作中优化配置，实现优势互补，互利共赢。经济区已初步实现基础设施互联互通、产业发展协作配套、公共服务同建共享、生态环境联防联治，协同发展的体制机制不断完善，经济区整体发展能级全面提升。

（二）经济发展的制约因素

1. 疫情影响尚未消除

疫情给经济区经济发展带来了巨大冲击。疫情使经济下行压力进一步加大，固定资产投资等主要经济指标进一步下滑，消费市场需求有所走低。疫情对金融市场价值估值影响巨大，易引发一系列系统性风险。疫情导致外贸出口份额大幅下降，引进外资压力倍增。疫情引发了巨大的短期就业压力，企业生存困难，员工失业。尽管国家、四川和经济区采取的一系列疫情防控措施成效显著，但疫情在全球范围内尚未得到控制，因此对经济的负面影响尚未得以消除。

2. 国际环境复杂多变

当今世界正处于形势多变的动荡变革期，全球经济低迷，国际贸易及投资大幅萎缩，保护主义、单边主义抬头，新冠肺炎疫情全球蔓延，经济全球化遭遇逆流，世界经济发展的不确定性因素增多。国际环境的复杂变化无疑影响着我国的国际贸易及国内经济的正常运行，而成都平原经济区作为全省乃至西部地区最大的经济区、全省拓宽国内国际大市场的主阵地，占据着全省大半的进出口份额及海外投资，势必受到严重影响。

3. 区域发展仍不平衡

成都市作为四川省省会城市、国家中心城市，是全省政治、经济、文教、科技、交通、商贸及金融中心，综合实力在全省占有绝对优势，对全省的要素、人才、产业投资等都具有极强的吸引力，且有着强力的政策支持，是四川省最核心的增长极，但其对周边各市的辐射带动作用尚未发挥出来。从经济总量来看，2020年上半年，成都市GDP占经济区的比重达60.8%，是位居第二的绵阳的6.08倍，是位居经济区末位的雅安的25.2倍，经济区多中心一体化发展格局难以形成。从产业发展来看，成都在电子信息、汽车、新能源、新材料等高新技术产业及商贸、金融、会展、文旅等现代服务业等方面具有绝对优势，而其他七市产业相对单一，且发展后劲不足。从创新能力来看，创新产业主要集中在成都、德阳、绵阳，高

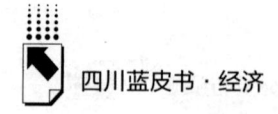

素质人才主要聚集于成都。发展不平衡、不充分等问题将阻碍经济区的一体化发展。

4.体制机制亟须完善

发展规划方面，经济区一体化的各项规划大多还停留在签订合作协议的阶段，全面实施和取得成效尚需时日。协调机制方面，经济区的组织模式大多为框架协议模式，成都市行政级别较高，各市之间若仅通过市级层面进行协调，困难重重。当各市之间的管理模式发生冲突时，易导致区域一体化的各项工作停滞不前。公共服务方面，经济区公共服务一体化进程发展缓慢，如社保医保互认、教育资源共享等亟待完全实现。

三 2021年成都平原经济区经济形势预测

2020年，成都平原经济区经济稳步复苏，不断向好。2021年，成都平原经济区面临着经济新常态下的一系列重大发展机遇，经济平稳运行的发展态势将延续。

（一）经济总量稳中有进

2020年上半年，经济区经历了从第一季度大幅下降到第二季度逐步回升的艰难转折，GDP达到12736.8亿元，恢复势头一路向好，为下半年及2021年经济平稳发展奠定了坚实的基础。在疫情状况尚不明朗的状况下，经济区各市将坚持一手抓经济、一手抓防疫，着力落实经济区的各项重点工作和重大任务，保持经济增长稳中有升，继续领跑四川经济高质量发展。

（二）产业结构持续优化

2020年上半年，经济区第一产业占比低于全省2.7个百分点，第三产业占比高于全省4.6个百分点。作为全省高新技术产业和现代服务业发展的主阵地，经济区2021年将继续推进产业转型升级，持续优化产业布局，加强八市间的产业分工及协作,大力实施"互联网+"行动计划,不断促进数字经济与实体经济深度融合发展,全力打造西部最大的新兴产业集聚地和先进制造业基地,产业结构将不断向合理化和高端化迈进,产业集聚度将大幅度提高,产业布局将进一步优化。

(三)消费品市场加速恢复

2020年上半年,经济区社会消费品零售总额虽比上年同期减少了124.01亿元,但与2020年第一季度相比增加了3168.52亿元,消费品市场正加快复苏。随着国内疫情的逐步稳定,以及消费市场潜力不断释放和消费不断升级,2021年消费对经济区经济增长的作用将进一步增强。

四 成都平原经济区经济高质量发展的应对之策

作为四川融入国内国际双循环的"主力军"、推动成渝地区双城经济圈建设的"主战场"以及引领四川经济高质量发展的"强引擎",面对经济转型发展的艰巨任务以及经济下行的巨大压力,成都平原经济区必须树立新发展理念,抢抓新发展机遇,以推动成渝地区双城经济圈建设为引领,以实施"一干多支"发展战略为抓手,强化"主干"引领,在"干支联动"中主动作为,全面提升成都平原经济区整体发展能级,为四川经济高质量发展探寻新路,为全省乃至全国经济发展做出更大贡献。

(一)延续疫情防控政策,稳定经济运行

继续实施有效防控疫情和促进经济恢复的政策措施,坚持疫情防控和经济发展"两手抓,两手都硬"。政策制定要遵循市场发展规律,考虑企业目前状况下的利益诉求和发展意向,充分集中相关领域专家的智慧,研究制定精准高效的应对之策。对不同行业的企业进行分类指导,协助企业降低成本,提高效率,达到最佳复工复产状态。针对经济区各市发展实际,细化财政补贴标准及比例,明确各市(县)财政责任,制定因地制宜、远近结合

的财税政策。金融财税应持续加大援企稳岗力度，全力支持企业复工复产，全力恢复城乡消费市场。

（二）强化科学规划引领，完善协调机制

一是树立全域理念，加强规划引领，制定切合实际、精准可行的一体化发展规划。在现有的发展基础上，明确各市功能定位和发展目标，实现优势互补、错位发展。无论是空间规划，还是产业规划，都必须着眼于一体化目标，并提高规划的科学性和权威性。要将停留于书面的合作协议等转化为具体的行动，尽快让基础设施建设、重大项目合作方案落地。各项规划应与各市的"十四五"规划等高度衔接，高效推进经济区基础设施、产业发展、城镇布局、公共服务及体制和政策等的一体化进程。二是充分借鉴国内外大型经济区的发展经验，健全经济区一体化发展协调机制，围绕经济区的重点任务，从省域层面来统筹考虑促进一体化发展的体制机制，建立高度关联、组织协调、利益共享、资源利用及人才支撑等机制，积极探索一体化发展新路径新模式，努力推动区域整体高质量发展，高水平打造区域发展共同体。

（三）发挥各市比较优势，明确发展定位

充分发挥比较优势，明确各市的发展定位。致力于将成都打造为全面体现新发展理念的国家中心城市、西部金融中心、对外交往中心和国际性综合交通信息枢纽；以中国（绵阳）科技城为核心，将绵阳建设成自主创新示范区；德阳全力打造世界级重大装备制造基地、产程融合的物流商贸新城；乐山建设宜居山水园林城市和重要的世界旅游目的地；眉山打造成都经济圈开放发展示范市；遂宁建设成渝发展主轴绿色经济强市；资阳建设成渝门户枢纽临空新兴城市；雅安建设国际生态旅游城市、绿色发展示范市。与此同时，加强成都发展核心、环成都经济圈建设，推进成渝发展主轴、成德眉绵乐发展中轴建设，全力建成四川天府新区、成德绵全面创新改革试验先行区、中国（四川）自由贸易试验区，加速推动"主干"成都和环成都经济圈"一支"协同发展。

（四）持续优化营商环境，促进服务升级

转变政府职能，科学行政，依法行政，持续推动营商环境国际化、市场化、法制化、便利化。深化"放管服"改革，明确权力清单、责任清单、公共服务事务清单，优化"互联网＋"政务服务，打造一体化政务服务平台，推进政务公开及诚信建设。加快构建公平正义的市场环境，依法保护市场主体的合法权益。不断降低市场准入门槛，降低企业运营成本，改善企业融资环境，加强事中事后监管。规范行政审批及监管行为，全面推进"一网通办""只进一扇门""最多跑一次"等"一站式"工作办理机制，提高政务服务效率。全面提高市场开放度，推进跨境贸易便利化，持续优化营商环境，不断促进服务升级，促进经济区产业高端化发展、实体经济振兴、消费品市场恢复。

（五）推动生态环境治理，守护碧水蓝天

坚持区域联防联控联治，推进生态保护一体化。资源信息共享方面，依托经济区"三线一单"信息数据成果，探索建立生态环境一体化信息共享平台，共享污染源清单和非道路机械移动源管理系统等平台。加强污染防治、生态环境执法、环境监测、产业发展等方面信息沟通，实现生态环保各类信息共享。生态环境共治方面，全力推进环境管理规划、执法、监测联动，加强政府部门间的合作，提高准入门槛，实施更加严格统一的污染物排放标准，加强对大气、水、土壤等污染的联合监测与治理。生态工程建设方面，加强对龙门山、邛崃山等沿山地区及岷江、沱江等重点流域的生态环境保护和修复，完善生态补偿、资金保障、队伍建设等统筹协调的政策保障体系，共同守护碧水蓝天。

B.8 2020~2021年川南经济区经济形势分析与预测

龚勤林 谭英*

摘　要： 受新冠肺炎疫情、全球经济深度衰退等多重冲击，2020年川南经济区统筹推进疫情防控和经济社会发展，第一季度经济呈负增长，第二季度开始经济逐季回升、稳步向好。预计2021年川南经济区经济将保持健康发展，增速逐步回升，整体产业结构进一步优化，产业向高端化发展，供给侧结构性改革红利将持续释放，全区对外开放程度将随着多重战略渐进提高，川南一体化程度显著提高，但区内四市经济梯度将加大。唯有控制疫情，抓住前所未有的发展机遇，川南经济区才能实现稳定发展，建设成为全省第二经济增长极。因此，川南经济区应充分利用优越的地理区位，加快融入成渝地区双城经济圈，坚持创新驱动发展，优化产业结构，促进区域一体化发展，贯彻绿色发展理念，为四川省经济发展提供有力支撑。

关键词： 川南经济区　经济回升　结构调整

一　川南经济区经济发展现状

川南经济区包括自贡、内江、宜宾、泸州4个市，共28个县（区、

---

* 龚勤林，经济学博士，四川大学经济学院副院长、教授、博导，主要研究方向为区域与城市经济、产业经济；谭英，四川大学经济学院硕士研究生。

市），区域面积达3.5万平方公里，占四川省的7.3%，2019年末常住人口为1534万人，占四川省的18.6%。川南经济区作为四川省南向开放的主战场、"一干多支、五区协同"的重要增长极，是川渝滇黔接合部区域经济中心，经济发展基础较好。2020年受疫情影响，川南经济区经济第一季度呈下滑态势，第二季度开始稳步回升，全年经济总体正增长，但增速明显下降。产业结构持续调整，工业"稳增长"基础逐步牢固，而消费市场低迷，对经济的拉动乏力。2021年发展任务艰巨，疫情防控还存在薄弱环节，经济恢复基础尚不牢固，川南经济区要抓住机遇，坚持全面深化改革、创新驱动发展，促进经济稳步增长。

（一）经济增长稳中向好

2020年，受新冠肺炎疫情冲击，中国在全球主要经济体中唯一实现经济正增长，四川省经济持续回升、稳步向好，实现GDP 48598.8亿元，同比增长3.8%，增速高于全国1.5个百分点。其中川南经济区实现GDP 7886.31亿元，占全省的16.2%，增速为4.2%，增速高于全省平均水平（见表1）。川南经济区四市第一季度经济表现疲软，仅宜宾市经济小幅增长，同比增幅为0.3%，内江市、自贡市同比降幅较大，分别为-3.0%、-3.6%，第二季度经济开始逐步回暖。从全年经济态势来看，川南经济区经济增速由负转正，但增长幅度较小。在经济区内部，宜宾市处于领先地位，经济总量及其增速高于其余三市，泸州市紧随其后，与内江市、自贡市的差距进一步拉大。

表1 2020年川南经济区地区生产总值及增速

地区	生产总值（亿元）	全省位次	增速（%）	全省位次
自贡	1458.44	11	3.9	12
内江	1468.55	10	3.9	12
宜宾	2802.12	3	4.6	1
泸州	2157.20	6	4.2	5
川南经济区	7886.31	—	4.2	—
全省	48598.8	—	3.8	—

资料来源：四川省统计局、川南经济区四市统计局网站。

（二）产业结构持续优化

在全省经济转型升级调整的背景下，川南经济区深入推进供给侧结构性改革，逐步淘汰传统落后产能，进一步优化产业结构。从产值总量来看，2020年川南经济区产业结构调整为14.0∶43.6∶42.4，第二产业占主导地位（见图1）。从产值增幅来看，第三产业产值呈快速增长趋势，从2012年的1000.58亿元，增长到2020年的3347.82亿元，在三次产业中占比提高了18.3个百分点；第二产业产值总体呈增长趋势，2018年小幅回落后保持稳定增长；第一产业产值增长较快，比重总体较稳定。同全省产业结构相比，川南经济区四市作为老工业城市，第二产业比重较高，第三产业尚有较大发展空间。

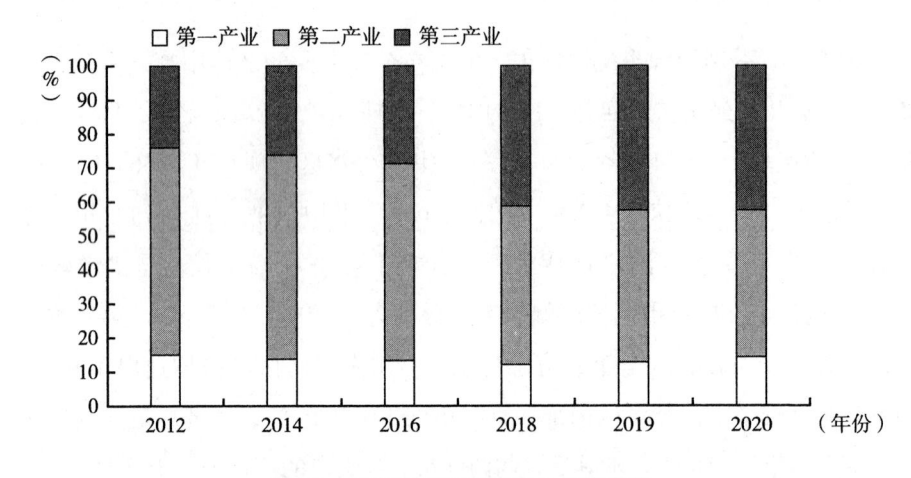

图1 川南经济区三次产业结构变化

资料来源：四川省统计局、川南经济区四市统计局网站。

（三）工业发展可圈可点

2020年四川省规模以上工业企业增加值同比增长4.5%，增速高于全国平均水平1.7个百分点。川南经济区作为四川省工业发展重地，2020年受疫情冲击，工业发展总体增速有所下滑，规模以上工业企业增加值同比增速下降了4.75个百分点，工业在稳增长的同时加快推进产业结构转型升级。

川南经济区内工业增加值增速，宜宾市增速为5.6%，位居全省第3；自贡市增速为5.1%，位居全省第4；内江市、泸州市增速为5%，位居全省第8（见表2）。从行业内部细分领域来看，宜宾市智能终端产业增加值增长58.3%，自贡市化学原料和化学制品制造业增加值增长19.3%，内江市医药制造业增加值增长48.6%，泸州市电子信息产业增加值增长15.5%，川南经济区工业发展呈高端化。

表2　川南经济区规模以上工业增加值近年增速

单位：%

地区	2012年	2013年	2014年	2015年	2016年	2017年	2018年	2019年	2020年
自贡	11.5	11.5	7.8	8.1	8.5	9.4	9.7	9.5	5.1
内江	17.1	11.2	9.4	8.1	9.4	6.1	9.3	9.5	5.0
宜宾	17.3	7.6	8.2	9.0	9.7	10.5	9.8	10.4	5.6
泸州	18.0	11.3	12.3	14.0	11.7	10.9	10.4	10.0	5.0
川南经济区	16.0	10.4	9.4	9.8	9.8	9.2	9.8	9.6	5.1
全省	16.1	11.1	9.6	7.9	7.9	8.5	8.3	8.0	4.5

资料来源：四川省统计局、川南经济区四市统计局网站。

（四）全社会固定资产投资持续回升

随着全国疫情形势得到控制，复工复产逐步推进，2020年四川省全社会固定资产投资增速为9.9%，增速高于全国平均水平7个百分点。与全省走势一致，川南经济区固定资产投资增幅虽略微收窄，但总体高于全国8个百分点。其中宜宾市固定资产投资增速为11.3%，位居全省第4，增速同比下降了1.6个百分点，第一产业投资增长53.1%；内江市增速为10.9%，位居全省第5，增速同比下降了1.2个百分点，第一产业投资增长23.4%；泸州市增速为10.8%，位居全省第6，增速同比下降了1.1个百分点，第二产业投资增长20.9%；自贡市增速为10.4%，位居全省第10，增速同比下降了2.6个百分点，第一产业投资增长85%（见表3）。

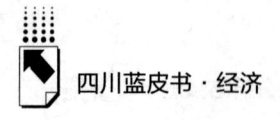

表3 2019~2020年川南经济区固定资产投资增速

单位：%

地区	2019年	位次	2020年	位次
自贡	13.0	4	10.4	10
内江	12.1	10	10.9	5
宜宾	12.9	5	11.3	4
泸州	11.9	13	10.8	6
川南经济区	12.5	—	10.9	—
全省	10.2	—	9.9	—

资料来源：四川省统计局、川南经济区四市统计局网站。

（五）消费品市场持续低迷

与投资市场反应不同，消费品市场受疫情冲击影响较大。2020年四川省实现社会消费品零售总额20824.9亿元，同比下降了2.4%。川南经济区中内江市消费市场受影响最大，实现社会消费品零售总额558.93亿元，增速为-3.2%，位居全省第16，增速同比下降了13.4个百分点。受影响比较严重的是自贡市，增速为-2.6%，位居全省第13；泸州市增速为-1.8%，位居全省第4；宜宾市消费额增速为-1.7%，位居全省第3（见图2）。在消费品市场整体萎靡的态势下，宜宾市体育、娱乐用品类消费品零售额增长高达42.0%，泸州市限额以上单位通信器材类消费品零售额同比增长14.1%，自贡市限额以上单位粮油食品类消费品零售额增长高达33.5%，内江市粮油、食品、饮料、烟酒类消费品零售额增长高达31.2%。

（六）财政收入支出总量小幅上涨

目前，疫情得到有效控制，四川省的企业逐步恢复生产，2020年全省财政收入小幅增加，同时财政支出持续增加。与全省财政收支状况趋同，川南经济区财政收支总额略微上调。其中，宜宾市财政收支增幅较

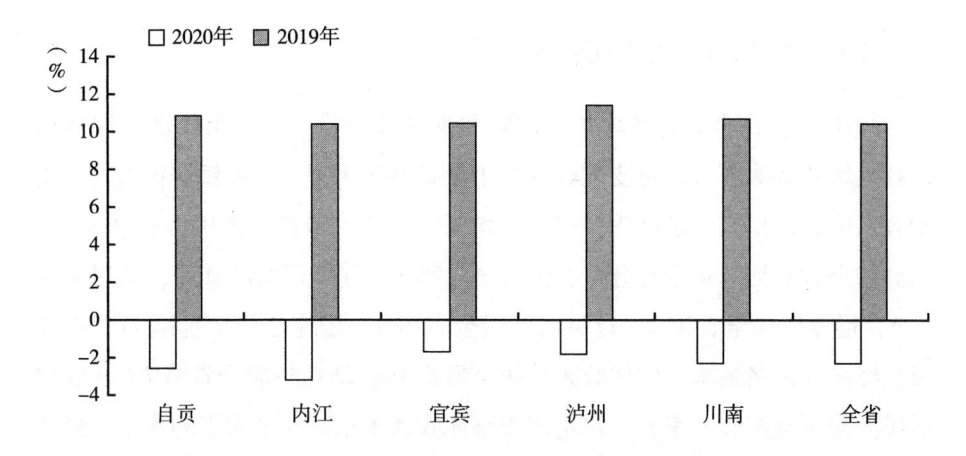

图 2　川南经济区社会消费品零售总额增速

资料来源：四川省统计局、川南经济区四市统计局网站。

大，预算收入较上年增加24.54亿元，同比增长13.98%，预算支出增加82.51亿元，同比增长17.8%。自贡市预算收入同比增加3.6%，预算支出同比增加2.68%。泸州市预算收入同比增加6.55%，预算支出同比增加1.58%。内江市预算收入同比增加4.25%，预算支出同比增加1.66%（见图3）。

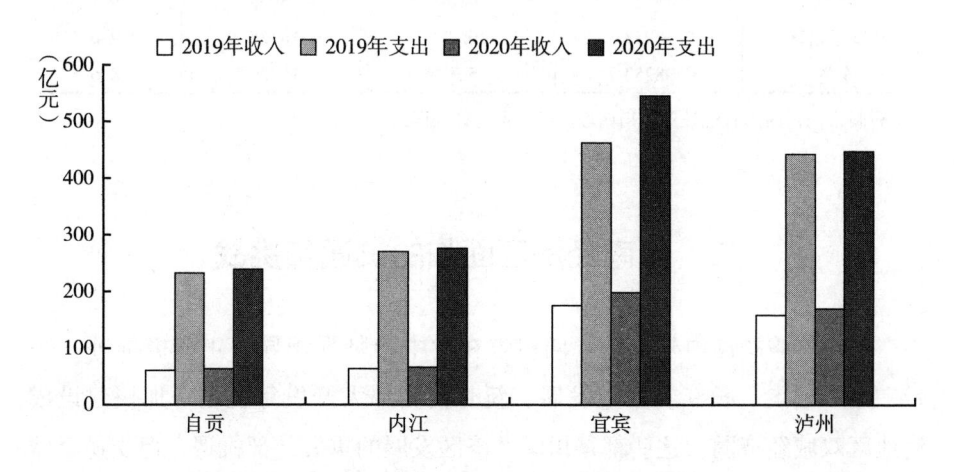

图 3　川南经济区一般公共收入支出年度对比

资料来源：四川省统计局、川南经济区四市统计局网站。

（七）城乡居民可支配收入

2020年，在全省脱贫攻坚工作顺利推进的背景下，川南经济区城乡居民收入增长势头喜人，可支配收入高于全省平均水平。从城镇居民人均可支配收入来看，川南经济区内泸州市人均可支配收入最高，位居全省第4，增速高于全省平均0.4个百分点，位居全省第8；宜宾市紧随其后，位居全省第6，增速位居全省第2；自贡市位居全省第9，增速位居全省第11；内江市在经济区排名最末，整体收入位居全省第10，增速位居全省第7。从农村居民人均可支配收入来看，川南四市整体收入水平高于全省平均水平，经济区内四市之间的收入差距较小（见表4）。

表4　2020年川南经济区城乡居民可支配收入

单位：元，%

地区	城镇居民人均可支配收入		农村居民人均可支配收入	
	收入	同比增速	收入	同比增速
自贡	38781	5.9	18788	8.7
内江	38337	6.3	17918	8.9
宜宾	39166	6.7	18569	9.2
泸州	39547	6.2	18035	9.1
川南经济区	38958	6.3	18328	9.0
全省	38253	5.8	15929	8.6

资料来源：四川省统计局、川南经济区四市统计局网站。

二　川南经济区面临的机遇和挑战

面对严峻的国内外形势，四川省在党中央坚强领导下正积极推进"一带一路"建设、长江经济带发展、新时代西部大开发等规划，加快建设成渝地区双城经济圈，这些都是川南经济区发展的重要外部机遇。但受逆全球化、新冠肺炎疫情等影响，加之资源环境制约、科技创新基础薄弱等挑战，川南经济区经济环境存在诸多不确定性和不稳定性。

（一）川南经济区发展面临的重大机遇

1. 多重政策辐射促进开放发展

从国家政策角度出发，川南经济区位于"一带一路"建设和长江经济带交汇处，承担衔接丝绸之路经济带与21世纪海上丝绸之路的重任，同时受西部陆海通新通道、新时代西部大开发战略、成渝地区双城经济圈等政策辐射，川南四市发展有着国家政策的大力支持。从四川省政策角度出发，经济区连接川渝滇黔四省，担任四川省南向开放主战场重任，是全省推进"四向拓展、全域开放"战略的重要通道。多重政策在川南经济区叠加融合，可有效促进经济区打造全国性综合交通枢纽，主动参与全球分工，优化资源配置，积极发展外向型经济。

2. 川南经济区一体化增添发展动力

为了进一步优化川南城市群空间和功能布局，四川省政府提出《关于加快推进川南经济区一体化发展的实施意见》，明确提出加快推进川南四市基础设施一体化、产业布局一体化、城乡发展一体化、市场体系一体化、公共服务一体化及生态文明建设一体化。川南经济区作为四川省重要经济增长极，省政府提出一体化发展战略有利于统筹区域重大生产力布局，提升区域协同创新能力，实现更高质量、更好效益、更可持续的发展，推动全省经济发展。

3. 四川省经济稳定增长提供有力支撑

尽管面临逆全球化与疫情的双重冲击，2020年四川省GDP同比增长3.8%，增速高于全国平均水平1.5个百分点，全省经济发展稳中向好。其中第一季度全国经济走势低迷，四川省在政策支持下率先打响复工攻坚战，精准有效抓好疫情防控，促进经济社会稳定恢复，在省政府带领下川南经济区企业陆续开始复工复产。从第二季度起，全省经济增速由负转正，上半年增长0.6%，下半年经济明显回升，增长势头强劲。受全省经济运行影响，川南经济区整体态势与全省保持一致，四川宏观经济形势的稳定为川南经济区经济稳定增长奠定了基础。

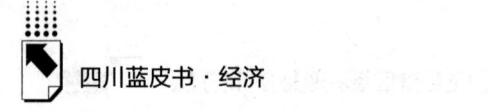

（二）川南经济区发展面临的挑战

1. 逆全球化趋势与疫情带来的不确定性

在逆全球化趋势日益明显的前提下，新冠肺炎疫情的暴发给全球化带来新的挑战。以美国为首的发达国家掀起逆全球化浪潮，尤其是在疫情的影响下，全球供需收缩，产业链多环节受阻，市场避险情绪急速升温，多国保护主义兴起，进一步阻挡全球化趋势，这给川南经济区内对国际市场依赖较大的企业造成了较大冲击。2019年统计数据显示，宜宾市全年货物进出口总额为141.12亿元，泸州市货物进出口总额为85.18亿元，自贡市货物进出口总额为30.84亿元，内江市货物进出口总额为14.31亿元，川南四市对国际市场都有一定程度的依赖，逆全球化带来的负面影响不可小觑。同时，疫情导致居民收入同比下跌，消费市场表现萎靡，区域内市场消化能力减弱，2020年四市消费总额同比增速都为负。

2. 改革创新动力不足

川南经济区作为四川省重要的老工业地区，既有工业基础以传统工业企业为主，新兴技术产业较为匮乏。一方面，四川省高校主要集中在成都平原经济区，川南区域内自有高校数量少，科技人才的培育有较大提升空间，且区域内高科技产业对人才吸引力不足；另一方面，区内高新技术园区建设尚需发力，考虑到政策与营商环境，难以吸引高新技术企业。据2019年四川统计数据，泸州全市有普通高校6所，内江市4所，自贡市2所，宜宾市2所，总计14所，占全省的11.11%，而毕业生数共计39183人，仅占全省的9%，自身培育人才能力尚显不足。

3. 生态环境保护任务艰巨

在经济转型的大背景下，生态环境保护尤为重要，十九届五中全会上领导人提出要推动绿色发展，积极促进人与自然和谐共生。川南经济区地处长江上游地段，背负着全省乃至全国生态文明建设重任。而川南四市作为四川省重要的工业发展地区，环境污染问题较为突出，数据显示，经济区内四市$PM_{2.5}$年均浓度皆未达标，大气环境质量在全省排名靠后，经济区污染治理任重而道远。

三 2021年川南经济区经济形势预测

（一）经济增长速度持续回升

2020年受疫情冲击，第一季度全国经济增速同比下降了6.8个百分点，四川省经济增速同比下降了3个百分点，从第二季度开始全国经济逐步回暖，四川省经济明显回升，下半年回升速度进一步加快，全年增速达3.8%，经济恢复态势向好。其中川南经济区增速为4.15%，高于全省平均水平。在此背景下，预计川南经济区经济增速将持续处于全省领先水平，呈正向增长趋势。同时，受益于疫情得到有效控制及政策、重大项目等支持，川南经济区有望在2021年实现经济增长的快速回弹，加速打造四川省第二经济增长极。

（二）产业结构进一步优化

从川南经济区近年产业结构的调整来看，总体上第三产业比例呈稳步提升态势，2012年第三产业占比仅为24.19%，2020年调整为42.46%，提高了18.27个百分点；第二产业占比从2012年到2020年下降了17.78个百分点；第一产业占比下降了0.49个百分点，变化较小。从产业内部调整来看，第二产业内部呈高端化发展，现代产业发展势头向好。由此，川南经济区将持续调整产业结构，催生更多的高科技产业、生产线服务业，进一步优化产业结构。

（三）消费市场有望回暖

2020年消费市场形势严峻，全省社会消费品零售总额增速为-2.4%，同比下降12.8个百分点。全省近十年来的统计数据显示，社会消费品零售总额增速一直维持在10%以上，2020年消费品市场受疫情冲击严重，消费市场明显萎缩。随着疫情得到有效控制，川南经济区复工复产工作有序推进，居民人均可支配收入不断增加，2021年消费市场有望回暖，消费结构将进一步提质升级，拉动经济增长。

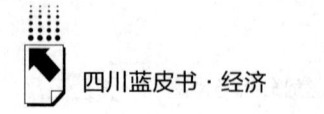

（四）固定资产投资稳步增长

当前全国经济复苏势头强劲，四川省经济稳中向好，川南经济区在大环境下经济增速高于全省、全国平均水平，其中投资市场表现优异，2020年固定资产投资额增速为10.9%。2021年，川南经济区将继续大力抓投资，扩张投资规模，优化投资结构，结合重大项目建设，推进川南一体化。

（五）区域一体化水平显著提升

近年来，川南四市在基础设施、产业合作、能源资源等多方面展开合作，并且取得了显著成效，逐步推进一体化发展。根据2019年四川省发布的《关于加快推进川南经济区一体化发展的实施意见》，川南四市将通过基础设施、产业布局、城乡发展等进行一体化发展，打造区域发展共同体，构建优势互补、协调联动的一体化发展新格局，全面提升川南经济区综合实力和整体竞争力。

四　政策与建议

（一）持续融入成渝双城经济圈

成渝地区双城经济圈建设是川渝两地发展的工作重心，川南经济区应主动融入成渝地区双城经济圈建设，以"一干多支、五区协同"为发展导向，充分利用地理区位优势，加快融入步伐。对外要积极推动川南四市与成都优势产业加强配套协作，自贡、内江与重庆共建川南渝西融合发展试验区，支撑双城经济圈南翼跨越。对内要全力促进川南四市同城化，抓好成自宜高铁等项目，充分利用建设宜宾三江新区和自贸试验区川南临港片区等利好政策，加快打造长江上游航运中心，建设完善经济区内部交通及全省南向开放通道。

（二）深入推进创新驱动发展

川南经济区高新技术产业较为匮乏，因此应强化创新平台建设，加大力度建设高新技术产业园区，引进新兴产业。充分利用成都、重庆等丰富的高校资源，推动科技力量优化配置和资源共享，扩大科研单位和科技领军人才科研自主权，完善科研人员、大学生等科技人才群体创新创业服务体系。同时，持续优化区内营商环境，强化政府服务意识，提高信息透明度，学习先进地区创新经验，帮助市场主体解决实际问题。

（三）推动现代产业高质量发展

我国经济已由高速发展阶段转向高质量发展阶段，产业结构势必须调整升级，而川南经济区四市作为四川省资源型城市和老工业城市，更应加大力度推进产业结构优化。既要推动现代服务业加快发展，因地制宜形成支柱型服务业，又要注重工业内部结构高端化发展，依靠各级政策引进新兴产业，培育高端产业，淘汰传统落后产能。经济区四市应明确各自的产业定位，杜绝产业同质化，促进特色产业发展，深化产业分工协作。

（四）坚持生态优先绿色发展

十九届五中全会提出要坚持"绿水青山就是金山银山"理念，深入实施可持续发展战略，构建生态文明体系。川南经济区位于长江上游段，地理位置特殊，生态环境保护任务尤为艰巨。要持之以恒地抓好生态文明建设和生态环境保护工作，坚决打好污染防治攻坚战，加快推动绿色低碳发展，全面提高资源利用效率，认真贯彻落实《打赢蓝天保卫战三年行动计划》，践行全省环境保护"一号工程"，加快提高环境质量，筑牢长江上游生态屏障。

（五）全面提升经济实力

2020年受疫情影响，全国经济增速走低，四川省经济保持恢复回升，

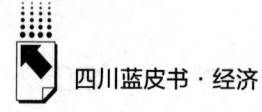

GDP位居全国第六，增速高于全国1.5个百分点，其中川南经济区实现经济增长4.2%，位于全省五大经济区之首，经济总量占全省比重为16.2%，尽管受到疫情及复杂的国际环境冲击，川南经济区发展势头依然强劲。为了保持经济区快速发展势头，川南四市应全力推动产业恢复振兴，坚持工业"挑大梁"、制造业"扛大旗"，进一步抓牢抓实制造业，重点发展高附加值高端制造业，扩大有效投资，扎实推进重点项目建设。

B.9
2020~2021年川东北经济区经济形势分析与预测

曹 瑛*

摘 要： 川东北经济区受近年来经济增速调整及新冠肺炎疫情双重影响，2020年经济增速落至2000年以来谷底。随着疫情受到控制及国内经济发展环境趋稳，2021年川东北经济区经济有望恢复至新冠肺炎疫情之前的中高速增长轨道。

关键词： 区域经济 潜在增长率 川东北经济区

2020年初突如其来的新冠肺炎疫情，致使川东北经济区全年经济增长承受巨大压力。从2020年第一季度经济增速下滑、投资困顿、消费萎缩，到上半年累计增速转正、投资逐步回升、消费渐趋稳定，再到前三季度整体经济增长预期好转，川东北经济区经济有望在2021年恢复到疫情之前的中高速增长轨道。

一 2020年前三季度川东北经济区经济运行总体情况

2020年前三季度川东北经济区初步走出疫情影响，但非农产业、投资

---

* 曹瑛，经济学博士，四川省社会科学院区域经济与城市发展研究所副研究员，主要研究方向为区域经济。

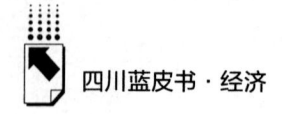

及消费增速指标均落后于全省平均值水平,地方财政收入增速缓慢,城乡居民人均可支配收入与全省平均值仍有差距,其中农村居民人均可支配收入甚至较2019年末与全省差距有所扩大。

(一)GDP及三次产业运行情况

2020年前三季度川东北经济区实现GDP5360.31亿元,同比增长1.98%,低于全省2.4%的增速①。三次产业增加值分别取得3.98%、1.48%和1.37%的同比增速,其中第二和第三产业增速分别低于全省平均0.89个和0.84个百分点,仅第一产业增速高于全省平均水平0.64个百分点。

经济区内部各市GDP及三次产业增速表现。就川东北经济区内部五市而言,2020年前三季度各市GDP及三次产业增加值实际增速全部摆脱2020年前两个季度受新冠肺炎疫情影响出现的负增长态势(除巴中市外,其他四市2020年上半年即摆脱负增长态势②)。但在GDP前三季度的同比增速方面,五市中仅广元市和达州市略高于全省平均水平,而巴中市的GDP同比增速则低于全省平均水平2.26个百分点,仅为0.2%。在三次产业方面,第一产业增加值增速,五市中仅广安市略低于全省平均0.14个百分点,其他四市均高于全省平均增速;第二产业增加值增速,除广元市和达州市高于全省平均增速外,其他三市均低于全省平均增速,其中巴中市第二产业增加值增速仍然处于负增长状态;第三产业增加值增速方面,川东北经济区五市均低于全省平均增速,其中巴中市实际增速为0,低于省均值2.21个百分点(见表1)。

(二)投资和消费总体情况

全社会固定资产投资增速指标显示,2020年前三季度川东北经济区投资

---

① 四川省统计局:《地区生产总值(2020年1~3季度)》,http://web.sctjj.cn/html/2020/1781/3.html。
② 巴中市上半年GDP同比增速为-1.8%。参见巴中市统计局《巴中市上半年主要经济指标》,http://tjj.cnbz.gov.cn/tjsj/yjsj/15872931.html。

表1 2020年前三季度五大经济区及川东北五市GDP与三次产业发展情况

单位：亿元，%

地区	GDP	同比增速	第一产业增加值	同比增速	第二产业增加值	同比增速	第三产业增加值	同比增速
成都平原经济区	21318.72	2.53	1823.73	2.75	7303.11	2.34	12191.88	2.55
川南经济区	5558.37	2.81	840.80	3.70	2365.13	3.30	2352.44	1.73
川东北经济区	5360.31	1.98	1136.57	3.98	1832.70	1.48	2391.04	1.37
广元	703.45	3.00	147.21	4.40	272.46	3.10	283.78	2.10
南充	1687.55	1.80	356.45	4.30	631.30	0.50	699.80	1.80
广安	917.43	1.50	177.35	3.20	308.87	1.10	431.21	1.00
达州	1486.62	2.70	332.35	4.10	448.91	3.30	705.36	1.40
巴中	565.26	0.20	123.21	3.40	171.16	-1.30	270.89	0.00
攀西经济区	2118.62	2.24	400.89	3.38	808.48	2.20	909.25	1.58
川西经济区	548.99	1.70	99.85	3.85	136.75	1.25	312.39	1.12
全省	34905.01	2.40	4301.84	3.34	12446.17	2.37	18157.00	2.21

资料来源：根据川东北经济区各市统计局网站公布数据整理和测算。

注：由于四舍五入原因，经济区合计同比增速2.46%与四川省统计局公布的全省GDP前三季度同比增速数据2.40%略有差异。

稳步增长，1~9月累计增速达6.70%，但在全省五大经济区中仅高于川西经济区。经济区内部五市中，南充市、广元市和达州市投资增速均高于全省平均值（7.85%），其中南充市取得10.10%的较高增速，而广安市和巴中市则低于经济区和全省均值，仅分别为2.10%和3.80%。

社会消费品零售总额增速指标显示，2020年川东北经济区消费经济持续好转，但低于全省平均增速，且仍处于负增长区间。经济区内部五市，巴中市受新冠肺炎疫情及近年来经济低速增长的双重打击，1~9月累计增长仍在-10%之下（见表2）。

表2 2020年前三季度五大经济区及川东北经济区五市全社会固定资产投资与社会消费品零售情况

单位：%

地 区	全社会固定资产投资增速			社会消费品零售总额增速		
	1~3月累计	1~6月累计	1~9月累计	1~3月累计	1~6月累计	1~9月累计
成都平原经济区	-5.74	4.74	7.71	-12.65	-7.57	-5.09
川南经济区	0.10	7.47	9.72	-12.56	-7.06	-4.51
川东北经济区	0.20	6.57	6.70	-12.81	-7.98	-5.49
广元	1.20	6.70	9.30	-12.50	-7.00	-3.50
南充	3.50	8.10	10.10	-10.80	-6.40	-4.20
广安	1.50	6.40	2.10	-12.60	-7.80	-5.20
达州	-3.40	6.40	8.70	-11.10	-6.00	-3.70
巴中	-1.50	5.30	3.80	-16.80	-12.40	-10.50
攀西经济区	-10.73	3.80	10.22	-12.83	-8.10	-5.35
川西经济区	-18.42	-0.54	5.40	-18.70	-10.21	-6.71
全 省	-5.26	5.06	7.85	-13.31	-7.88	-5.26

资料来源：根据全省市州统计局网站公布数据整理并测算。

注：由于数据四舍五入，全省市州汇总数据与四川省统计局公布数据有差别。

（三）地方财政收入与支出情况

2020年前三季度川东北经济区及五市地方财政一般公共预算收入增长缓慢，1~9月累计收入的名义增速仅为0.57%，低于全省平均，仅高于成都平原经济区。川东北经济区内部五市中，广安市和巴中市财政收入相较上年有较大幅度萎缩，名义增速分别下降9.75%和6.63%，但南充市仍取得9.72%的名义增速。

2020年前三季度川东北经济区及五市地方财政一般公共预算支出规模相较2019年同期趋于缩小，名义增速仅为-8.86%，在全省五大经济区中居于末席。增速上，川东北经济区内部五市仅广安市获得2.03%的名义增速，其他四市均较往年有大幅度下降。地方财政收支情况的具体表现如表3所示。

表3　2020年前三季度五大经济区及川东北经济区五市地方财政一般公共预算收支情况

单位：亿元，%

地区	一般公共预算收入	名义增速	一般公共预算支出	名义增速
成都平原经济区	1583.64	0.45	2966.70	-1.21
川南经济区	393.16	6.63	1043.22	-6.39
川东北经济区	307.84	0.57	1400.32	-8.86
广元	36.01	0.92	205.29	-13.09
南充	103.65	9.72	416.85	-8.23
广安	61.83	-9.75	246.69	2.03
达州	76.48	1.38	320.73	-12.38
巴中	29.87	-6.63	210.75	-11.51
攀西经济区	158.36	2.24	599.89	-6.60
川西经济区	49.48	8.65	526.16	2.57
五大经济区	2492.47	1.66	6536.29	-4.01
全省	3074.17	0.99	7902.52	-1.29

资料来源：根据川东北经济区各市统计局网站公布的公报数据整理和测算所得。

注：由于数据四舍五入，全省市州汇总数据与四川省统计局公布数据有差别。

（四）城乡居民可支配收入增长情况

城乡居民可支配收入方面，2020年前三季度川东北经济区及五市城乡居民人均可支配收入均取得较稳定增长。在名义增速方面，除广安市城镇居民人均可支配收入增速低于全省平均值0.2个百分点之外，区内其他地区城乡居民可支配收入名义增速均不低于全省平均值。

城乡居民人均可支配收入与全省平均水平相比,五市中除广安市高于全省平均之外,其余四市均与全省平均有较大差距。其中,在城镇居民人均可支配收入上,除广安外其余四市均低于全省平均水平2000元以上;在农村居民人均可支配收入上,南充市和达州市分别低于省平均1067元和974元,巴中市和广元市则更是分别低于全省平均水平2236元和2024元(见表4)。

表4 2020年前三季度各市州城乡居民人均可支配收入情况

单位:元,%

地区	城镇居民人均可支配收入			农村居民人均可支配收入		
	1~9月累计	与全省差幅	比同期增长	1~9月累计	与全省差幅	比同期增长
全省	26886	—	8.6	10845	—	9.9
成都	34546	7660	8.6	20690	9845	9.8
自贡	26238	-648	9.0	11845	1000	9.8
攀枝花	32559	5673	8.5	13631	2786	9.7
泸州	30431	3545	8.9	11671	826	10.3
德阳	29880	2994	8.7	13321	2476	9.9
绵阳	30180	3294	8.7	13393	2548	10.0
广元	24729	-2157	9.2	8821	-2024	10.6
遂宁	24340	-2546	9.5	10946	101	10.2
内江	24764	-2122	9.1	12178	1333	10.3
乐山	28075	1189	8.8	12577	1732	9.8
南充	24555	-2331	9.3	9778	-1067	10.6
眉山	26765	-121	8.7	12672	1827	9.8
宜宾	27062	176	9.1	10914	69	10.3
广安	27110	224	8.4	12120	1275	9.9
达州	24332	-2554	9.4	9871	-974	9.9
雅安	27256	370	8.6	10210	-635	10.1
巴中	24375	-2511	9.2	8609	-2236	10.5
资阳	28272	1386	8.5	11624	779	9.6
阿坝	27117	231	8.3	9732	-1113	10.4
甘孜	26609	-277	8.5	5749	-5096	10.7
凉山	23646	-3240	8.3	7745	-3100	10.8

资料来源:根据四川省各市州统计局网站公布数据整理。

另需注意的是，在城镇居民人均可支配收入方面，达州市和巴中市2020年1~9月的累计值与全省平均值的差幅甚至较2019年末有所扩大，而在农村居民人均可支配收入方面，除广安外，其余四市与全省平均值之间的差幅比2019年末的差幅有所扩大（见表5）。

表5 2019~2020年川东北经济区五市城乡居民人均可支配收入与省均值差幅变动情况

单位：元

地区	城镇居民人均可支配收入			农村居民人均可支配收入		
	2019年年末差幅	2020年前三季度差幅	差幅变动幅度	2019年年末差幅	2020年前三季度差幅	差幅变动幅度
广 元	-2672	-2157	-515	-1543	-2024	481
南 充	-2405	-2331	-74	357	-1067	1424
广 安	-148	224	372	1775	1275	-500
达 州	-2331	-2554	223	834	-974	1808
巴 中	-2491	-2511	20	-1439	-2236	797

资料来源：根据四川省各市州统计局网站公布数据整理。

二 2021年川东北经济区经济增长趋势展望

本部分首先对川东北经济区2020年第四季度的GDP增速进行预估，在此基础上通过测算GDP潜在增速变化趋向，研判地区经济2021年全年走势。

（一）川东北经济区2020年第四季度及全年经济增长预估

本部分运用季节时间序列模型（SARIMA）对2020年第四季度川东北经济区及其五市的GDP增速进行预估。在将各分析地区GDP（2012年第一季度至2020年第三季度）转换为基于2019年价格数据的基础上，经时间序列平稳性测试与转换（对数转换、季节差分与非季节差分计算），对川东北经济区、广元市、南充市、广安市、达州市以及四川省均采用 MA（1）模型，对巴中市采用 ARMA（2,2）模型，最终获得 2020 年 1~12 月同比累计增速预测结果。

表 6 预测结果显示，2020 年全年川东北经济区经济增速低于全省平均值约 1 个百分点，五市中只有广元市增速与全省平均增速持平，巴中市增速预计全年仍旧处于负增长状态。

表6 2020年前三季度川东北经济区累计同比增速及全年经济增速预估

单位：%

地区	1~3月累计	1~6月累计	1~9月累计	1~12月 （预测值）
川东北经济区	-2.4	0.5	2.0	2.3
广元	-1.0	1.8	3.0	3.3
南充	-1.5	0.4	1.8	2.6
广安	-2.9	0.4	1.5	2.0
达州	-2.8	1.0	2.7	3.0
巴中	-4.2	-1.8	0.2	-1.3
全省	-3.0	0.6	2.4	3.3

资料来源：四川省及川东北经济区五市 2020 年 1~9 月 GDP 数据源于四川省及川东北经济区各市统计局网站；各地区 1~12 月累计同比增速分别通过各地区季节性时间序列测算获得。

（二）川东北经济区2021年经济增长趋势展望

本部分使用 HP 滤波法对全省、川东北经济区及其五市 GDP 增长趋势进行观察和展望。测算使用的数据为 2000~2020 年全省、川东北经济区及其五市 GDP 年同比增速，其中 2020 年同比增速为表 6 中各地区 1~12 月累计同比增速预测值。HP 滤波法提取的各地区 GDP 年同比增速长期趋势或潜在增速如表 7 所示。本部分测算软件使用 EViews（v 7.2）。

表7　2000~2020年四川省、川东北经济区及其五市GDP潜在增长趋势（lambda=100）

单位：%

年份	四川省	川东北经济区	广元市	南充市	广安市	达州市	巴中市
2000	109.5	108.3	104.0	110.7	110.0	109.6	106.8
2001	110.2	109.2	105.5	111.2	110.8	110.3	107.9
2002	110.8	110.1	107.0	111.8	111.6	111.1	109.0
2003	111.5	111.0	108.4	112.3	112.3	111.8	110.0
2004	112.0	111.8	109.6	112.8	112.9	112.4	110.9
2005	112.5	112.4	110.7	113.3	113.4	112.9	111.6
2006	112.8	112.9	111.5	113.6	113.8	113.2	112.2
2007	113.1	113.3	112.1	113.8	114.1	113.5	112.7
2008	113.1	113.4	112.5	113.9	114.2	113.5	113.0
2009	113.1	113.4	112.7	113.8	114.1	113.4	113.1
2010	112.8	113.3	112.7	113.5	113.9	113.0	113.0
2011	112.4	112.9	112.5	113.0	113.4	112.5	112.7
2012	111.8	112.3	112.1	112.3	112.8	111.8	112.2
2013	111.1	111.5	111.5	111.6	112.1	110.9	111.5
2014	110.4	110.7	110.8	110.7	111.2	110.0	110.6
2015	109.5	109.8	110.0	109.8	110.3	109.1	109.6
2016	108.7	108.9	109.2	108.9	109.3	108.3	108.5
2017	107.9	107.9	108.3	108.0	108.2	107.4	107.3
2018	107.0	106.9	107.4	107.1	107.1	106.6	106.0
2019	106.1	105.9	106.4	106.2	106.0	105.7	104.6
2020	105.2	104.8	105.5	105.2	104.8	104.9	103.2

资料来源：测算过程中使用的2020年数据采用表6中各地区1~12月累计同比增速预测数字，历年同比增速资料来源于四川省、川东北经济区五市2019年统计年鉴和统计公报。

注：GDP增速数值以指数形式表达（上年指数为100）。

表7数据显示，各地区潜在经济增速在2010年前后即开始进入下降通道，并于近年来进入中低速增长阶段。由于2019年和2020年川东北经济区五市各自经济增速下降幅度较大，拖累经济区总体增速低于全省平均水平，同时导致基于HP滤波法测算所得的潜在经济增速亦低于全省。鉴于全国疫情控制后经济发展环境趋于稳定，且川东北经济区在2020年中经济增速便

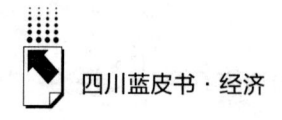

已脱离负增长状态,预计2021年川东北经济区经济增速或将高于本部分所测算的潜在增速4.8%。

三 关于川东北经济区2021年经济发展的建议

受近年来整体经济环境变化以及2020年初突发新冠肺炎疫情影响,川东北经济区或将需要更长时间进行恢复性发展以及整体性的结构调整。短期内经济区内各市应对经济增长下行压力以及巩固城乡居民收入是未来一段时间经济工作的重点。

(一)未来较长时间里仍需以稳增长为工作重点

2020年初突发的新冠肺炎疫情加重了川东北经济区整体稳增长的难度,但应该注意的是,经济区潜在经济增速早在十年前即已进入下降通道,近些年降速明显加快。表6显示,川东北经济区的潜在经济增速在2008年和2009年达到20年内顶峰后开始下降,由最初的每年零点几个百分点,到近些年每年1个百分点加速下调。未来经济区内各市若不在经济增长上加大工作力度,在省内一直与川南经济区齐头并进的川东北经济区,将在经济规模和实力上被其拉开距离。

(二)产业结构的优化升级需重点关注

"调结构"是川东北经济区的另一个长期工作重点。与其他经济区尤其是成都平原经济区相比,川东北经济区产业结构相对更"重",并存在类似"船大难掉头"般的"刚性",优化升级步伐难免较慢。近年来经济区整体上第二产业升级偏慢,第三产业增长落后于全省平均水平,经济活力明显弱于其他经济区。建议川东北经济区五市地方政府着眼长远,抓住国内经济向国内大循环、国内国外双循环发展契机,抓住成渝地区双城经济圈建设机遇,落实好国家"十四五"规划思路强调的高质量发展路线方针,加快步伐调整产业升级优化政策,面向未来建设具有长期活力的现代产业体系。

（三）努力缩小经济区内部城市间发展差距

经济扩张时期，地区发展差距往往被高增速所掩盖。整体经济降速阶段，地区发展差距上的"马太效应"则更明显，而2020年第一季度突发的新冠肺炎疫情及其经济影响，更是加大了川东北经济区内部五市之间的发展差距。现如今经济区内部各市经济潜在增速除广元市外，都降至2000年以来的最低点，尤其是巴中市，潜在增速目前已降至3%左右，受新冠肺炎疫情影响，多年承受经济活力不足影响的巴中市到2020年第三季度尚未完全走出负增长境地，2020年前三季度GDP仅累计增长0.2%。反观广元市，前些年布局良好的新兴产业发展，部分对冲了新冠肺炎疫情影响，从第一季度同比下降1.0%到年中增长1.8%再到9月累计同比增长3%[①]，在当年省内市州层级的增速排名中一直位列前五。

（四）巩固扶贫成果，加大就业促进力度，增加经济区内部城乡居民收入

川东北经济区城乡居民收入水平与全省平均值仍有较大差距，同时新冠肺炎疫情对农村居民收入的影响甚于城镇居民。在2020年末全国全面建成小康社会取得决定性成就的基础之上，持续巩固脱贫攻坚成果，毫不松懈地做好"六稳""六保"工作，努力减小与全省人均收入的差距，应被川东北经济区内各级政府重视。

---

① 资料来源于广元市统计局网站。

B.10
2020~2021年攀西经济区经济形势分析与预测

段 莉　张芙蓉*

摘　要： 2020年上半年，攀西经济区经济总体呈现出逐步回升向好的发展态势。展望2021年，国内外经济发展形势依然错综复杂，在落实国内国际双循环相互促进战略、新时代西部大开发、成渝地区双城经济圈建设的重大机遇下，通过持续加强开放大通道和新型基础设施建设、统筹疫情防控和高质量发展、持续巩固脱贫攻坚成果、加快阳光康养旅游业内涵式发展、加强区域开放合作等举措，攀西经济区经济发展有望平稳向好。

关键词： 攀西经济区　经济增长　经济形势　四川

　　攀西经济区包括攀枝花市和凉山彝族自治州（以下简称凉山州）2个市州22个县（区），区域面积6.8万平方公里，占全省总面积的13.9%；总人口591.3万人，占全省总人口的7.2%。① 2021年是经济区"十四五"规划的开局之年，也是擘画高质量推进战略资源创新开发试验区建设新蓝图的开局之年，要在统筹推进新冠肺炎疫情常态化防控和高质量发展的过程中确保经济稳定增长。

---

* 段莉，经济学博士，四川省社会科学院管理学研究所副研究员，主要研究方向为宏观经济分析、公共政策与公共管理；张芙蓉，四川省社会科学院公共政策与公共管理专业硕士研究生。
① 四川省人民政府：《攀西经济区"十三五"发展规划》，2016年9月。

一 攀西经济区经济运行现状

（一）经济增长逐步回升向好

2020年以来，面对新冠肺炎疫情给经济社会发展带来的前所未有冲击，经济区始终坚持稳中求进的工作总基调，面对错综复杂的国际国内经济发展形势，研究部署落实常态化疫情防控举措，全面推进企业复工复产，全力推进重点工程项目建设，确保实现决胜全面建成小康社会、决战脱贫攻坚目标任务，2020年上半年经济区经济发展形势总体逐步回升向好。

2020年上半年，经济区两市州实现地区生产总值（GDP）1330.83亿元，占全省总量（22130.27亿元）的6.01%①。其中攀枝花实现GDP501.41亿元，凉山实现GDP829.42亿元。

从增速来看，2020年上半年攀枝花GDP的增速从第一季度同比下降3.5%扩张到第二季度同比增长0.7%，凉山州GDP的增速从第一季度的同比下降7.5%扩张到第二季度的同比下降0.2%，总体上经济区经济发展企稳回升态势明显。

（二）产业结构持续优化

尽管新冠肺炎疫情给工业和服务业发展带来了较大影响，但是经济区仍坚持推动以提质增效为核心的产业转型升级，产业结构得到进一步优化。2020年上半年经济区三次产业增加值分别为174.97亿元、546.32亿元、609.54亿元，产业结构调整为13.1∶41.1∶45.8（见图1）。其中，攀枝花三次产业增加值分别为30.94亿元、263.62亿元、206.85亿元，产业结构调整为6.2∶52.6∶41.2；凉山三次产业增加值分别为144.03亿元、282.70亿

---

① 本报告数据主要来源于四川省统计局与攀西经济区的攀枝花市和凉山州两市州的人民政府网站、统计局网站、《统计公报》。

元、402.69亿元，产业结构调整为17.4∶34.1∶48.5。相较于2019年上半年，经济区第二产业的比重有所下降，第一、第三产业比重有所上升，且第三产业比重上升幅度较大。

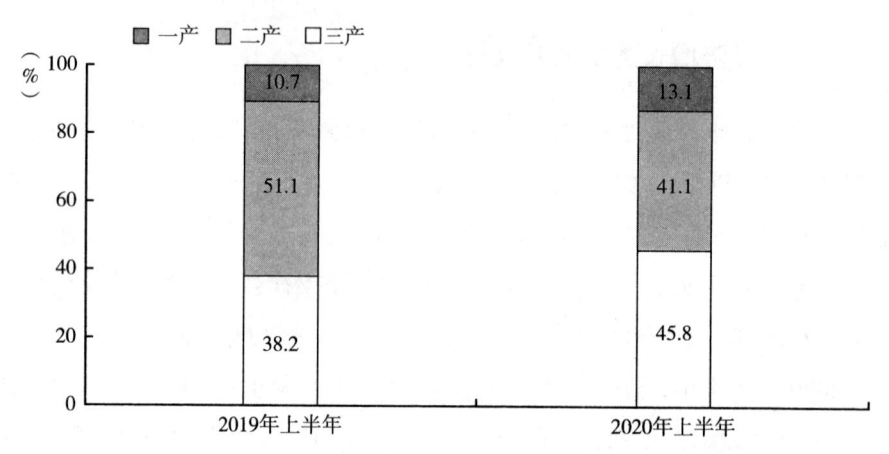

图1 2019年上半年与2020年上半年攀西经济区三次产业结构

（三）规模以上工业企业生产有序复苏

2020年上半年，经济区主抓重点行业、重点企业的生产运行稳定，工业生产有序复苏，但仍面临上行压力。上半年，攀枝花规模以上工业企业增加值同比增长1.8%，增速比第一季度回升1个百分点。分行业看，30个行业大类中18个行业增加值呈增长态势，增长面为60%[1]。凉山的规模以上工业企业利润状况持续改善。1~6月，凉山规模以上工业企业实现利润总额43.1亿元，同比下降9.5%，降幅比1~5月收窄12.5个百分点。其中电力行业利润大幅增长，但是黑色金属冶炼业亏损严重。企业亏损面仍然较大。1~6月，全州291户规模以上工业企业中亏损企业有113家，亏损面为38.8%，亏损企业亏损额为8.7亿元[2]。

---

[1] 东区统计微讯：《2020年上半年攀枝花市经济形势新闻发布稿》，https：//so.html5.qq.com/page/real/search_news?docid=70000021_1585f181a4e05522。
[2] 《上半年全州规上工业企业效益持续改善》，http：//tjj.lsz.gov.cn/xxfx/xxfx_19274/202008/t20200803_1661062.html。

（四）全社会固定资产投资平稳回升

经济区积极以项目建设为抓手推动区域经济发展。2020年攀枝花共安排重点项目57个，总投资1318.1亿元，年度计划投资72.12亿元，1~6月累计完成投资37.22亿元，占年度计划的51.61%[1]。从全社会固定资产投资情况看，上半年攀枝花全社会固定资产投资增长4.3%，增速比第一季度回升10.8个百分点。分产业看，第一产业投资下降40.8%；第二产业投资增长28.7%，其中工业投资增长30.9%；第三产业投资下降3.5%。从结构看，基础设施投资下降2%，产业投资增长29.5%，民生及社会事业投资下降25.9%，房地产开发投资增长8%[2]。凉山州的固定资产投资增速也回升较快。1~7月，全州全社会固定资产投资同比增长10.3%，高于全省增速3.9个百分点，在21个市州中位居第一。一是第一、第二、第三产业全面发力。1~7月，全州第一产业投资占全州全社会固定资产投资的2.0%，同比增长57.8%；第二产业占33.3%，增长20.1%；第三产业占64.7%，增长4.9%。二是基础设施投资大幅增长。1~7月，全州基础设施投资占全州全社会固定资产投资的25.5%，同比增长41.2%。三是产业投资增中有降。1~7月，全州产业投资占全州全社会固定资产投资的29.4%，同比增长9.1%。产业投资中电力生产业占86.9%，增长16.8%；采矿业、制造业分别占2.9%、5.1%，同比大幅下降37.1个百分点、36.5个百分点；农、林、牧、渔业占5.1%，增长9.8%。四是房地产开发投资高增长。1~7月，全州房地产开发投资占全州全社会固定资产投资的17.4%，同比增长29.4%。五是民间投资占比提高。1~7月，全州民间投资占全州全社会固定资产投资的21.9%，同比增长27.3%[3]。

---

[1]《2020年上半年攀枝花市重点项目完成投资量"过半"》，http：//fgw.panzhihua.gov.cn/zwgk/zdlyxxgk/zdxm/zdxmjzqk/1652830.shtml。

[2]《2020年上半年攀枝花市经济形势新闻发布稿》，https：//so.html5.qq.com/page/real/search_news?docid=70000021_1585f181a4e05522。

[3]《全州投资快速回升 其增速位居全省市州第一》，http：//tjj.lsz.gov.cn/xxfx/xxfx_19274/202008/t20200820_1671984.html。

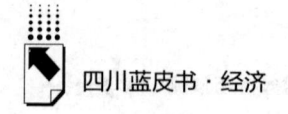

（五）消费品市场略有萎缩

受新冠肺炎疫情影响，经济区消费市场出现一定程度萎缩，社会消费品零售总额较上年同期有所下降。但新冠肺炎疫情又促使服务消费理念和消费模式发生改变，一些服务消费新业态、新模式不断涌现，特别是"互联网+"服务得到快速发展，线上消费迅速补位，实物商品网上零售额占社会消费品零售总额的比重逐步提高，这在一定程度上带动了社会消费品零售。总体上看，经济区社会消费品零售总额虽有萎缩，但下降幅度却明显收窄。

上半年，攀枝花实现社会消费品零售总额104.66亿元，同比下降7.7%，降幅比一季度收窄3.5个百分点。按经营地分，城镇消费品零售总额95.05亿元，同比下降7.8%；农村消费品零售总额9.61亿元，下降7.3%。按消费形态分，餐饮收入13.99亿元，同比下降19.2%；商品零售收入90.68亿元，下降5.7%。在商品零售中，限额以上企业（单位）通过互联网实现商品零售额增长86.8%。[1]

凉山州1~7月实现社会消费品零售总额364.4亿元，同比下降7.2%，降幅较1~6月收窄1.3个百分点。一是限上企业各消费形态降幅继续收窄。限额以上企业（单位）实现社会消费品零售总额76.9亿元，同比下降4.5%。二是餐饮收入和商品零售额降幅继续收窄。餐饮收入45.3亿元，同比下降12.8%；商品零售收入319.1亿元，同比下降6.4%，降幅分别较1~6月收窄2.6个和1.1个百分点。三是城乡市场继续收窄。城镇市场实现收入258.9亿元，同比下降8.0%，农村市场实现收入105.5亿元，同比下降5.1%，降幅分别较1~6月收窄1.4个和1.2个百分点。[2]

---

[1] 《2020年上半年攀枝花市经济形势新闻发布稿》，https://so.html5.qq.com/page/real/search_news?docid=70000021_1585f181a4e05522。

[2] 《1~7月全州社会消费品零售总额降幅明显收窄》，http://tjj.lsz.gov.cn/xxfx/xxfx_19274/202008/t20200824_1675767.html。

（六）财政收支略有下降

2020年上半年，经济区主要经济指标呈现恢复性增长。同时，为应对疫情对市场主体的冲击，两市州采取了减免税、缓税等措施，导致经济区整体税收收入有所下降。上半年，攀枝花一般公共预算收入累计完成32.75亿元，同比下降3.9%，完成年度预算的51.12%。其中，市级收入13.22亿元，同比下降8.11%，完成年度预算的48.44%；县（区）级收入19.53亿元，同比下降0.8%，完成年度预算的53.11%。全市一般公共预算累计支出52.35亿元，同比减支15.09亿元，下降22.4%，完成年度预算的46.65%。其中，市级累计支出20.85亿元，同比下降32.76%，占年度预算的46.48%；县（区）级累计支出31.50亿元，同比下降13.54%，占年度预算的46.76%。① 凉山实现一般公共预算收入73.17亿元，同比下降7%。其中，实现税收性收入45.96亿元，同比下降12.1%。一般公共预算支出达到304.57亿元，同比下降17%。其中，一般公共服务支出23.86亿元，同比下降30.6%（见图2、图3）。

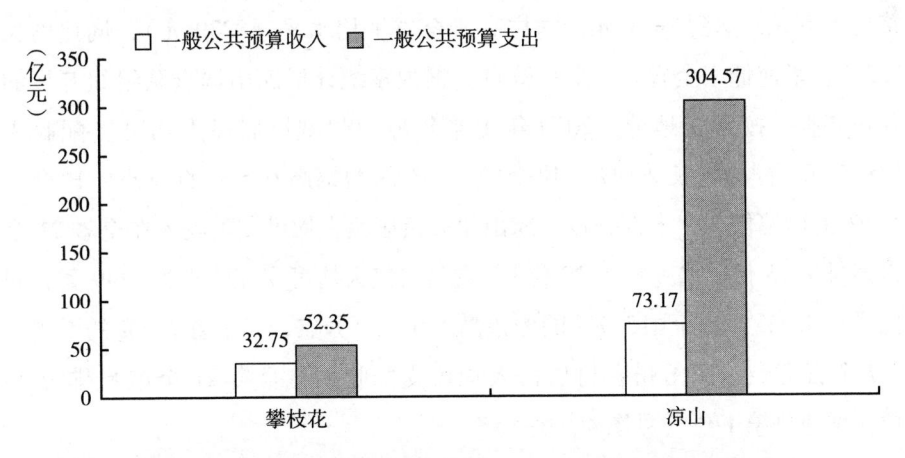

图2　2020年上半年攀西经济区两市州一般公共预算收支情况

---

① 《攀枝花市2020年1~6月份财政预算收支执行情况》，http://czj.panzhihua.gov.cn/zwgk/czyjs/1653558.shtml。

```
□ 一般公共预算收入同比增速    ■ 一般公共预算支出同比增速

凉山      -17.0                              -7.0

攀枝花   -22.4                               -3.9

    -25      -20      -15      -10      -5       0(%)
```

图 3　2020 年上半年攀西经济区两市州一般公共预算收入增速

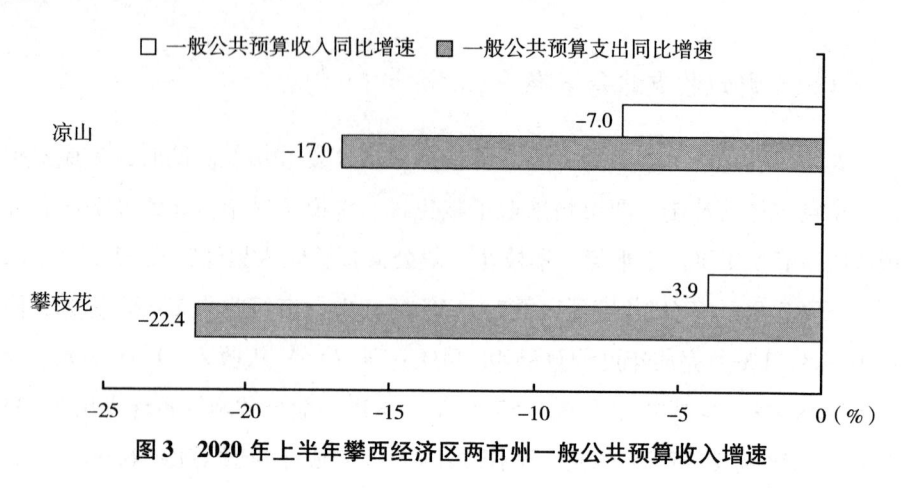

（七）城乡居民人均可支配收入持续增加

2020 年上半年，经济区城乡居民人均可支配收入持续增加，且农村居民人均可支配收入的增长幅度继续高于城镇居民，城乡收入差距不断缩小。上半年，攀枝花的城镇居民人均可支配收入为 19594 元，高于全省平均水平（19025 元），同比增长 4.2%，增幅与全省持平。农村居民人均可支配收入接近 1 万元，达到 9471 元，同样高于全省平均水平（8239 元），同比增长 7.2%，增速低于全省 0.4 个百分点。据国家统计局凉山调查队组织开展的住户调查，按常住地分，2020 年上半年凉山州城镇居民人均可支配收入 17835 元，同比增长 2.0%，比全国 1.5% 的增幅高 0.5 个百分点，比全省 4.2% 的增幅低 2.2 个百分点。凉山州城镇居民人均可支配收入在全省 21 个市州排第 15 位，增速排第 20 位[1]。农村居民人均可支配收入为 5249 元，同比增长 8.3%，比全国 3.7% 的增幅高 4.6 个百分点，比全省 7.6% 的增幅高 0.7 个百分点，凉山州农村居民人均可支配收入在全省 21 个市州排第 20 位，增速排第 1 位（见图 4、图 5）[2]。

---

[1] 国家统计局凉山调查队：《2020 年上半年凉山州城镇居民人均可支配收入增长 2.0%》，http：//www.lsz.gov.cn/xxgk/tjxx/tjsj/202008/t20200813_1670196.html。

[2] 凉山州人民政府：《2020 年上半年凉山州农村居民人均可支配收入增长 8.3%》，http：//news.ls520.net/jjxw/20200813/42985.html。

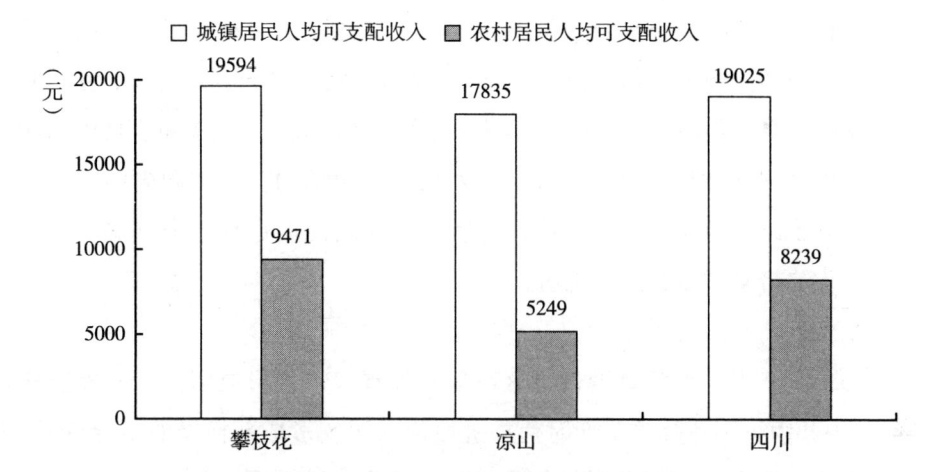

图4 2020年上半年攀西经济区两市州城乡居民人均可支配收入情况

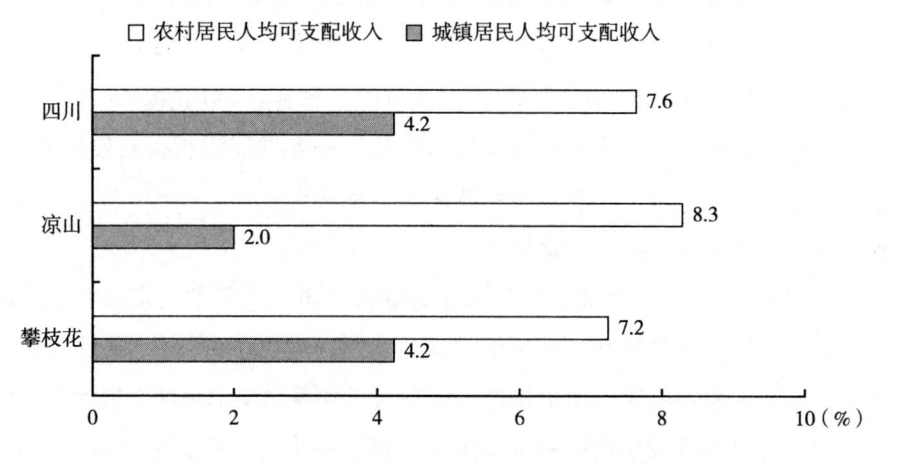

图5 2020年上半年攀西经济区两市州城乡居民人均可支配收入增速

二 攀西经济区经济运行面临的机遇与挑战

（一）发展机遇

1."双循环"新发展格局

2020年7月，我国提出要"加快形成以国内大循环为主体，国内国际

113

双循环相互促进的新发展格局"的战略举措。这一重大战略发展指引，旨在发挥国内超大规模市场优势和充分激发内需潜力，通过开放合作、互利共赢，从供给端和需求端促进产业转型升级和消费升级，以高质量发展国内循环积极带动国际循环，尽快形成新的发展动能和活力。促进国内国际双循环，尤其是以国内大循环为主体，为经济区在国内大循环中夯基础、补短板、塑优势带来了新的发展机遇。

2. 新时代西部大开发

2020年5月，为推动西部地区高质量发展，加快形成西部大开发新格局，《中共中央国务院关于新时代推进西部大开发形成新格局的指导意见》对西部地区提出要"强化举措抓重点、补短板、强弱项，形成大保护、大开放、高质量发展的新格局，推动经济发展质量变革、效率变革、动力变革，促进西部地区经济发展与人口、资源、环境相协调，实现更高质量、更有效率、更加公平、更可持续发展"。这对经济区在新时代西部大开发中抢抓新一轮发展机遇，以重大建设项目为依托，补齐发展短板，在发展质量、发展效率、发展动力上实现新的突破提出了新任务。

3. 成渝地区双城经济圈建设

2020年10月，国家将成渝地区作为继长三角、珠三角、京津冀之后的"第四极"进行战略部署，通过了《成渝地区双城经济圈建设规划纲要》。这是川渝两地发展的重大历史机遇，也是四川省委未来中长期发展的重中之重。四川省将围绕成渝地区双城经济圈建设这一中心任务，加快发展部署，推出系列重大举措。这为经济区加强对外开放合作，推进干支联动、川渝互动，增强通道、产业、科技、生态等功能协作，主动服务和融入成渝地区双城经济圈建设提供了重要支撑。

（二）困难挑战

1. 经济下行压力犹存

2020年上半年，新冠肺炎疫情全球暴发并迅速蔓延，对全球产业链、供应链造成巨大冲击，全球经济发展面临较大的下行压力，对我国"十四五"规划起步之年的社会经济发展也带来了诸多负面影响。在国家统筹推进经济社会发展各项任务、全力以赴抓好疫情防控的同时,在统筹做好"六稳"工作的精神指引下,国内经济持续复苏,稳住了国民经济的基本盘,表现出经济发展的巨大韧性。但2021年我国仍处在转变发展方式、优化经济结构、转换增长动力的攻关期,受实体经济运行困难、区域发展不平衡、人口老龄化等因素叠加影响,国内经济运行仍将面临下行压力。而经济区长期积累的产业结构性矛盾又与企地矛盾、生产要素市场化配置效率低、资源环境问题等困难交织,这给经济区加快经济提质增效发展步伐带来直接或间接的挑战。

2. 服务业恢复发展需要一段时间

阳光是经济区旅游发展的一张名片,加快建设国际阳光康养旅游目的地是经济区发展的战略目标之一。2020年初国内新冠肺炎疫情暴发的时间恰好与阳光康养旅游的传统旺季重叠,导致春节期间来攀枝花和凉山康养旅游的客流量呈断崖式下降。随着新冠肺炎疫情在国内蔓延,康养旅游及与其紧密相关的餐饮住宿、休闲娱乐、交通物流等行业受到较大冲击。新冠肺炎疫情进入常态化防控阶段后,经济区康养旅游业发展重启,经济逐步复苏。但新冠肺炎疫情对服务业尤其是康养旅游业发展的影响不会在短时期内消除,且还存在局地突发疫情的可能性,需要十分警惕。加之当下全球疫情形势严峻,来攀枝花和凉山的国际游客量几乎为零。新冠肺炎疫情这只"黑天鹅"加大了经济区加快建设国际阳光康养旅游目的地的难度。

3. 巩固提升脱贫攻坚成果任务重

决胜脱贫攻坚是2020年经济区特别是凉山必须打下的一场硬仗,2020年目标是"确保剩余17.8万人脱贫、300个村退出、7个县摘帽,历史性解决凉山延续千百年的深度贫困问题"①。但是,脱贫后导致贫困人口返贫的因素仍然很多,一方面贫困人口因遭遇自然灾害、重大疾病、伤亡事故等偶

---

① 凉山彝族自治州人民政府:《2020年凉山彝族自治州政府工作报告(全文)》,http://www.ls666.com/html/2020-06/19/content_15652.html。

发因素返贫，另一方面贫困家庭因内生能力不强造成脱贫不稳定而返贫。再加之2020年突如其来的新冠肺炎疫情，又给贫困群众外出务工、农产品销售等造成不利影响，加剧了边缘贫困人口返贫的风险。这为经济区2021年巩固脱贫攻坚成果工作带来较大压力。

三 2021年攀西经济区经济形势预测

2021年，国内外经济发展形势依然错综复杂。国内在经历了新冠肺炎疫情的冲击后，经济发展向好的基本面并未发生根本改变。国际社会对中国经济发展形势依然看好。亚洲开发银行在发布的《2020年亚洲发展展望（更新）》报告中称，中国是亚太地区少数成功摆脱经济低迷的经济体之一[1]。在国内宏观经济发展的大背景下，预计2021年经济区经济发展形势总体平稳向好。

（一）经济发展稳中有进

在疫情防控常态化下，经济区2020年上半年经济复苏、回升的步伐逐渐加快。尤其在"十四五"发展之初，经济发展又面临构建"双循环"新发展格局、新时代西部大开发、成渝地区双城经济圈建设等重大发展机遇，再加之疫情防控又不断催生出新的产品、新的业态和新的商业模式，在这些利好因素带动下经济区将致力于锚定经济结构转型升级、促进资源综合利用的核心任务，继续加快创新发展、绿色发展，经济总量有望逐步扩大，经济发展速度有望稳步提升。

（二）服务业增速可能放缓

服务业发展受新冠肺炎疫情的影响最大。"当前，疫情仍在全球蔓延，

---

[1] 新华网：《亚行预测2021年中国GDP增长达7.7%》，https://cj.sina.com.cn/articles/view/6452231600/m180953db003301wmj0?from=finance。

国内零星散发病例和局部暴发疫情的风险仍然存在,夺取抗疫斗争全面胜利还需要付出持续努力。"① 从短期来看,新冠肺炎疫情还将给经济区阳光旅游的发展带来一定程度的冲击,服务业发展增速可能放缓。

(三)招商引资形势良好,有望孕育出新的经济增长点

近年来,经济区强抓项目招商引资,并注重推进项目的建设落地。2020年1~6月,攀枝花招商引资履约项目608个,累计到位资金423.95亿元,同比增长2.24%。其中,国内省外到位资金186.78亿元,同比增长5.86%。新签约投资合作项目179个,协议投资总额843.13亿元②。凉山州1~8月履约招商引资项目149个,累计到位州外资金180.63亿元③。经济区持续以大项目、好项目为抓手,获得区外市场投资资金青睐。在这些重点项目的推动下,投资依然是2021年经济区经济发展的主要影响因素。特别是随着一批产业类项目竣工投产,一些新的经济增长点将有望被孕育出来,成为增强经济区发展后劲的重要支撑。

(四)城乡居民收入增长可能趋缓

受新冠肺炎疫情的影响,2020年以来国内稳就业的形势异常严峻。在国家提出的"六稳""六保"任务中,就业问题均位于首位。在援企、减负、稳岗、扩就业等多措并举下,我国就业总体形势逐步开始回暖并趋于平稳。新冠肺炎疫情对民营企业、中小微企业以及外贸企业劳动者、外出务工劳动力等就业群体的工资性收入增长造成负面影响,但是因其产生的新业态发展会提供更多就业机会。再加之灵活就业形式不断涌现,更多人可以通过创业、灵活就业的形式来实现就业,脱贫攻坚决战决胜还将助力农村居民实

---

① 《习近平在全国抗击新冠肺炎疫情表彰大会上的讲话(2020年9月8日)》,http://www.xinhuanet.com/2020-10/15/c_1126614978.htm。
② 《攀枝花市招商引资实现双过半》,http://www.sc.gov.cn/10462/10464/10465/10595/2020/8/10/05f7bc2a81d94f2e96944b36979d8432.shtml。
③ 四川新闻网:《凉山州1至8月履约招商引资项目149个》,http://ls.newssc.org/system/20200921/003003194.html。

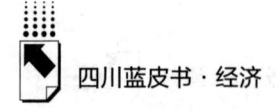

现人均家庭经营收入增长，预计2021年经济区城乡居民收入仍将实现稳定增长，但增速有可能会放缓。

四 对策与建议

（一）持续加强开放大通道和新型基础设施建设

主动将经济区的发展置于"双循环"新发展格局、新时代西部大开发战略、成渝地区双城经济圈国家战略中来谋划推动。在加快交通基础设施建设方面，借力西部陆海新通道建设，加快推进交通路网建设，改善农村地区通行条件，打造区域性物流枢纽，构建起策应国家发展战略的开放大通道骨架，进一步优化发展环境，将经济区的资源优势、区位优势和生态优势转化为经济优势。在加快新型基础设施建设方面，加快5G、新能源汽车充电桩等新型基础设施建设，将5G网络优先覆盖于产业园区、机场、综合客运枢纽、重要公共场所、重点旅游景区和特色小镇等重点区域，推进智慧旅游建设；将城市发展规划、交通发展规划和电力发展规划统筹结合，合理布局"快充为主、慢充为辅"的新能源汽车充电网络，对公共设施充电桩建设予以财政支持，不断提高新能源汽车使用便利性和充电桩利用率，不断激发新的消费需求，扩大内需。

（二）统筹疫情防控和高质量发展

一方面，结合疫情防控形势变化，不断完善常态化疫情防控机制、疫情信息研判和预警机制，全面落实"外防输入、内防反弹"疫情防控措施，加强重点场所、重点人群防护防控，提高疫情复燃发生的警惕性。健全基层公共卫生应急管理体系，完善检验检测仪器设备配备，完善突发公共卫生事件联防联控机制、应急物资储备调运机制，不断提高疫情应急处置能力。另一方面，聚焦战略资源开发，围绕创新型产业集群建设，持续加强创新发展、绿色发展，推动传统产业加快转型升级，不断延伸产业发展链条，面向产业链关键核心技术需求加强协同创新。充分发挥生态优势，以亚热带特色生态农业为基础，以阳光康养旅游为依托，加速推进三产融合发展，创新、丰富乡村经济业态，推动经济稳定增长。

（三）持续巩固脱贫攻坚成果

坚持农业产业扶贫道路，针对经济区贫困地区资源禀赋发展特色生态农业产业，发挥种养大户、农民合作社、龙头企业等的带动作用，稳定利益联结长效机制，促进贫困农户稳定增收。加强贫困群众就业、创业、技能培训和再培训，助力拓展增收空间，提高增收能力。建立返贫监测和帮扶机制，以存在返贫和新致贫风险的重点群体以及贫困边缘人口为对象，加强事前动态监测，及时将返贫人口和新贫困人口纳入帮扶范围，查找返贫原因，实施精准帮扶和动态管理，防范返贫和新致贫风险，巩固脱贫攻坚成果。

（四）加快阳光康养旅游业内涵式发展

阳光康养旅游业是经济区服务业发展的重中之重。促进阳光康养旅游业内涵式发展应更加以游客为本，提升旅游内在品质。积极整合旅游资源要素，不断优化旅游市场资源配置，从游客体验角度出发延伸旅游产业链条，丰富旅游业态，打造具有区域辨识度的旅游系列产品。深入开展质量提升行动，从细节出发，建立健全行业服务标准，构建服务质量评价体系，推行质量分级制度，规范服务行为，持续提高服务水平、发展层次，不断满足民众消费升级需求。加快推进"互联网+"旅游，用互联网思维助推旅游理念更新、服务方式和管理方式创新，从提供一般大众性服务到增设个性化、特色化服务，从粗放式旅游管理到精细化管理，促进旅游营销、体验、消费升级。

（五）加强区域开放合作

经济区要紧紧围绕"双循环"新发展格局的构建、成渝地区双城经济圈的建设，找准区域开放合作的契合点，创新区域合作长效机制，加强产业承接和产业发展资源、市场对接，深入推进跨区域产学研合作，组建创新联合体，实现高层次人才、急需紧缺人才跨区域认定；开展生态保护修复联保联防联治机制，促进公共资源对接共享，促使区域间人流、物流、信息流、资金流等资源更加畅通流动，更好地培育、打造经济新增长极。

B.11
2020~2021年川西北生态示范区经济形势分析与预测

周 俊*

摘　要： 2020年，新冠肺炎疫情在全世界蔓延，发展环境发生深刻复杂变化，全球经济严重下滑。川西北生态示范区认真做好"六稳"工作、全面落实"六保"任务，仍然实现了经济的正增长，但仍有明显的制约因素。2021年必须更加重视发展绿色产业，促投资、提消费，大力推进乡村振兴与巩固脱贫攻坚成果相衔接，全面激发内生增长动力。

关键词： 川西北生态示范区　绿色发展　乡村振兴

一　川西北生态示范区经济发展现状

2020年，面对前所未有的新冠肺炎疫情冲击和错综复杂的宏观经济形势，川西北生态示范区科学统筹推进疫情防控和经济社会发展，坚持把"农业多贡献、工业挑大梁、投资唱主角、消费促升级"作为工作着力点，扎实做好"六稳"工作、全面落实"六保"任务，三次产业结构优化调整，固定资产投资逐季恢复增长，消费降幅逐季收窄，经济运行总体呈现"持续恢复、稳定向好"的发展特征。

---

* 周俊，四川省社会科学院区域经济与城市发展研究所副研究员，主要研究方向为区域经济、城市经济。

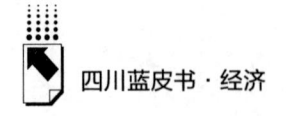

（一）2020年经济运行总体情况

2020年，川西北生态示范区实现GDP822.4亿元，同比增长3.4%，增速高于全国1.1个百分点，但低于全省平均水平0.4个百分点，位居四川省五大经济区末位。分区域看，阿坝州实现GDP411.75亿元，同比增长3.3%，第一产业、第二产业、第三产业分别实现增加值82.07亿元、96.45亿元、233.23亿元，同比分别增长4.5%、5.3%和1.9%；甘孜州实现GDP410.61亿元，同比增长3.6%，第一产业、第二产业、第三产业分别实现增加值80.67亿元、105.34亿元、224.6亿元，同比分别增长4.5%、8.4%和0.9%（见表1）。两州第一、第三产业同比增速均低于全省平均水平，主要是由于受新冠肺炎疫情冲击较大，加上国内外经济形势错综复杂，尤其是以旅游业为主导的第三产业发展减慢。川西北生态示范区一手抓疫情防控，一手抓经济发展，全年经济运行呈现前低后高的特征，总体增速下降，但仍保持了平稳增长。

表1 2020年川西北生态示范区地区生产总值及增速

单位：亿元，%

地区	地区生产总值数值	增速	第一产业增加值	增速	第二产业增加值	增速	第三产业增加值	增速
阿坝州	411.75	3.3	82.07	4.5	96.45	5.3	233.23	1.9
甘孜州	410.61	3.6	80.67	4.5	105.34	8.4	224.6	0.9
四川省	48598.8	3.8	5556.6	5.2	17571.1	3.8	25471.1	3.4

资料来源：四川省统计局、阿坝州统计局、甘孜州统计局网站。

（二）产业结构出现新变化

2020年，川西北生态示范区一、二、三产增加值分别为162.74亿元、201.79亿元、457.83亿元，三次产业结构由17.2∶23.8∶59.0调整为19.8∶24.5∶55.7。第一产业比重上升2.6个百分点，第二产业比重相较2019年上升0.7个百分点，第三产业比重则下降3.3个百分点。三次产业占GDP

比重的变化趋势与 2019 年正好相反。第二产业增速最快，均高于全省 3.8% 的平均增速，阿坝州达到 5.3%，甘孜州则达到 8.4%。但第三产业增速下降幅度较大，阿坝州和甘孜州增速分别比全省平均水平低 1.5 个和 2.5 个百分点，这是整体经济增速低于全省的重要原因。

2020 年阿坝州三次产业结构由 2019 年的 17.2∶24.7∶58.1 调整为 19.9∶23.4∶56.7，三次产业分别拉动 GDP 增长 0.6 个、1.6 个和 1.1 个百分点，三次产业增加值对 GDP 增长的贡献率分别为 19.1%、49.5% 和 31.4%。甘孜州三次产业占 GDP 的比重由 2019 年的 17.13∶25.54∶57.33 调整为 2020 年的 19.65∶25.65∶54.7。三次产业分别拉动 GDP 增长 0.9 个、2.2 个和 0.5 个百分点，三次产业增加值对 GDP 增长的贡献率分别为 24.3%、62.9% 和 12.8%。2020 年在世界经济下行、全球抗疫的背景下，按照"农业多贡献"的总体要求，稳定粮食生产，加快构建现代高原特色农牧产业体系，农牧业总体保持稳定增长，但增速仍低于全省平均水平 0.7 个百分点。第二产业由于水电行业和建筑业支撑强劲，仍然取得了较快的增速，两州均高于全省平均水平。但受疫情管控影响，以旅游业为主的第三产业发展明显减缓。

（三）固定资产投资稳步回升

2020 年，全社会固定资产投资同比增速最高的是攀西经济区，为 11.4%，后面依次是川南经济区 10.9%、成都平原经济区 9.9%、川东北经济区 9.4%，而川西北生态示范区同比增速仅为 5.6%，低于全省平均增速 4.3 个百分点，且地区差异极大。阿坝州全年全社会固定资产投资比上年增长 12.3%，增速高于全省平均水平 2.4 个百分点，仅次于凉山州，居全省第二位。全社会固定资产投资中，呈现"三增一降"。其中，基础设施投资、产业投资、民间投资分别增长 15.7%、21.3% 和 13.9%，民生及社会事业投资则下降 6.7%。分产业看，第三产业投资增长最快，达到 17.6%；第一产业投资同比增长 8.5%；而第二产业投资仅增长 0.1%。三次产业投资比例由 3.9∶28.2∶67.9 调整为 3.8∶25.1∶71.1。甘孜州全社会固定资产投资同比增速仅0.7%，位居四川省末位（见表2）。全社会固定资产投资中，房地产开发投资同比增长67.2%，基础设施投资下降10.4%，其中水利管理业和公共设施管理业投资分别下降46.7%、43.8%。分产业看，第一产业和第二产业投资分别增长45.2%、14.4%，第三产业投资下降9.1%。三次产业占全社会固定资产投资的比重由3.9∶32.9∶63.2调整为5.7∶37.3∶57。

表2 2020年川西北生态示范区固投和消费情况

单位：亿元，%

地 区	全社会固定资产投资增速	社会消费品零售总额	社会消费品零售总额增速
阿坝州	12.3	96.81	-4.2
甘孜州	0.7	114.31	-4.3
川西北生态示范区	5.6	211.12	-
四川省	9.9	20824.90	-2.4

资料来源：四川省统计局、阿坝州统计局、甘孜州统计局网站。

（四）消费市场降幅收窄

2020年川西北生态示范区实现社会消费品零售总额211.12亿元。阿坝州全年实现社会消费品零售总额96.81亿元，同比下降4.2%。其中，城镇实现零售额72.39亿元，下降4.5%；农村实现零售额24.42亿元，下降3.3%，城乡消费比为2.96∶1。按消费形态分，餐饮收入33.26亿元（下降9.8%）；商品零售63.55亿元（下降0.9%）；"吃"类商品零售额同比增长6.3%，"穿"类商品零售额同比下降6.9%，"用"类商品零售额同比下降3.9%，"住"类商品零售额同比下降2.1%，"行"类商品零售额同比下降13.3%（但降幅逐季收窄）。阿坝州2016~2020年商品零售额呈现连年下降态势，增速分别为11.2%、2.7%、1.6%、6%、-4.2%。甘孜州全年实现社会消费品零售总额114.31亿元，下降4.3%。其中，城镇实现社会消费品零售总额83.91亿元，下降4.4%；农村消费品零售总额30.4亿元，下降4%，城乡消费比为2.76∶1。从吃穿住行几大类看，"吃"类商品零售额同比增长9.4%，金银珠宝类商品零售额同比增长42.3%，日用品类商品零售额同比增长7.4%，体育、娱乐用品类商品零售额同比增长6.7%，家具类商品零售额同比增长5.8%，服装、鞋帽、针纺织品类商品零售额同比下降1.5%，文化办公用品类商品零售额同比下降2.9%，家用电器和音像器材类商品零售额同比下降3%，中西药品类商品零售额同比下降66.3%，通信器材类商品零售额同比下降34.7%，石油及制品类商品零售额同比下降16.2%，汽车类商品零售额同比下降21.9%。受疫情影响，网上交易更加活跃，电子商务实现交易额50.85亿元，同比增长15.6%。总体来看，因疫情管控影响，主要消费品零售额出现下滑，除"吃"类总体保持增长外，"穿""用""住""行"类均出现下滑，线下零售额降幅较大，但互联网销售实现增长。

（五）居民收入稳步增长

分地区看，2020年，阿坝州全体居民人均可支配收入为23726元，绝对值比全省低2796元，比全国低8463元；同比增速为5.8%，高于全国1.1个百分点，但低于全省1.6个百分点；城乡收入比由2019年的2.49∶1缩小为2.38∶1。其中，城镇常住居民人均可支配收入为37011元，同比增长4.3%，低于全省1.5个百分点。其中，工资性收入26973元，占比为73%；经营净收入7212元，占比为19%；财产净收入1449元，占比为4%；转移净收入1377元，占比为4%。全年农村居民人均可支配收入为15539元，同比增收1287元，增速为9.0%，高于全省平均增速0.4个百分点。阿坝州全年城镇居民人均消费支出20619元，同比下降13.6%，城镇居民恩格尔系数为34.6%；农村人均消费支出12162元，同比下降5.4%，农村居民恩格尔系数为38.1%。

2020年，甘孜州全体居民人均可支配收入20133元，绝对值比全省低6389元，比全国低12056元，收入仅为全省平均值的76%、全国平均值的63%；同比增速为7.2%，高于全国平均值2.5个百分点，但低于全省平均值0.2个百分点；城乡收入比由2019年的2.72∶1进一步缩小为2.61∶1。其中，城镇居民人均可支配收入36521元，增长4.8%，低于全省平均水平1个百分点。其中，工资性收入27571元，占比为75.5%；经营净收入4583元，占比为12.5%；财产净收入1598元，占比为4.4%；转移净收入2768

元，占比为7.6%。农村居民人均可支配收入13967元，增长9%，增速比全省平均值高0.4个百分点，比全国平均值高3.3个百分点。2020年甘孜州城镇人均消费性支出22975元，同比下降6.5%，城镇居民恩格尔系数38.21%，同比下降1.7个百分点；农村人均生活消费支出9868元，同比增长5.1%，农村居民恩格尔系数46.07%，同比下降7.9个百分点。

（六）财政收入持续增长

2020年，阿坝州完成一般公共预算收入28.73亿元，同比增长8.8%，比全省高4.2个百分点。其中税收收入为18.01亿元，占比为73.6%；非税收入10.72亿元，增长35.6%。2016~2020年阿坝州财政收入分别增长2.9%、-17.7%、-7.9%、7.1%、8.8%，经历了2017年九寨沟"8·8"地震之后，仍未回到2016年32.6亿元的水平。全州一般公共预算支出368.38亿元，增长19.7%。甘孜州全年地方财政一般公共预算收入40.11亿元，同比增长17.6%，增速高于全省13个百分点，比阿坝州高8.8个百分点（见表3）。其中税收收入25.28亿元，占全部收入的63%，同比增长10.8%。财政一般预算支出453.88亿元，同比增长12.9%。年末，阿坝州金融机构本外币存款余额738.33亿元，比上一年增长11.1%；本外币贷款余额375.46亿元，同比增长11.4%。甘孜州存款余额788.01亿元，同比增长11.7%；贷款余额470.09亿元，同比增长12.4%，总体实现平稳发展。

表3 2020年川西北生态示范区城乡居民收入与财政收入情况

单位：元,%

地区	居民人均可支配收入数值	增速	城镇居民人均可支配收入数值	增速	农村居民人均可支配收入数值	增速	财政一般公共预算收入数值	增速
阿坝州	23726	5.8	37011	4.3	15539	9.0	28.73	8.8
甘孜州	20133	7.2	36521	4.8	13967	9.0	40.11	17.6
四川省	26522	7.4	38253	5.8	15929	8.6	4258.00	4.6

资料来源：四川省统计局、阿坝州统计局、甘孜州统计局网站。

二 经济运行面临的主要问题

2020年第一季度，受新冠肺炎疫情影响，川西北生态示范区两州政府着力保安全、保稳定，人民生活安定有序，但经济发展几乎处于停滞状态，与全国全省同步呈现负增长。第二季度开始，主要经济指标降幅逐渐收窄。下半年，在扶贫攻坚、乡村振兴、工业和旅游业快速复苏的带动下，主要经济指标逐渐恢复增长，经济全面复苏。但从全年看，主要经济指标中GDP、第一产业、第三产业、固定资产投资、社会消费品零售总额、全体居民人均可支配收入的增速均落后于全省平均水平，尤其是固定资产投资、社会消费品零售总额和第三产业增速表现明显。

（一）第三产业增长乏力

2020年，阿坝州和甘孜州第三产业增速分别为1.9%和0.9%。两州第三产业增加值虽然占GDP比重均超过50%，但是对GDP的贡献率较小，分别仅为31.4%和12.8%，分别拉动GDP增长1.1个和0.5个百分点，导致GDP增速明显放缓，拖累整体经济。阿坝州疫情控制之后，九寨沟带动全州景区快速恢复，全年接待游客3604万人次，比上年增长14.2%，实现旅游总收入301.1亿元，增长32.3%，但仍未恢复到2016年的高点。甘孜州因为发生本地传播疫情，以旅游业为主的服务业遭受重创，全年共接待游客3102.9万人次，实现旅游收入341.3亿元，同比分别下降6.4%和7%。另外，受制于服务业结构，非营利性服务业占比较高、增速慢，对第三产业增加值及GDP的增长影响较大，而传统的旅游、餐饮、住宿、批发零售业遭受疫情、居民收入下降等重大影响，增速也明显放缓，服务业整体抗风险能力较弱。

（二）固定资产投资增长缓慢

2020年川西北生态示范区固定资产投资同比增速为5.6%，总体低于全省平均水平。一方面，产业投资乏力。阿坝州固定资产投资增速保持上年同期水平，但第二产业投资同比增速仅为0.1%，受连年灾害影响，投资动能仍显不足，尤其是工业投资几乎无增长。甘孜州固定资产投资下滑速度较快，尤其是第三产业投资下降了9.1%，民生社会事业领域投资下降2.8%，基础设施中公共服务管理投资下降近50%，好在第二产业中制造业投资增长106.9%，电力生产投资增长8.7%。两州与2019年相比呈现不同的变化。甘孜州第二产业投资由降转升，但第三产业投资转为下降，主要是受疫情影响，旅游业及相关产业投资、公共管理类投资停滞。另一方面，2020年是"十三五"涉藏地区专项规划执行的最后一年，支撑投资增长的项目已逐年减少。总体来看，固投基数低、总量小、增速慢，资金来源渠道窄，融资困难的局面仍未改善，频发的自然灾害也严重影响投资项目实施进度。

（三）消费增速连年下滑

社会消费品零售总额增速同比下降超过4个百分点，低于全省，城镇和农村消费市场同步下滑，人均消费和增速均低于全省平均水平。一方面权重商品市场低迷。受疫情影响，石油及制品类零售额大幅下降超过15%，但销售额占比却超过30%，汽车类零售额降幅较大；同时，阿坝州和甘孜州餐饮业零售额同比下降9.8%和8.1%，拖累整体消费增速。另一方面，限上企业比重小，下降幅度大，支撑不足。部分限上单位经营困难，负增长面大，关停时间长。

总体来看，川西北生态示范区当前正处在转型升级的关键时期，新老问题交织，经济总量小、产业体系不强、增速不快、动力不足、抗风险能力差、巩固脱贫攻坚成果工作压力大，乡村振兴任务艰巨，基础设施建设、基本公共服务等领域还有诸多短板。但是中央和四川省支持川西北建设国家生态建设示范区、国家全域旅游示范区、民族地区生态经济样板区、国际精品旅游目的地，中央第七次西藏工作座谈会、省委涉藏工作会议部署一系列政策及川藏铁路等重大项目开工建设，为川西北生态示范区绿色高质量发展提供了重要支撑。

三 2021年川西北生态示范区经济形势预测

2021年，全球新冠肺炎疫情逐步得到控制，产业供应链加速恢复，全球经济有望恢复增长。2021年是我国"十四五"规划的开局之年，也是中国共产党建党100周年，川西北将尽全力推进经济高质量发展，坚持稳中求进，立足新发展阶段，贯彻新发展理念，融入新发展格局，以生态引领、绿色发展为主题，将稳农业、强工业、促消费、扩内需、抓项目、扩投资作为重点，扎实做好"六稳"工作，全面落实"六保"任务，全力实现"十四五"经济社会发展良好开局。根据既有发展基础和宏观形势，预计2021年川西北生态示范区GDP增速将达到7.5%左右；工业增加值增速达到8%以上；规上工业增加值增速达到9%左右，其中阿坝州达到8%左右，甘孜州有望达到11%以上；旅游业带动服务业在疫情后得到恢复性增长，有望获得10%以上的增速；全社会固定资产投资增速阿坝州达到10%左右、甘孜州达到5%以上；社会消费品零售总额增长10%左右；地方一般公共预算收入增长8%以上；城镇居民人均可支配收入增长8%以上，农村居民人均可支配收入增长10%左右，城乡收入差距将进一步缩小。

四 对策与建议

（一）以文旅为引领，全面发展绿色经济

立足川西北生态示范区的定位，坚持生态立区，发展绿色经济。发展高原特色现代农牧业，推动农林牧产业成片成带发展。完善农业水利设施配套，促进半山高半山粮林果业发展。推动金沙江、雅砻江、岷江、大渡河沿岸现代农业示范带发展。建设优质人工饲草基地和户营打贮草基地，打造成渝畜产品供应地。做强"圣洁甘孜"和"净土阿坝"品牌产业联盟，扩大高原藏区特色农产品影响力。发展现代绿色工业，全力创建国家级水（能）

风（能）光（伏）一体化可再生能源基地，加快建设省级水电消纳产业示范区，建设外输电力通道，增强电力外送能力。积极发展现代绿色锂业，合理开发，有序推进甘孜甲基卡、金川李家沟、业隆沟锂矿采选项目，推动锂产业全链条发展。积极推进中藏药业、民族手工艺品（唐卡、羌绣、牦牛饰品等）、牦牛肉（奶）、青稞、沙棘、天然矿泉水开发。抓住承办全省文化和旅游发展大会的契机，以创建国家全域旅游示范区为抓手，全力推进四姑娘山创5A级景区、九寨沟鲁能胜地创国家级旅游度假区、达古冰川和莲宝叶则创国家级生态旅游示范区，推进康定、泸定、丹巴、稻城、甘孜和海螺沟、亚丁景区旅游服务质量标准化试点。坚持文旅融合发展，加快建设G317和G318最美景观大道、黄河天路国家旅游风景道、"重走长征路"红色旅游廊道，办好山地文化旅游节系列活动，促进旅游提档升级。深入开展线上线下精准营销，完善智慧旅游服务体系，扩大九寨沟-黄龙、稻城亚丁、四姑娘山、红原国家公园、海螺沟、达古冰川等品牌影响力，聚力打造国际精品旅游目的地。

（二）抓好重大项目，全面扩大有效投资

聚焦交通、能源、通信"三条高速通道"建设，实施基础设施等重点领域补短板和新型基础设施建设。加快建设川西北交通枢纽，建设川甘青滇藏区域中心。开工建设川汶高速、G4218康定至新都桥高速公路、松黑路、白湾至马奈段、得荣瓦卡金沙江大桥等项目，加快建设康新高速公路康定过境段、成西（兰）铁路、川藏铁路甘孜段、久马高速、九绵高速、都四山地轨道、友谊隧道至映秀段、G215白玉至巴塘段改建工程等项目，促进在建项目全面完工，同步推进旅游公路、林区道路建设，做好公路、机场等交通重大项目前期研究和储备；全面实施路长制，高质量推进全国"四好农村路"示范州、"交通+旅游"融合发展试点创建。科学开发利用水能、光伏、风能等清洁能源。有序推进金沙江、大渡河水电开发，加快建设金川、巴拉、双江口等大中型水电站，统筹建设1000千伏特高压和220千伏、110千伏等输变电工程。加快发展成阿、德阿"飞地"园区，推动甘眉工业园

区创建国家级开发区、成甘工业园区创建省级开发区，开工建设深圳科沃、侨源气体等重大项目，竣工投产通威太阳能（二期）、凯盛铜铟镓硒、融捷锂盐等项目。围绕5G、大数据、区块链等"新基建"规划，储备和建设一批具有战略性、支撑性的重大项目。深化4G基站覆盖，推动5G网络规模组网和应用扩面，打造远程医疗、智慧旅游、物联网等行业新技术应用示范区。狠抓储备项目论证和前期工作，对接国家和省级重点项目投资方向，做好项目规划，加大生态治理、水利能源、产业发展、民生事业、灾后重建和文化旅游等领域项目谋划和储备力度。拓展资金来源，做好储备项目与中省预算内资金、专项债券、银行融资、社会资金间的匹配。加强政金企合作，完善向民间资本推介项目长效机制，强化投资管理，进一步扩大有效投资。

（三）深度挖掘内需潜力，提振消费市场

全力推进各项消费政策落实落地，优化消费环境，切实促进文化旅游、住宿餐饮、批发零售、仓储物流等行业发展。稳定传统消费、培育新兴消费、搞好热点消费等，鼓励夜间经济、社会生活服务业等加快发展。建设G317、G318最美景观服务业大走廊及冷链仓储物流和空港物流园。依托川主寺、水磨等特色文旅小镇，培育藏羌风格的特色商贸镇、商业街、餐饮街，打造特色化、品质化、差异化商贸圈。开展家电下乡、汽车下乡等促销活动，全力培育"赶场经济""假日经济""节庆经济"，全面激发内需。大力开展"互联网+消费"行动，全面创建全国民族地区电商发展示范州。积极对接成渝、粤港澳大湾区，参加市场推介活动，推动"圣洁甘孜""净土阿坝"农特产品进商圈、进社区、进市场、进餐企、进展会。

（四）推进乡村振兴，巩固脱贫攻坚成果

实施脱贫成果巩固提升行动。严格落实"四不摘"要求，保持现有脱贫政策、资金支持、帮扶力量总体稳定。健全落实防止返贫致贫监测、农村低收入人口和欠发达地区帮扶机制，深入推进产业就业帮扶，深入实施消费扶贫，探索解决相对贫困长效机制。推进东西部协作、对口支援、定点扶贫

和社会帮扶,加大易地扶贫搬迁后续帮扶力度。健全农村社会保险和救助制度,扩大"扶贫保""防贫保"等保险制度实施范围,常态化开展"回头看""回头帮",动态消除监测户和边缘户。推进巩固拓展脱贫攻坚成果与乡村振兴有效衔接,坚持以脱贫攻坚基础布局乡村振兴战略,有效衔接脱贫攻坚政策,确保政策延续、机制连续、规划持续、项目接续,推动脱贫攻坚工作体系向乡村振兴平稳转型。深入实施"1+6+N"乡村振兴战略规划,争创省级乡村振兴先进乡(镇)、示范村,激发乡村活力和发展内驱力,提振乡村消费,切实增强发展内生动力。

产业与行业篇
Industry Reports

B.12
2020~2021年四川省农业经济发展形势分析与预测

周 杰[*]

摘 要: 2020年,受疫情影响,四川省农业面临着错综复杂的国内外形势。从外部环境看,不确定性因素增多;从内部环境看,经济运行面临着下行压力。全省及时有力应对新冠肺炎疫情对农业生产的影响,不断加大强农、惠农、富农力度,着力推进农业供给侧结构性改革,优化生产结构,全省农业农村经济呈现出总体平稳、稳中向好的态势。

关键词: 四川 农业 "10+3"产业体系 产业园区

---

[*] 周杰,四川省社会科学院产业经济研究所助理研究员,主要研究方向为产业经济与区域经济发展。

2020年，面对国内外错综复杂的宏观经济形势和新冠肺炎疫情带来的负面影响，四川省坚决统筹推进疫情防控和经济社会发展工作，坚持把"农业多贡献、工业挑大梁、投资唱主角、消费促升级"作为2020年工作的主要着力点。全省经济实现了由降转增，主要经济指标持续回升，发展活力也在持续增强。

一 2020年四川省农业发展总体情况

坚持深入贯彻实施乡村振兴战略，认真抓好成渝地区双城经济圈建设的各项工作部署，四川省以现代农业园区为主要载体，引领全省现代农业"10+3"产业体系建设，确保了全省粮食生产的稳定发展，抓紧恢复生猪产能，保障了全省主要农产品的稳定供给。全省农业农村经济呈现总体平稳、稳中向好的态势。2020年全省GDP达到48598.8亿元，同比增长3.8%。其中，第一产业增加值达到5556.6亿元，同比增长5.2%，增幅高于第二、第三产业。

（一）农业生产形势整体良好

近年来，四川省的农业生产整体形势良好，2015~2019年全省的农林牧渔业总产值不断增加，整体实力不断加强。2020年全省农业虽然经历了新冠肺炎疫情所带来的前所未有的冲击，但已经全面恢复生产。农业生产稳中向好。全省粮食播种面积、产量实现"双增"，粮食作物总播种面积达到6312.6千公顷，同比增长0.5%；全省粮食总产量达到3527.4万吨，同比增长0.8%。经济作物增产增收，蔬菜及食用菌产量达到4813.4万吨，同比增长3.8%；油料产量达到392.9万吨，同比增长7%；水果产量达到1217.7万吨，同比增长7.1%；中草药材产量达到52.7万吨，同比增长7.6%；茶叶产量达到34.5万吨，同比增长6%。2020年全省生猪生产明显恢复，全年出栏生猪达到5614.4万头，同比增长15.7%；牛羊生产量保持稳定，牛出栏达到296.4万头，同比增长1.6%，羊出栏达到1792.1万只，同比增长0.7%。

（二）构建现代农业"10+3"产业体系

2019年，四川省政府出台《关于加快建设现代农业"10+3"产业体系 推进农业大省向农业强省跨越的意见》，明确提出了在全省范围内推进川粮油、川猪、川茶、川菜、川酒、川药等十大优势特色产业的全产业链融合发展，并且夯实现代农业种业、现代农业装备、现代农业烘干冷链物流三大先导性产业支撑，在全省培育形成特色鲜明、结构合理、链条完整、全国领先的现代农业"10+3"产业体系。根据各地资源优势和发展基础，在规划布局上明确了全省十大特色优势产业的重点县，并且规划布局了区域性良种繁育基地和批发市场。同时，注重科技兴农，按照"一业一团"的方式，由科研院所、高等学校和龙头企业共同组建产业科技特派员服务团共13个。科技特派员服务团将围绕全省现代农业"10+3"产业高质量发展，着力发挥技术特长，积极开展农业科技服务与创业带动，为全省农业科技园区、科技示范基地、企业、农民专业合作社、家庭农场、种养大户等提供专业的技术服务与支撑。

（三）现代农业产业园已具规模

作为全省现代农业"10+3"产业体系的主要载体，现代农业园区对四川现代农业的引领作用越发突出。目前，四川省已初步构建了以国家级园区为龙头、省级园区为骨干、市县级园区为基础的梯次推进体系，已经累计建成各级园区共计948个。其中，建成和创建国家级产业园11个，首批认定省星级园区35个。通过"生产+加工+科技"的形式，积极创新体制机制，在园区内聚集了大量的优质生产要素，在明确的地理界限和区域范围内，建设了一批较为领先的现代农业发展平台。其中，四川省资中县现代农业产业园和四川省南江县现代农业产业园都入围了2020年国家现代农业产业园创建名单。目前，四川省现代农业产业园区依产而建、因产而兴，由点及面、连线成带，串联起了全省"10+3"产业体系落地的"四梁八柱"，将加快推进农业农村现代化进程。

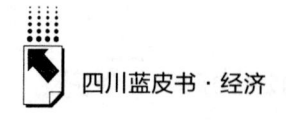

（四）五大经济区农业各具特色

在全省农业农村改革进程中，各地因地制宜，在农业新村与康养融合发展、破解土地流转现实难题、农村集体产权制度改革试点、农村金融创新等诸多方面，创造了一批可复制、可推广的经验。五大经济区根据自身的发展基础和资源优势，因地制宜，农业发展尽显当地特色。成都平原经济区以畜禽加工、粮油加工和果蔬加工业为特色产业，川南经济区以林果、畜禽和茶业为特色产业，川东北经济区以畜禽、丝麻和中药材为特色产业，攀西经济区以特色果蔬、蚕丝、茶业和畜禽业为特色产业，川西北生态示范区则以中藏药材、牦牛为农业优势特色产业。

二 2021年四川省农业发展面临形势

"十四五"期间，我国人均GDP将更加接近高收入国家临界值，我国农业的内外部发展环境也将发生重大变化。2020年，突发的新冠肺炎疫情给全国甚至全球发展带来严重冲击，四川省农业发展面临的形势更趋复杂，未来全省的农业发展将形成以国内大循环为主、国内国际双循环相互促进的新发展格局。

（一）农业农村现代化面临发展新时期

"十四五"时期，全国经济结构和产业结构转型升级的速度都会加快，这将会加快农业现代化的进程。首先，经过持续多年大规模的公共投资建设，我国发达地区和工业领域等大规模投资建设已经基本完成，公共投资空间将会更加倾向于广大的农业农村领域或边远地区。其次，乡村振兴和新型城镇化战略都会给农业农村带来新的发展机会。从国家乡村振兴的各项具体行动计划看，82个乡村振兴工程行动中的大多数都计划在"十四五"期间完成，这将是我国推进乡村振兴战略规划最关键的五年，而这些工程行动计划的完成都将有利于加快农业现代化进程。继续实施的加快新型城镇化战略，除了放宽放开农业人口市民化的相关政策，其他基本医疗、基本养老、贫困救助等多项公共服务都将持续推进。

（二）多重战略叠加提供发展新机遇

从宏观形势上看，"十四五"时期正是国家重大战略和政策交汇叠加期。首先，全国继续实施对农业农村的大力支持战略。由于农业在国民经济中的基础地位，各级地方政府即使面临财政收入可能减少的情况，也不会降低对农业的支持强度，还将进一步强化对农业的支持。其次，四川区域发展进入更加注重极核带动、更加注重差异化协同发展新阶段，内生活力持续释放。最后，成渝地区双城经济圈建设的战略落地期。党中央部署推动成渝地区双城经济圈建设，为成渝地区争取国家政策支持、集聚高端要素资源提供了切入点和契合点。

（三）高质量发展导向提出发展新要求

首先，我国已经进入工业化和城镇化快速发展的新阶段，大量的农村人口转移到了城镇，这对农村人口转移后的农村治理和农村发展提出了更高的要求。如果缺乏及时有效的跟进与改善，极易形成农村人口和农村产业"空心化"现象。加上受到经济下行、成本上升等多种不利因素的影响，乡村产业发展面临着低端化和边缘化，这些都会直接影响到农业农村的高质量发展。其次，我国经济已由高速增长阶段转向高质量发展的新阶段，守住"三农"领域的战略后方，积极发挥好压舱石和稳定器的作用，必须大力推动农业的高质量发展。四川省已经全力构建现代农业"10＋3"产业体系，但四川省目前"大省小农"的农业经营特征依然明显，农村产业结构层次不高，由农村三产融合引领的绿色产业链模式仍然在不断探索中。最后，四川省农村公共服务供给和设施的利用效率还有较大的提升空间，全省农业发展面临着补齐短板与提档升级的双重任务。

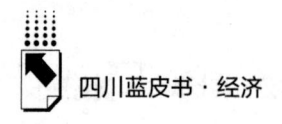

三 政策建议

（一）提高农业生产的效益和竞争力

一是要因地制宜，立足当地特色，打造农业特色产业集群。根据全省各个地区的农业资源优势和发展基础，打造各具特色的农业全产业链。进一步巩固川猪和晚熟柑橘在全国的地位和影响力，要建设好标准化生猪无疫小区和标准化晚熟柑橘优质基地，继续做好这两大产业的产地初加工和精深加工。按照农业农村部相关文件要求，进一步细化完善方案，确保这两个产业集群建设引领示范全省，进而成为全国的标杆。二是要以现代农业产业园为重要平台和主要载体来推进全省农业的现代化建设。促进全省的现代农业产业园区在技术集成、产业融合、创业创新、核心辐射等多方面发挥出重要作用。积极探索构建以行业内龙头企业为主导、以农民合作社为纽带、以家庭农场为基础的现代新型农业产业化联合体。优化产业园区规划布局，制定全省农产品加工园区的发展规划，分类推进全省农业产业园区的科学发展。推动农业产业园区提质增效，着力培育园区内的行业标杆或龙头企业，强化园区技术创新。三是着力推动特色主导产业在加工和品牌营销环节的发展，提升特色农产品的精深加工水平。加快全产业链建设，拓展农业综合功能，积极培育新产业和新业态，通过打造乡村旅游精品线路、大力发展农产品电商，促进产业融合，将农产品基地与终端市场连接起来，进而打造产销融合的有机整体。

（二）进一步深化农村体制改革

一是巩固农村基本经营制度。继续开展农村承包地确权登记颁证工作，激发农业农村发展活力，促进农业农村现代化和乡村全面振兴。构建现代农业经营体系，促进家庭农场、农民合作社等各类新型农业经营主体蓬勃发展，发展壮大农业社会化服务组织。二是深化农村土地制度改革。坚持把维护农民切身权益作为出发点和落脚点,坚持农村土地集体所有、不搞私有化,坚持农地农用、防止非农化,彻底保障全省农民的土地权益。三是深入推进农村集体产权制度改革。在建设优质的现代农业园区、培育农村产权流转交易市场体系、强化农业农村发展要素支撑保障等方面多下硬功夫,不断增强实施全省乡村振兴战略的动力和活力。

(三)加快粮食产业转型升级提质增效

一是做大做强传统油菜产业。发挥四川省浓香型菜籽油的传统比较优势,扶持一批规模大、技术先进、市场占有率较高的龙头企业,推广实施规模化种植、标准化生产和产业化经营,促进油菜产业融合发展。积极组建四川油菜产业联盟,提升四川油菜产业在全国的竞争力,提升"四川菜油"在全国的品牌号召力。二是积极推进全省的优质粮食工程建设。大力增加全省绿色优质粮油的产品供给。建立优质优价的粮食生产、分类收储和交易机制。三是加强全省粮食仓储的统筹利用及设施建设。积极优化全省仓储设施的统筹与布局,支持阿坝、甘孜、凉山等少数民族地区改善粮食仓储设施条件,提高应急保障能力。

(四)大力构建政策支撑体系

一是加强财税扶持力度。充分发挥各级财政资金的引导作用,重点支持全省粮食仓储物流设施、农业产业示范园区建设和粮食产业转型升级等各项工作。二是健全金融保险支持政策。引导金融机构根据自身职能定位和业务范围,大力拓宽涉农企业的融资渠道,为粮食加工、仓储、收购、物流、粮机等各环节提供多元化金融服务。创新涉农资金使用和管理方式,通过政府和社会资本合作、农业信贷担保、设立基金、贷款贴息等方式,带动社会资本积极投向农业领域。三是落实各项优惠政策。完善农业用地政策,积极支持农产品冷链、初加工、休闲采摘、仓储等农业基础设施建设。对疫情防控期间暂不能正常开工、复工的农业企业,在水、电、气等方面实行优惠政策,切实减轻涉农企业负担。

B.13
2020~2021年四川省工业经济发展形势分析与预测*

王磊 达捷**

摘　要： 2020年初，突发的新冠肺炎疫情和复杂的国内外宏观经济形势使四川工业增速大幅下滑，但随着我国疫情得到有效控制，四川工业增速逐步企稳回升。2021年，随着国内外疫情防控力度的加大和经济的逐步恢复，预计全省工业将保持平稳回升态势，并加快转型升级和融入双循环经济新格局，发展质量和效益稳步提升。

关键词： 工业经济　现代工业体系　四川省　高质量发展

2020年是四川省工业经济发展极不平凡的一年，突发的新冠肺炎疫情和复杂严峻的国内外经济形势使全省工业遭受严重冲击，主要经济指标大幅下滑。但随着全国及四川疫情得到有效控制，复工复产加快，全省工业增速逐步企稳回升。2021年是我国"十四五"规划的开局之年，随着国内外疫情防控力度的加大和经济贸易的逐步恢复，预计四川省工业将在2020年较低基数的基础上实现8%左右的增长，工业结构和布局持续优化，并将加快融入"双循环"发展新格局，推动工业发展质效稳步提升。

---

* 本文基金项目：四川省社会科学院2015年度重点项目"新常态下四川省工业经济转型升级研究"（2015ZD02）。
** 王磊，硕士，四川省社会科学院产业经济研究所副研究员，主要研究方向为产业经济学；达捷，经济学博士，四川省社会科学院产业经济研究所所长，研究员，主要研究方向为产业经济、金融投资和资本市场。

一 2020年以来四川省工业经济运行情况分析

(一)工业逐步恢复平稳增长态势

2020年初,突发的新冠肺炎疫情使四川工业几乎陷入停工状态,2月、3月全省规模以上工业增加值增速分别降为-5.2%和-0.9%。4月后,随着四川省及全国疫情得到有效控制,工业开始复工复产,逐步恢复正增长。但由于疫情在国外的快速蔓延,多国经济陷入停滞,再加上欧美发达国家逆全球化和贸易保护主义加剧,美国顽固奉行单边主义,四处挑起贸易争端,给世界经济和贸易秩序造成严重冲击,增速大幅下滑。联合国《2021年世界经济形势与展望》报告显示,2020年全球经济萎缩4.3%。其中,发达经济体萎缩5.6%,美国下降3.5%,欧盟27国下降6.2%,日本也下降4.8%;发展中国家萎缩2.5%,全球工业及制造业景气指数大幅下降。

我国始终坚持人民生命健康至上,采取严格的防疫措施,在较短时间内有效控制了疫情,并开始推动复工复产,逐步实现经济稳定发展,2020年GDP增长2.3%,其中规模以上工业增加值增长2.8%,成为全球唯一实现正增长的主要经济体。四川也在有效控制疫情的基础上,全面落实国家和省委、省政府有关"六稳""六保"工作任务,出台《关于进一步做好经济工作 努力实现全年经济社会发展目标的意见》《关于推动制造业高质量发展的意见》等政策措施,推动工业经济稳步回升、持续向好。自2020年3月起,全省工业月度增速和月累计增速呈回升趋势,全年规模以上工业增加值同比增长4.5%,较全国平均水平高1.7个百分点(见图1)。全年实现工业增加值1.34万亿元,同比增长3.9%,对GDP增长的贡献为36.3%,有力支撑了全省经济增长。①

---

① 资料来源于四川省统计局。

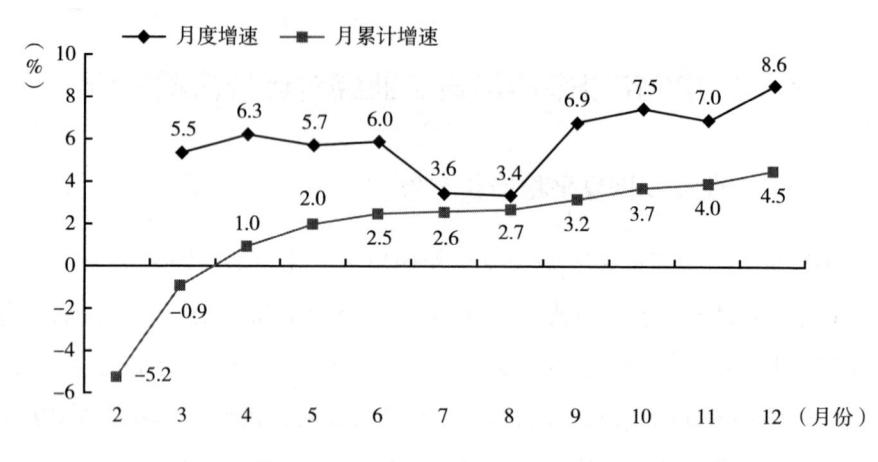

图1　2020年四川省规模以上工业增加值月度增速情况

（二）工业结构调整和转型升级稳步推进

尽管遭受疫情严重影响，四川省仍不断加大工业结构调整力度，加快构建"5+1"现代产业体系，推动工业转型升级和高质量发展。2020年，全省电子信息、食品饮料等五大主导产业实现主营业务收入3.68万亿元，同比增长6.9%，实现利润2614.1亿元，增长17.2%。其中，食品饮料产业实现主营业务收入9067.7亿元、利润1052.3亿元，装备制造业实现主营业务收入7327.8亿元、利润415.3亿元，能源化工产业实现主营业务收入7172.9亿元、利润641.2亿元，先进材料产业实现主营业务收入6317.3亿元、利润313.5亿元，电子信息产业实现主营业务收入6957.5亿元、利润191.9亿元。全省规模以上高技术产业增加值增长11.7%，战略性新兴产业发展较快，带动规模以上工业效益稳步提升[1]。

（三）区域布局持续优化，协同发展趋势加强

全省工业紧紧围绕"一干多支、五区协同"发展战略，进一步明确各

---

[1] 资料来源于四川省统计局。

区域分工协作的重点领域，以园区为平台、以基地为支撑，加快优势产业集聚，打造具有区域竞争力的特色产业集群，推动工业布局持续优化，区域协同发展能力增强。2020年，五大经济区工业均实现了正增长。其中，川西北地区增长最快，达6.3%，甘孜州增长8.2%，位居全省21个市州首位，阿坝州增长5.1%；川南经济区增长5.3%，宜宾、内江、泸州、自贡增速均超过5%；攀西经济区增长4.8%；成都平原经济区的高技术产业和高端制造业发展态势良好，带动工业增长4.6%，成都、绵阳、乐山增幅均超过5%；川东北经济区增长3.6%，巴中、南充、达州增幅分别为1.5%、2.4%、3.7%。整体来看，成都平原经济区工业的主干和引导能力增强，川南经济区工业整体稳定，川东北和攀西经济区工业结构调整压力仍较大①。

（四）工业企业逐步恢复，经济效益稳步提升

截至2020年底，四川有规模以上工业企业14843家，资产总计50336.2亿元，实现主营业务收入45250.1亿元，同比增长5.5%，利润为3197.7亿元，增长13.4%。其中，国有控股企业实现利润1075.4亿元，增长20.7%；股份制企业实现利润2785.0亿元，增长11.8%。大型企业集团发展态势良好，2020年，四川省有15家企业入选中国企业500强。全省制造业100强企业资产达14856.8亿元，实现营业收入11582.4亿元。中小企业发展活力不断增强，截至2020年11月，全省有规模以上中小工业企业1.39万家，实现营业收入2.6万亿元，排名全国第6，实现利润1722亿元，创新发展能力持续增强②。

二 2021年四川工业发展面临的形势及趋势预测

2021年是我国"十四五"规划的开局之年，也是我国建设"双循环"

---

① 资料来源于四川省统计局。
② 资料来源于四川省统计局。

新格局、推动高质量发展重要的一年。尽管国外疫情仍在蔓延，宏观经济形势依然复杂，但四川省在有效控制疫情的基础上，将进一步加大"六保""六稳"工作力度，持续推动工业稳增长、调结构、提质量、增效益，预计全年将实现8%左右的增长，挑起全省经济增长的"大梁"。

（一）国内外经济贸易运行正逐步恢复正常

进入2021年，新冠肺炎疫情仍在多国蔓延，但大规模疫苗接种和各国防控力度的加大，使疫情最终有望得到有效控制，并促使全球经济贸易恢复正常运行。为应对疫情，全球主要经济体都推出了较大规模的经济救助和刺激计划，美国政府近一年来已累计出资近8万亿美元用于抗疫和经济救助。欧盟、日本和英国也分别推出1.85万亿欧元、1万亿美元和4900亿英镑的经济救助措施，并且多国的银行利率均维持在较低水平。大规模的财政救助和宽松的货币政策将在疫情得到有效控制后，刺激经济贸易快速恢复增长。据国际货币基金组织最新预测，2021年和2022年全球GDP将分别增长6%和4.4%，增速之高为历年罕见。世界贸易组织预计，2021年和2022年全球货物贸易量将分别增长8%和4%。制造业加快恢复，2021年3月全球制造业PMI为57.8%，较上月上升2.2个百分点，连续9个月保持在50%以上，显示全球经济复苏态势进一步增强。

我国在有效控制疫情后，经济持续保持恢复性增长，国家也制定了2021年GDP增长6%的目标。一季度，全国规模以上工业增加值增长24.5%，为近年来同期较高水平，多数行业持续恢复，增速加快，工业品出口也保持强劲增势。同时，全国固定资产投资和社会消费品零售总额均实现了25%以上的增长，为工业经济进一步恢复发展提供了良好环境。3月，中国制造业采购经理指数（PMI）为51.9%，较2月增长1.3个百分点，制造业景气回升。

（二）面临的形势依然复杂，不确定性因素仍然较多

决定四川工业经济恢复增长的关键因素依旧是全球疫情的防控。尽管大

规模疫苗接种为疫情防控提供了有效途径，但欧美一些发达国家疫情仍在不断反复，不得不反复采取严格的封控措施，且全球疫苗分配严重不均，低收入国家和不发达国家基本无法得到足够的疫苗供给，且病毒变异可能使现有疫苗无效，给疫情防控和经济复苏带来较大不确定性。多数国家扩张性的财政政策及宽松的货币政策，在助推经济恢复、刺激制造业需求增长的同时，也导致各种工业原材料和大宗商品价格持续攀升。2020年以来，纽约原油期货价格从每桶最低不到20美元涨至目前的60美元左右；沪铜期货从每吨4万元涨至6.6万元左右；普氏62%品位铁矿石从每吨80美元涨至178美元，带动石油、冶金等相关行业产品价格较快上涨，通胀压力明显加大。2021年3月，我国生产资料价格也上涨2.0%，势必会增加四川工业企业的生产成本，影响企业的收益。①

此外，美国新政府并没有放弃对我国的经贸及科技打压，还试图拉拢欧盟、加拿大、澳大利亚、日韩、印度等组成联盟围堵我国，试图重置国际产业链和供应链，推动制造业回归欧美或转移他处。一些新兴经济体也在不断加大对制造业发展的支持力度，吸引制造业企业入驻，使我国工业发展面临的竞争更加复杂严峻。从国内看，不同地区和行业经济恢复进程不均衡，基础仍不牢固，四川工业发展面临的不确定性因素仍然较多，此外还面临区域竞争加剧、节能减排、转型升级压力加大，以及优化区域布局、增强发展动力、提高发展质量等众多挑战。

（三）2021年四川工业经济发展的分析及预测

虽然面临的不确定性因素仍然较多，但随着全球主要经济体居民大规模接种疫苗和经济救助计划的实施，世界经济贸易复苏势头加快。我国和四川省在有效控制疫情的基础上，也开始大规模接种疫苗，加快构建疫情防火墙，同时不断加强政策支持力度，全力做好"六稳""六保"工作，推动经

---

① 刘建中、韩舒淋等：《大宗商品价格猛涨，衣食住行会跟着涨吗？》，https://finance.sina.com.cn/stock/t/2021-03-30/doc-ikkntian1833539.shtml。

济贸易恢复正常运营，工业复苏步伐明显加快。

从支撑四川工业发展的"三驾马车"来看，2020年，全省工业投资同比增长10.7%，2021年一季度增长23.8%，投资对工业恢复增长的促进作用明显。2020年全省社会消费品零售总额达20824.9亿元，2021年一季度社会消费品零售总额同比增长29.9%，PPI持续回升，工业企业产品销售率达98.9%，消费拉动作用增强。尽管中美贸易战和疫情对工业企业出口产生了不利影响，但"一带一路"、蓉欧快铁和南向大通道等建设仍加强了四川与世界的经贸联系。2020年全省工业实现出口交货值5059.2亿元，同比增长17.7%，2021年一季度实现出口交货值1101亿元[①]。预计全年全省工业投资、消费和出口仍将保持较快增长，为工业经济恢复并保持增长提供有力支撑。并且，受疫情影响，2020年四川多项经济指标基数较低，预计2021年全省主要经济指标将实现较快增长，工业也将在上年较低基数基础上实现8%左右的增长。工业结构和区域布局进一步优化，五大主导产业实力和区域协同发展能力将进一步增强，发展质效进一步提高。

三 2021年四川省工业提高发展质效的对策建议

按照全省"工业挑大梁、制造业扛大旗"的战略部署，统筹推进疫情防控和工业经济发展，着力锻长板、补短板、强弱项、提质量、增效益，加快推动传统产业转型升级，壮大优势产业，培育新兴产业，完善现代工业体系，增强综合竞争力，推动制造强省建设。

（一）加快完善工业体系，全面提高发展质效

按照稳中求进和高质量发展的要求，全面深化供给侧结构性改革，推动食品饮料、能源化工、有色冶金、机械建材等传统产业转型升级，用数字化、

---

① 资料来源于《2020年四川省国民经济和社会发展统计公报》，以及四川省统计局网站《2021年一季度四川经济形势新闻发布稿》。

智能化、绿色化技术改造生产技术、装备和工艺，提升智能化、清洁化生产水平；推动电子信息、装备制造、先进材料等主导产业，按照补链延链强链的要求，强化招商引资和投资创业，加快产业集聚，提升产业链、供应链现代化水平，尽快做大做强，增强引导带动能力。加快培育发展新一代信息技术、航空航天、节能环保、新材料、新能源、医药健康等新兴产业，尽快形成增长新动力。加大对工业企业的培育支持力度，重点支持全省百强工业企业通过资产重组、规模扩张等做大做强，提高市场竞争力；按照"育苗壮秆"的要求，健全中小企业梯度培育体系，支持企业创新创业，走"专精特新"发展道路，培育更多"小巨人"企业，鼓励中小企业围绕大型龙头企业提供配套产品和服务，强化分工协作，形成整体竞争优势；推动企业实施品牌建设战略，全面提高产品质量，增强"四川制造"品牌影响力，提高生产经营效益。

（二）加强川渝工业合作，积极融入"双循环"发展新格局

紧抓国家构建"双循环"发展新格局以及支持成渝地区双城经济圈建设的历史机遇，深入开发国内市场，以满足国内不断升级的消费需求为目标，全面深化供给侧结构改革，加快产业结构调整和优化升级，不断加大技术创新和新产品开发力度，持续增加产品品种、提升品质、创建品牌，增加有效供给，提高满足国内市场的能力。同时，全面提升对外开放水平，积极吸引外商投资，并鼓励有实力的企业"走出去"不断开拓国际市场；有效增加对外进出口，融入"双循环"发展大格局。加强与重庆的工业合作，深化两地制造业联动协同发展对接机制，按照优势互补、差异化竞争、互利共赢的要求，重点加强电子信息、装备制造、汽车、能源化工、生物医药、食品饮料等领域的分工协作，在技术创新、产品开发、市场开拓等领域实现联动发展，推动川渝毗邻地区共建产业合作园区，吸引优势产业集聚，共同培育打造具有全国乃至世界影响力的先进制造业集群。

（三）加强关键要素保障，健全发展支撑体系

以稳增长为主要目标，全力做好"六稳""六保"工作，加强人才、资

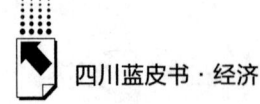

金、技术、能源、原材料等关键要素的供应和保障，帮助企业发挥产能、提升产量、开拓市场、稳定产品产销率，持续巩固工业回升发展态势。持续加大招商力度，鼓励民间和社会资本投资，支持企业增加技术改造投资，完善金融支持体系，确保工业融资和投资稳步增长，发挥投资对增长的支撑作用。严格落实减税降费政策，依据各市州财力，完善政策支持体系，尽可能降低企业的能源、原材料、用工和物流成本，减少因流动性增加和通胀带来的成本上涨压力。全面扩大对外开放，深入参与国际竞争，积极融入国际产业链、价值链和供应链，努力扩大对外进出口。加快发展生产性服务业，完善工业基础设施，支持"5+1"重点特色产业园区建设；按照"亩产论英雄"的原则，完善园区综合评价体系，高标准建设新型工业化产业示范基地。推动五大经济区工业加强分工协作，努力实现协同发展，增强整体竞争优势。

B.14 2020~2021年四川省服务业发展形势分析与预测

陈红霞 何飞*

摘　要： 2020年四川省服务业发展呈现V字形，最终实现服务业总量增加，发展新动能不断增强，产业结构继续优化，主导地位进一步巩固。在新的发展阶段，四川省服务业应贯彻坚持新发展理念，激发市场主体活力，推进现代服务业体系建设，构建良好的服务业发展生态环境，推动四川省服务业高质量发展。

关键词： 四川省　服务业　高质量　服务企业

2020年是极不平凡的一年，受严峻复杂的国际形势以及突如其来的新冠肺炎疫情的巨大冲击，四川省服务业发展面临诸多困难，但也取得了来之不易的成就——服务业实现总量增加、主导地位进一步巩固、发展新动能不断增强、产业结构继续优化、高质量发展稳步推进。

一　2020年四川省服务业发展特点

2020年四川省服务业实现增加值25471.1亿元，占全国服务业增加值

---

* 陈红霞，博士，四川省社会科学院产业经济研究所副研究员，主要研究方向为产业经济、区域经济、制度经济；何飞，硕士，四川省社会科学院产业经济研究所副研究员，主要研究方向为产业经济、区域经济。

的4.6%。2016~2020年，四川服务业增加值年均增长8%，比全国高1.3个百分点，圆满完成"十三五"规划的目标和任务。2020年四川省服务业发展呈现以下特点。

（一）艰难实现总量增加

2020年发生的新冠肺炎疫情对四川服务业的冲击较大，尤其是疫情对交通运输、住宿餐饮、文体娱乐等服务业行业影响较大且难以回补。从全年来看，上半年出现了负增长，其中一季度四川服务业增加值同比下降了2.9%，上半年下降了0.4%。随着疫情得到有效防控、各项政策措施落实落地、服务业企业复工复产，三季度服务业增加值开始由负转正，同比增长2.2%。全年服务业增加值同比增长3.4%，比全国高1.3个百分点，总量保持全国第8位，增速居第11位，在前十名经济大省中排第5位。除住宿和餐饮业外，其余服务业各行业均实现正增长。其中，信息传输、软件和信息技术服务业以及金融业增长较快，增加值分别达到1346.12亿元、3375.75亿元，同比分别增长26.4%、6.4%；房地产业实现增加值3498.75亿元，增长2.6%；租赁和商务服务业实现增加值1404.05亿元，增长1.6%；交通运输、仓储和邮政业实现增加值1472.28亿元，增长0.7%；批发和零售业增加值达4273.5亿元，增长0.2%；住宿和餐饮业出现负增长，增加值仅为1064.08亿元，同比下降了9.7%；其他服务业实现增加值8667.17亿元，增长2.0%（见表1）。

表1 2020年四川服务业各行业增加值及速度

单位：亿元，%

服务业行业	增加值	增速	服务业行业	增加值	增速
批发和零售业	4273.5	0.2	房地产	3498.75	2.6
交通运输、仓储和邮政业	1472.28	0.7	信息传输、软件和信息技术	1346.12	26.4
住宿和餐饮业	1064.08	-9.7	租赁和商务	1404.05	1.6
金融业	3375.75	6.4	其他	8667.17	2.0

（二）各区域协调发展取得新进展

2020年，四川省服务业各区域竞相发展推动全省整体持续壮大。从全省五大经济区看，成都平原经济区服务业增加值同比增长3.7%，增速比前三季度提高1.2个百分点，其中环成都经济圈增长4.1%，增速比前三季度提高1.7个百分点；川南经济区、川东北经济区、攀西经济区、川西北生态示范区服务业增加值分别同比增长3.7%、3.4%、2.9%、1.4%，增速比前三季度分别提高了2个、2个、1.3个、0.2个百分点。从市州看，2020年，有12个市州服务业增加值增速快于全省，其中成都服务业增加值为11643亿元，同比增长3.6%，占全省服务业增加值的45.7%，成都服务业核心城市地位得以巩固，集聚辐射能力更加突出，继续发挥"稳定器"作用。绵阳、德阳、乐山、泸州、南充、宜宾和达州7个市服务业加快发展，服务业增加值总和达7364.96亿元，占全省的28.9%，区域中心城市地位不断提升，服务业发展协调性进一步增强（见表2）。

表2 区域中心城市服务业增加值及增速

单位：亿元，%

城市	增加值	增速	城市	增加值	增速	城市	增加值	增速
绵阳	1467.77	4.5	宜宾	1108.27	3.9	乐山	890.0	3.7
达州	1004.0	2.9	德阳	1002.7	3.7			
泸州	862.7	5.2	南充	1029.52	4.6			

（三）新动能引领作用不断增强

2020年，新冠肺炎疫情虽然来势汹汹，但并没有阻挡住以新业态、新模式等为代表的新经济的发展步伐，以"云端经济"为代表的新经济蓬勃发展，新动能增势强劲，为四川经济高质量发展注入澎湃动力。以新技术为引领的相关服务业营业收入保持快速增长，1~11月，规模以上高技术服务业营业收入增速为10.7%，科技服务业营业收入增速为10.3%，规模以上研究和试验发展营业收入增长51.8%，软件和信息技术服务业增长35.4%，多式联运和运输代理增长24.7%，互联网和相关服务增长19%。传统零售业转型升级提速，线上线下实现融合发展，限额以上网络餐饮收入增长106.3%，比上年高79个百分点[①]。2020年，规模以上服务业营业收入经历了年初下降、逐月好转、由负转正，而后提速发展，1~11月同比增长2.3%，增幅比全国高0.7个百分点。民营服务业对疫情较为敏感但也恢复发展较快，1~11月同比增长5.4%，亏损面由上半年的38.5%下降至28.1%，利润总额同比增长25.6%。上半年20家服务业重点企业营业收入同比下降8.1%，经过连续几个月的恢复，降幅逐步收窄，全年同比下降3.3%。

（四）主导地位进一步巩固

虽然服务业遭受疫情的巨大冲击，但由于金融以及信息传输、软件和信息技术服务业等现代服务业发展较快，分别增长6.4%、26.4%，有力地支撑了全省经济持续恢复发展，同时带动了服务业加快转型升级步伐。2020年，全省服务业增加值占GDP的比重为52.4%，三次产业结构由2019年的10.3∶37.3∶52.4调整为11.4∶36.2∶52.4，三次产业对经济增长的贡献率分别为14.1%、43.4%和42.5%。"十三五"期间，三次产业结构由2016年的12∶42.6∶45.4调整为11.4∶36.2∶52.4，五年间，服务业增加值从高于第二产业2.8个百分点，扩大到2020年的16.2个百分点，形成工业和服务业双轮支撑格局，服务业主导作用更加凸显。

（五）服务业短板依然存在

当前，四川服务业发展水平还不高，2020年四川经济总量在全国排第6位，服务业增加值总量排全国第8位，低于经济总量排名2个位次。服务业增加值占GDP比重也比全国平均水平低2.1个百分点，人均服务业增加值仅

---

① 资料来源于四川省统计局。

相当于全国的76.9%。四川服务业平均规模较小，在与发达地区服务业企业竞争中处于劣势，2020年规模以上服务业企业户均收入不足1亿元，仅相当于全国平均水平的75%。各区域发展不平衡，成都平原经济区服务业增加值超过全省的2/3，同比增长3.7%，增速高于全省0.3个百分点，川南经济区、川东北经济区服务业增加值分别增长3.7%、3.4%，而攀西经济区、川西北生态示范区服务业增加值分别增长2.9%和1.4%，增幅分别低于全省0.5个和2个百分点。与此同时，四川省服务业发展还不充分，行业发展还不够均衡，生产性服务业以及现代服务业发展较为缓慢，重点服务业产业支撑作用较弱，轨道交通等现代交通物流基础设施还不完善，有待进一步加强。

二 2021年服务业发展面临形势

当前，四川省全面推动高质量发展。要正确认识服务业发展国内外环境和发展条件的深刻变化，准确把握立足新发展阶段、贯彻新发展理念、融入新发展格局的实践要求，主动抢抓"大战略"蕴含的"大机遇"。

（一）新阶段迎来新机遇

2021年，我国经济活动基本恢复常态，但在新冠肺炎疫情冲击下，经济下行压力依然很大，居民消费仍受制约。尤其是全球疫情还在持续，全球经济恢复和政策转向节奏仍不明朗，全球疫情发展的不同趋势对我国经济发展的影响存在较大不确定性。但我国仍然处于重要的战略机遇期，经济稳中向好、长期向好的基本面没有改变。国家"一带一路"建设、长江经济带发展、新时代西部大开发、黄河流域生态保护和高质量发展、成渝地区双城经济圈建设等一系列重大战略在四川省交汇叠加，各地对服务业重视程度不断提升，为四川省服务业高质量发展提供了有力保障。

（二）新理念带来新使命

习近平总书记强调，要把新发展理念贯穿"十四五"时期和今后更长时期发展的全过程和各领域。四川服务业经过多年发展，"十三五"时期创造的服务业增加值相当于1978年改革开放到"十二五"时期末这些年的总和。但是发展水平不高、竞争力不强、大企业带动明显不足，依然存在服务业发展规模与四川经济大省地位不相适应、产业结构与高质量发展要求不相适应、质量效率与社会需求不相适应等问题。尤其是对标全省"十四五"发展目标和2035年远景目标，四川提出要推动支柱型服务业转型升级、成长型服务业做大做强，提升服务业供给质量。

（三）新格局催生新任务

当今世界正处于"百年未有之大变局"，外部不确定性日益增强，随着我国进入新发展阶段，外需和内需市场相对关系发生变化，我国提出建设以国内大循环为主体、国内国际双循环相互促进的新发展格局，这为内陆人口较多、市场规模较大省份的服务业加快发展创造了条件。四川有广阔的内需市场腹地，成渝地区双城经济圈在全国战略版图的地位日益提升，国家战略腹地和内陆开放门户的优势更加凸显，为四川加快优化现代产业体系、推动服务业高质量发展提供了千载难逢的契机。应顺应潮流、乘势而上，深度融入国内国际产业分工体系，持续提升现代服务业发展水平和竞争实力。

三 促进四川服务业高质量发展的对策建议

2021年是实施"十四五"规划的开局之年，是落实新发展理念、促进高质量发展的起步之年，也是到2022年四川初步建成现代服务业强省的关键之年，服务业预期目标的实现对于实现全年国民经济主要目标尤为重要。

（一）构建良好的服务业发展生态环境

下大力气营造宽松的政策体制环境、便民高效的政务服务环境，为服务业高质量发展培育肥沃土壤。继续深化重点领域改革，逐步分类放宽服务业准入限制，在重要服务行业和关键服务领域，为国有资本进入创造条件，推动社会资本进入一般竞争性行业和领域。继续推动国家级和省级服务业综合改革试点进一步深化。以建设内陆开放战略高地为契机，推进服务业开放发展。发展专业化服务业，在西部陆海新通道中合理布局物流枢纽和节点，在川北、川东北、川南地区形成与成渝对接的物流中心。发展市场多式联运经营主体，支持多式联运经营人一体化运作、网络化经营和高效化服务。完善支持服务业发展的政策体系，继续加大要素保障力度，创新适应现代服务业发展需要的土地、财税、金融等政策。保障服务业项目用地，以项目落地作为配置用地计划指标的依据；鼓励企业直接融资，用好多层次资本市场；鼓励金融机构推进联保联贷。在强化人才智力支撑方面实现新突破，大力引进高端服务业人才，努力培育行业大师和"天府工匠"。

（二）推进现代服务业体系建设

抢抓成渝地区双城经济圈建设等重大战略机遇，推动生产性服务业融合化发展，促进生产性服务业向专业化和价值链高端延伸，推进供应链金融、信息数据、人力资源等服务创新发展。推动生活性服务业品质化发展，借助构建"4+6"现代服务业体系政策红利，发挥四川省电子商务、商贸会展等服务业产业领域比较优势，推动健康、养老、旅游、体育、物业等服务业做大做强，鼓励传统商贸流通业态与模式创新，推进数字化智能化改造和跨界融合，尽力满足消费新需求，促进优质供给与需求良性循环。积极培育新业态、新模式、新载体，引导平台经济、共享经济健康发展，适时出台促进服务业消费升级和加快服务创新的政策措施，促进网络诊疗等新业态、新模式、新场景的普及应用。加强行业统计和新型产业统计，推动建好服务业现代产业体系和统计监测体系，推进服务业标准化、品牌化建设，提升"四川服务"的整体美誉度，建设现代服务业强省。

（三）促进各区域协调发展

推动成渝地区双城经济圈服务业一体化发展，聚焦"4+6"重点产业，利用成德眉资同城化契机，带动川南、川东北经济区与重庆相向发展，努力打造川渝毗邻地区现代服务业集聚发展示范区。统筹推进干支协同发展，努力形成五大经济区服务业多点开花的发展态势。支持成都建设国家服务业核心城市，发展总部经济、新经济，培育会展、金融、物流等千亿级产业；壮大川南生产性服务业创新示范区、川东北复合型服务功能扩展区规模；加快攀西运动康养服务特色区、川西北生态文化旅游服务业集聚区康养、旅游等绿色发展。与此同时，鼓励绵阳、宜宾、达州等创建区域性服务业中心城市，支持绵阳、德阳、乐山、宜宾、泸州、南充、达州7个区域中心城市争创四川省经济副中心，带动区域服务业水平提升。做大做强县域服务经济板块，推进服务业强县和农村服务业特色小镇建设。

（四）激发市场主体活力

精准对接国际国内市场需要，积极适应消费升级需求，采取针对性措施尽快让市场主体活起来。围绕"4+6"重点产业，坚持"抓大扶小"，积极培育龙头企业，培育具有国际竞争力的服务企业，提升中小企业专业化水平，推动大中小微企业融通发展，形成大中小企业竞相发展的生动局面。实施服务业重点企业培育计划，推动服务业"三百工程"建设，进一步培育壮大市场主体队伍。顺应疫情后消费理念、生产生活方式转变，大力培育发展服务业新产业新业态。当前，小微服务业生产经营困难，用工成本、原材料成本上升快及市场需求不足的企业比例较高，应完善支持中小微企业和个体工商户发展的政策，落实减税降费政策，为小微企业纾困解难。依法平等保护各种所有制企业产权和自主经营权，支持引导中小微经济健康发展。

B.15 2020~2021年四川省房地产市场发展形势分析与预测*

刘成高 徐维德**

摘　要： 随着国家经济结构的调整和产业调控政策的转换，如何促进房地产业的健康、持续和稳定发展成了全社会十分关注的重大课题。作为西部人口大省和经济大省，四川省房地产市场及投资在经历了新冠肺炎疫情的冲击和国际国内严峻形势的考验后要实现健康发展，需要我们在贯彻落实"房住不炒"的发展理念之下，采取因城施策、分类供给的措施并综合运用财政、金融等各种手段加强对市场运行的调控和监管。

关键词： 房地产　区域发展　房价

随着我国房地产业的不断发展和房地产业体量的日益增大，房地产市场的平稳健康发展日益影响着国民经济的运行和人们的生产生活。2020年是我国构建城镇化统计指标体系的重要节点。随着城镇化发展的加速和深化，还会有越来越多的人从农村人口转变成城镇人口，保持房地产业持续、稳定和健康发展越来越重要。

---

* 本文基金项目：中央高校基本科研项目（项目编号：2020SYB42）。
** 刘成高，经济学博士，西南民族大学商学院教授，执业律师，主要研究方向为经济法、房地产业；徐维德，工商管理硕士，西南民族大学商学院副教授，主要研究方向为企业战略管理、电子商务。

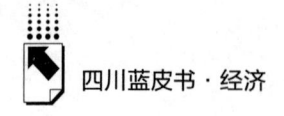

一 四川省房地产投资与销售概况

受总体经济形势低迷的影响，2020年四川省房地产发展较以往有所放缓，但相对于全国其他省区市，市场总体运行态势比较平稳。据四川省统计局发布的相关信息，2020年全年四川房地产开发投资7315.3亿元，同比增长11.3%；商品房施工面积50755.5万平方米，同比增长3.3%；商品房竣工面积4545.9万平方米，同比略降0.7%；商品房销售面积13257.8万平方米，同比增长2.2%[①]。

基于目前四川省经济复苏态势和建设成渝地区双城经济圈将产生的集聚和辐射效应，特别是随着城镇居民人均可支配收入的增长，2021年全省房地产市场的稳定复苏和健康发展仍具备坚实支撑和基础条件。

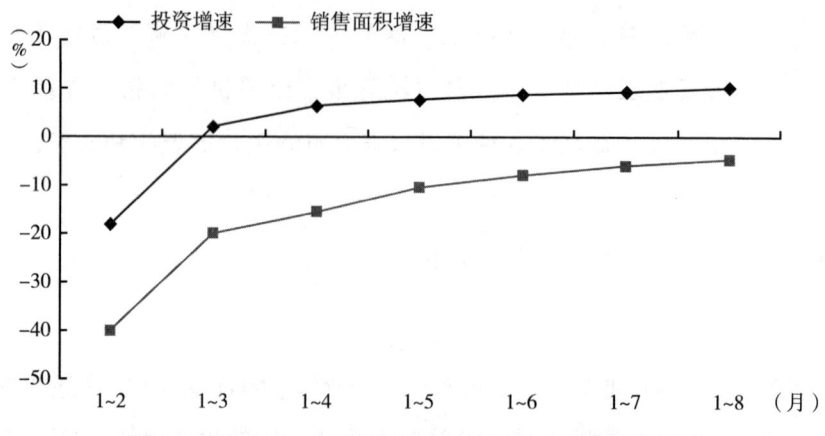

图1 2020年1~8月四川省房地产投资和销售面积增速

二 2020年四川省五大经济区的房地产市场比较分析

从整体内外经济形势来看，2020年全省房地产行业呈现先抑后扬的走

---

① 资料来源于四川省统计局。

势,且区域复苏和发展的程度有所不同。年初,受疫情影响,四川各主要城市房地产市场均出现下滑,其中,雅安、乐山、巴中等地下滑严重,乐山一季度房地产投资下滑幅度达11.1%。

进入二季度后,由于疫情得到有效控制,四川省各地房地产市场开始稳步复苏,各区位优势明显的中心城市房地产投资率先反弹,大多数地区虽然增速有所放缓,但同比增长势头依旧不改。

其中,2020年前三季度成都市房地产开发投资增长12.6%,德阳市房地产开发投资增长10.1%,眉山市房地产开发投资增长14.4%,宜宾市房地产开发投资增长4.3%,攀西经济区和川西北生态示范区增长迅速,特别是2019年统计基数较低的阿坝州和甘孜州增长速度分别达200%和53.8%(见表1)。

表1 四川省各市州房地产开发投资增速

单位:%

区域		2019年	2020年一季度	2020年前三季度
四川省		15.4	1.8	9.9
成都平原经济区	成都	14.9	6.3	12.6
	德阳	12.2	26.1	10.1
	眉山	55.1	8.8	14.4
	资阳	9.1	—	0.4
	绵阳	29.1	8.3	5.1
	雅安	3.4	19.4	-4.9
	遂宁	2.2	4	24.0
	乐山	14	-11.1	-0.3
川南经济区	宜宾	14.5	5.1	4.3
	泸州	25.3	11	-3.7
	内江	2.7	-8.5	24.2
	自贡	1.8	—	10.0
川东北经济区	南充	23.6	—	10.8
	广元	3.7	9.5	9.7
	广安	22.3	0.6	-7.5
	达州	29.1	—	9.3
	巴中	-14.9	-4.2	-6.0

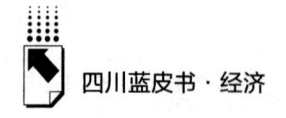

续表

区域		2019年	2020年一季度	2020年前三季度
川西北生态示范区	阿坝	-31.6	—	200.0
	甘孜	324.8	—	53.8
攀西经济区	攀枝花	2.4	-11.3	10.1
	凉山	-8.2	-7.9	27.8

资料来源：根据四川省及各市州统计局网站数据整理而成。

由此看出，2020年四川省房地产市场在复苏的过程中存在一定的差异。川西北生态示范区和攀西经济区复苏步伐较快，这可能与人们看好旅游地产和休闲地产有关；成都平原经济区8个城市中有6个城市实现正增长，复苏态势稳健，将以其大体量成为四川省房地产市场复苏的稳定器；川东北经济区复苏步伐较慢，弱于川南经济区，5个城市中仅有3个实现正增长。

可以预见，2021年，随着扶贫攻坚和乡村振兴各项战略的实施，四川房地产在城镇化发展进入相对稳定的成熟阶段后，大多数地区房地产将继续保持相对稳健的运行态势，而之前房地产发展基数较小、特色产业带动较强的川西北生态示范区和攀西经济区则将会随着交通运输条件的持续改善获得更多后发优势和机遇，发展速度也会更快。

三 成都市房地产带动与示范效应

2020年上半年，四川省会城市成都的GDP在全省各市州中遥遥领先，达到8298.63亿元，占全省GDP的40%，其房地产市场的总体规模和市场活跃度不仅远超省内其他城市，而且在全国范围内也位居前列，所以成都房地产市场的发展态势对于四川全省都有着极强的示范和带动效应，而且从"城市的宜居程度"和"行业的发展程度"两大维度来看，成都在全国中心城市中的优势也十分明显[1]。成都房地产价格从细分区域来看，截至2020

---

[1] 中新经纬客户端：《全国50城安居吸引力排名：成都居首，沪深进前五》，2020年10月15日。

年9月，主城区新房价格大致维持在20000元/米^{2}以上，其中锦江区因为东部新区和成都向东向南发展战略的深入推进，其房价涨幅较大，新房均价为28275元/米^2。相对而言，位于城北地带的成华区房价大致不变，局部地区甚至略有下跌，目前新房均价为18742元/米^2。二手房市场方面分化比较严重，房屋比较新的高新区为21052元/米^2，房屋比较旧的金牛区均价为14748元/米^2。近郊区域新房价格最高的是双流区达到19139元/米^2，最低的青白江区新房价格在8243元/米^2。由此可以看出，2021年四川全省房地产市场健康和稳定发展的风向标是各中心城市，重中之重依旧为省会城市成都。

紧随成都的区位优势明显的交通枢纽城市有绵阳、宜宾、德阳、南充等地，凉山州因为雅西高速的全线贯通交通条件持续改善，加上国家深度扶贫攻坚战略的推进，其经济和社会发展速度较快，特别是州府所在地西昌市，近些年作为全省的旅游、避暑、康养目的地而迅速崛起，其房地产市场价格也处于全省较高位置，仅次于成都和绵阳。而甘孜、阿坝两个少数民族自治州的经济总量和人均水平都处于垫底位置，相应的房地产发展也较为滞后，但近年来的发展速度相对较快。

2021年，四川省房地产发展与调控仍需关注的是各区域发展的不平衡，各市州政府所在中心城市集合了大量的资源，发展势头较好，而区位优势较差的其他区县，如果没有特色产业带动，其经济总量和人均收入相对比较低，如何统筹推进常态化疫情防控和经济社会发展，以提高居民收入水平为核心，打赢脱贫攻坚战，从而完成全面建成小康社会各项目标任务，就需要关注和引导房地产在全省新城镇化背景下的均衡发展。

四 促进四川省房地产市场稳定健康发展的对策和建议

（一）因势利导加强房地产产品的分类供给

四川是一个多民族聚居的人口大省，辖区面积广大，各地区经济总量、产业结构、人口密度等因素存在较大差异。因此，各地在贯彻落实中央"房住不炒"等一系列调控措施时须充分兼顾各地的不同情况，把握不同层级的住房规划重点。对于目前商品住房价格较高、刚性需求较大的省会城市成都，应当增加对城市新增人口特别是大学毕业生和城市外来务工人员的住房支持保障力度，大力推行廉租房、公租房、租售房等多种产权模式下的住房供给，严控大面积特别是别墅用地供给，防止对城市经济和社会发展的负面影响。

对像绵阳、西昌、南充、达州、宜宾等城市人口基数较大、住房需求相对稳定的城市，在做好新增土地和商品房供应的前提下，要加大老旧小区的改造力度，避免房企拿地成本过高从而推高房价的现象。对于其他人口和经济规模较小的城市，如巴中、广元、雅安，应着力结合当地特色打造旅游度假型小城镇，推动旅游休闲度假地产项目，促进房地产与旅游产业的协同融合发展。

同时，全省还应该在乡村振兴的大时代背景下，从供给侧的角度出发，增强住房保障制度的公平性和透明度，重点在条件成熟的区县大胆探索和创新集体土地入市交易和城乡居民共有住房产权模式，探索城乡协同发展、相互驱动发展的新路径。

（二）以政策规制引导房地产健康平稳发展

房地产市场的大幅波动往往与"囤地""囤房""炒房"等人为因素密切相关。之前，由于房地产价格的一路走高和各类调控措施不能完全有效实施，房地产市场吸引了大量资金和炒家，这些资金和炒家在房地产开发商和房屋中介各种营销套路的作用下推波助澜，恶意推高房价，加重购房者负担，影响了房地产市场的平稳运行。

为此，应当建立完善房地产市场运行预警机制，特别是对商品房空置房率、租售价格比、家庭套户比等重要指标进行数据监控。加大对各类市场违规行为的惩治力度，特别是在四川省推出新开楼盘限价房、精装房调控措施之后，政府相关部门应高度重视各种排队摇号环节的弄虚作假现象；采取措施杜绝房屋装修环节的偷工减料、货不对板情况，加强行业管理和市场规制，加强各级政府部门及横向各部门间的联动协调配合。加大对开发商、房屋中介和个人"囤地""囤房""炒房"的监管力度，将散布虚假信息、雇人排队摇号、以会员费或喝茶费等方式规避限购、参与炒作投机的单位和个人记入不良征信管理系统，确保上下政府和部门间令行禁止的运行机制。

（三）综合运用金融、财税等手段，建立房地产市场信息共享机制

为遏制投机性"囤地""囤房""炒房"现象，对于拥有多套房的购房者，应当通过继续完善房屋销售备案制、限制其在一定时间内交易、增加其交易税负等方式，使住房市场回归到居住的本质功能。提高按揭购房的二套房甚至三套房的房贷款首付比例和贷款利率，实行阶梯累进式利率和税收标准。强化房地产金融风险管控，强化对借款人还款能力的审查，加强房地产企业住宅用地购地资金来源审查，严控杠杆资金进入房地产，降低系统性金融风险。

另外，还应加快落地不同面积、不同价格的房源计税依据和征税标准，可以在房价上涨较快的成都市南部和东部区域，从新房开始着手开展房产税征收的筹划工作，进而推进到全省各市州主城区存量房征收，以此改进地方政府对土地批租收入的过分依赖。加大对人口较少的二、三线城市新增人才的租购住房财政补贴力度，为城市的发展提供人力资源保障。在成渝地区双城经济圈大环境下建立省内各市州间的公共资源和服务均等化协调机制，建立房地产市场信息资源共享和联动机制。

B.16
2020~2021年四川省电子信息产业发展形势分析与预测

杨成万*

摘　要： 电子信息产业是四川省委、省政府确定的"5+1"产业之一，也是四川省首个年产值突破万亿级的支柱产业，目前呈现出产业优势得天独厚、产业链条趋于完善、创新驱动成分上升和资本市场作用初现的良好局面。2020年以来，四川省电子信息产业企业在做好疫情防控的同时，积极复工复产、稳产满产，努力降低疫情带来的影响，但同时也存在"一家独大"、"大而不强"、抗压力弱、持续性差、负债率高、收益率低和研发不足等问题。预计2021年四川省电子信息产业规模将达到1.5万亿元，与2020年比较，在不同的时段将呈现出"先升后稳"的运行轨迹。

关键词： 四川省　电子信息产业　创新驱动

一　四川省电子信息产业基本情况

（一）营业收入规模持续增长

2019年，四川省电子信息产业主营业务收入10259.9亿元，与上年同

---

* 杨成万，《金融投资报》首席记者。

期的9015.7亿元相比较，增长1244.2亿元，增长幅度为13.8%①。这是四川省电子信息产业主营业务收入首次突破万亿元大关，也是四川省诞生的首个万亿级产业。

电子信息产业包括的行业较多，从大的方面划分，可以分为计算机、通信和其他电子设备制造业（以下简称电子信息产品制造业）以及软件与信息服务业两大类。

2019年，四川省电子信息产品制造业实现营业收入5342.2亿元，与上年同期的4719.3亿元相比，增长622.9亿元，同比增长13.2%，增速在全国十大电子制造业大省中排名第2；增加值同比增长12.1%，高于全部规模以上工业企业（年主营业务收入2000万元及以上的法人工业企业，以下简称规上工业企业）增速4.1个百分点。

2020年上半年，四川省电子信息产品制造业实现增加值同比增长13.9%，增速比规上工业企业平均水平高11.4个百分点，贡献率为41.2%，拉动规上工业企业增长1个百分点。

（二）增速高于GDP和工业增速

通过对2013~2019年四川省电子信息产业增加值增长速度（以下简称电子信息产业增速）、地区生产总值增长速度（以下简称"GDP增速"）、规上工业企业增加值增长速度（以下简称规上工业企业增速）的比较发现，在绝大多数年份，电子信息产业增速均高于同期的GDP增速和规上工业企业增速。

在2013~2019年的7年时间里，除了2015年电子信息产业增速为2.5%，分别比同期7.9%的GDP增速、7.6%的规上工业企业增速低5.4个和5.1个百分点外，其余年份电子信息产业的增长速度均快于GDP增速和规上工业企业增速。② 特别是2017年，电子信息产业增速高

---

① 相关数据来自《2019年四川省统计公报》。
② 相关数据来自四川省统计局《2020年上半年四川省经济形势分析报告》。

达19.2%，同期GDP增速为8.1%、规上工业企业增速为8.3%，电子信息产业增速分别高于同期GDP增速11.1个百分点，高于同期规上工业企业增速10.9个百分点。

值得注意的是，上述增速是同比（即当年的发生数与上年同期之比），经笔者计算2013～2019年GDP、规上工业企业和电子信息产业的累计增速、年均增速结果分别为：GDP累计增速为74.1%，年均增速为10.6%；规上工业企业累计增速为77.6%，年均增速为11.1%；电子信息产业累计增速为132.2%，年均增速为18.9%。电子信息产业累计增速分别高于GDP增速、规上工业企业增速58.1个和54.6个百分点。电子信息产业年均增速分别高于GDP年均增速、规上工业年均增速8.3个和7.8个百分点。

（三）出口保持较快增长

2019年，四川省电子信息制造业主要产品实现出口2596.6亿元，同比增长21.2%。其中，自动数据处理设备及其部件产品出口1497.4亿元，同比增长16.4%；集成电路出口823.6亿元，同比增长32.5%；电话机出口53.6亿元，同比增长103.1%。从出口额占比看，电子信息制造业主要产品出口额占全省出口总额的66.7%。其中自动数据处理设备及其部件产品出口额为1497.4亿元，在电子信息制造业主要产品出口额中的占比最大。特别是自"蓉欧班列"开通以来，已将"四川造"电子信息产品源源不断地销往欧洲市场，给"一带一路"建设赋予了更多实实在在的内容。

（四）具备得天独厚的产业优势

电子信息产业作为四川省的首个万亿级产业，经过多年的发展，目前已经具备了得天独厚的产业优势。一是先天优势。四川省曾经是我国"三线"建设的重要基地，以绵阳市为代表的电子信息产业基地不仅在四川省而且在全国都占有较高的地位。二是人才优势。每年都有一大批电子信息专业人才从电子科技大学、成都信息工程大学、西南科技大学毕业。三是技术优势。四川省内大量的电子信息研究机构以及电子信息企业掌握了领先的电子信息技术。四是市场优势。四川是一个人口大省，电子信息消费潜力巨大。

（五）产业链条逐渐趋于完善

目前，四川省电子信息产业基本形成了从集成电路、新型显示、整机制造到软件服务的全产业链条，如出光兴产中国首个生产基地，德州仪器在全球唯一集晶圆制造、封装测试和凸点加工于一体的生产基地在成都高新区投入运行，国内首条、全球第二条第六代AMOLED全柔性生产线开始量产，成都出口的iPad平板电脑数量占到了全球50%的比例。

（六）创新驱动取得良好效果

随着大众创业万众创新和创新驱动发展战略的纵深推进，以及政策环境的不断优化，一系列鼓励全社会研发投入的政策取得良好效果。2019年，四川省电子信息产品制造业R&D经费为74.2亿元，占全省经费871亿元的8.52%。分地区看，R&D经费投入靠前的3个地区分别为成都、绵阳、德阳。R&D经费投入强度超过全省平均水平的3个地区分别是绵阳、德阳和成都[①]。

（七）资本市场推动作用初现

按照国家统计局行业划分标准，目前在A股市场的四川上市公司中，有19家上市公司属于电子信息类公司（以下简称19家上市公司），通过借力资本市场，融得了发展资金，为做大做强主营业务、实现企业可持续高质量发展奠定了基础。仅2017年以来，就有7家公司在A股实现首次发行股票并公开上市，首次募集资金净额36.93亿元（见表1）。同时，彩虹电器、

---

① 相关数据来自四川省统计局、四川省科技厅《2019年四川省科技经费投入统计公报》。

极米科技将分别在中小板、科创板首发上市。值得一提的是,随着科创板的设立,成都先导制药股份有限公司(简称成都先导公司,上市公司均以简称出现,以下均同)、秦川物联公司、盟升电子公司、苑东生物公司和极米科技等5家科技创新型企业登陆资本市场,有望持续激发科技创新活力,成为推动经济社会发展的生力军。

表1 2017年1月31日至2020年7月31日首发上市川企首募情况

证券代码	公司简称	上市时间	首募净额(亿元)
300678	中科信息	2017年7月28日	1.58
300504	天邑股份	2018年3月30日	7.96
002935	天奥电子	2018年9月3日	4.79
603327	福蓉科技	2019年5月23日	3.80
300789	唐源电气	2019年8月28日	3.50
002977	天箭科技	2020年3月17日	4.80
688311	盟升电子	2020年7月31日	10.50
合计			36.93

二 疫情对四川省电子信息产业的影响

突如其来的新冠肺炎疫情虽然给四川省电子信息产业的生产经营活动带来了影响,但在四川省委、省政府的坚强领导下,电子信息产业企业在做好疫情防控的同时,积极复工复产、稳产满产,努力降低疫情带来的影响。从宏观层面看,2020年上半年四川省规模以上电子信息产品制造业实现增加值同比增长13.9%。

企业是一个产业或者行业的细胞,任何一个产业或者行业都是由成千上万家企业构成的。笔者基于在产业中的代表性、信息的公开性以及财务数据的真实性等因素,对四川省在A股市场的19家电子信息类上市公司从微观层面进行了如下量化分析。

2020年上半年，19家上市公司共计实现营业收入509.22亿元，同比减少24.27亿元，减少幅度为4.55%。19家上市公司实现净利润（扣除非经常性损益前，以下均同）为4.94亿元，同比减少4.23亿元，减少幅度为46.74%。

2020年上半年19家上市公司实现营业收入和净利润双双同比下降的主要原因是，受疫情的影响，全国物流业处于半瘫痪状态，原材料进不来、产成品运不出去，使电子信息产业中的部分企业，特别是电子信息产品制造业的生产无法正常进行。2月复工复产的电子信息产品制造业企业占比极低，3月虽然有所回升，但仍然较低，进入4月后才开始回归正常。

截至2020年6月30日，19家上市公司总资产为1317.67亿元，与上年末的1336亿元比较，减少18.33亿元，减少幅度为1.37%。19家上市公司净资产为393.13亿元，与上年末的389.23亿元比较，增加3.90亿元，增长幅度为1%。总资产相比上年末下降的主要原因有两个方面：一方面，受疫情的影响，净利润大幅下降，截至2020年6月30日的总资产相应下降；另一方面，2020年上半年扣除非经常性损益后的净利润同比增加，导致同一时点的净资产比上年同期有所增加。

笔者将19家上市公司在2020年上半年的营业收入、净利润、总资产和净资产等经营指标按从高到低的顺序分别排列出了前5家上市公司，并将其经营情况与19家上市公司进行了比较，其结果如下。

在营业收入方面，前5家上市公司实现营业收入471.26亿元（见表2），与上年同期的494.55亿元比较，减少23.29亿元，减少幅度为4.71%，占比（即前5家上市公司数据在19家上市公司数据中所占的比重，以下均同）92.55%。其中四川长虹公司实现营业收入380.27亿元，占比为74.68%，在前5家上市公司实现的营业收入中的占比更是高达80.69%。营业收入增幅前5家上市公司平均增长幅度为31.18%，其中增幅最大的新易盛公司增长幅度为74.16%（见表3）。

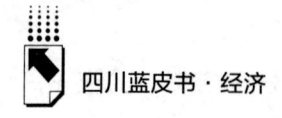

表 2 营业收入前 5 家上市公司

单位：亿元

证券代码	公司简称	营业收入
600839	四川长虹	380.27
000810	创维数字	37.05
600804	鹏博士	28.51
000801	四川九洲	16.34
300504	天邑股份	9.09
合计		471.26

表 3 营业收入增幅前 5 家上市公司

单位：%

证券代码	公司简称	增长幅度
300502	新易盛	74.16
000801	四川九洲	24.93
300678	中科信息	10.91
002253	川大智胜	6.97
300559	佳发教育	4.40
加权平均		31.18

在净利润方面，前 5 家上市公司实现净利润 8.80 亿元（见表 4），与上年同期的 5.74 亿元比较，增加 3.06 亿元，增加幅度为 53.31%，占比为 178.14%（因为在 19 家上市公司中，有 3 家公司亏损了 4.34 亿元）。其中实现净利润最多的鹏博士公司实现净利润 3.25 亿元，占比为 65.79%，在前 5 家上市公司实现的净利润中的占比也高达 36.93%。净利润增幅前 5 家上市公司加权平均增加幅度为 257.33%（见表 5）。

表 4 净利润前 5 家上市公司

单位：亿元

证券代码	公司简称	净利润
600804	鹏博士	3.25
300502	新易盛	1.91
000810	创维数字	1.82

续表

证券代码	公司简称	净利润
300559	佳发教育	1.18
300504	天邑股份	0.64
	合计	8.80

表5 净利润增幅前5家上市公司

单位：%

证券代码	公司简称	增长幅度
600804	鹏博士	517.06
000801	四川九洲	225.33
300502	新易盛	137.07
300101	振芯科技	1.18
002253	川大智胜	0.64
	加权平均	257.33

在总资产方面，截至2020年6月30日，前5家上市公司总资产1096.44亿元，与上年末的1022.80亿元比较，增加73.64亿元，增长幅度为7.20%，占比为83.21%。其中四川长虹公司以742.56亿元居首（见表6）。总资产增幅前5位上市公司加权平均增幅为7.59%，其中增长幅度最大的新易盛公司增长21.98%（见表7）。

表6 总资产前5家上市公司

单位：亿元

证券代码	公司简称	总资产
600839	四川长虹	742.56
600804	鹏博士	159.65
000810	创维数字	95.11
002268	卫士通	55.34
000801	四川九洲	43.78
	合计	1096.44

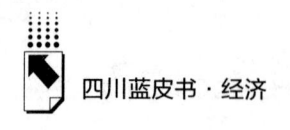

表7 总资产增幅前5家上市公司

单位：%

证券代码	公司简称	增长幅度
300502	新易盛	21.98
300414	中光防雷	5.61
300366	创意信息	4.98
300559	佳发教育	3.66
300101	振芯科技	3.35
	加权平均	7.59

在净资产方面，截至2020年6月30日，前5家上市公司净资产为260.71亿元（见表8），与上年末的262.07亿元比较，减少1.36亿元，减少幅度为0.52%，占比66.32%，其中四川长虹公司以127.13亿元居首。净资产增幅前5位上市公司加权平均增幅为11.61%，其中鹏博士公司以42.62%的增长幅度位居榜首（见表9）。

表8 净资产前5位上市公司

单位：亿元

证券代码	公司简称	净资产
600839	四川长虹	127.13
002268	卫士通	44.03
000810	创维数字	38.93
000801	四川九洲	26.00
300366	创意信息	24.62
	合计	260.71

表9 净资产增幅前5家上市公司

单位：%

证券代码	公司简称	增长幅度
600804	鹏博士	42.62
300502	新易盛	12.27
300414	中光防雷	10.11
000801	四川九洲	7.70
300559	佳发教育	5.46
	加权平均	11.61

三 四川省电子信息产业发展存在的问题

（一）一家独大

以四川长虹公司为例，2020年上半年实现营业收入380.27亿元，占比高达74.68%，而其余的18家上市公司共计实现的营业收入仅为128.95亿元，占比仅为25.32%，也就是说，后者总和仅相当于前者的33.91%。截至2020年6月30日，四川长虹公司总资产达742.56亿元，占比为56.35%；其余的18家上市公司的总资产占比仅为43.65%。这表明"一家独大"现象十分明显，产业链上企业的投资收益不平衡、不充分，还没有形成整体效应和规模效应。在这样的情况下，一旦龙头企业遭遇"风吹草动"，将使全行业出现大的震荡，无法实现可持续、高质量发展。

究其原因，四川省绝大多数的电子信息类上市公司存续时间不长；对电子信息产业投入不多，特别是民营公司；涉及的经营范围比较单一。

（二）大而不强

仍以四川长虹公司为例，一方面，作为四川省电子信息龙头企业，其实现的营业收入、总资产和净资产在稳定产业基本盘方面起到了重要作用；另一方面，其存在"大而不强"的尴尬现象。2020年上半年，在19家上市公司中，有3家公司亏损了4.34亿元，其中就包括了四川长虹公司，其亏损2.6亿元。又如，2020年上半年，四川九洲公司实现营业收入16.34亿元，但同期实现的净利润仅区区1233万元，其销售利润率仅为0.75%，也就是说，销售100元钱的商品赚0.75元。同时，有的企业占用了大量的资产，但产出的效益微乎其微，甚至为负。比如，2020年上半年，卫士通公司总资产为55.34亿元，净资产为44.03亿元，但2020年上半年亏损1.32亿元，同比增亏60%以上。又比如，2020年上半年，创意信息公司净资产为24.62亿元，但2020年上半年实现的净利润仅为196万

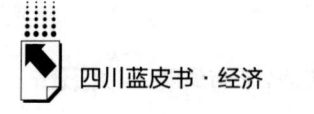

元,几乎可以忽略不计。

究其原因,从客观方面看,市场竞争日趋激烈,降价促销成为"常规武器";从主观方面看,"冰冻三尺非一日之寒",长期以来存在的管理粗放、内控不严导致广种薄收、"大而不强"。

(三)抗压力弱

从2020年疫情发生以来,19家上市公司的经营指标就可以"管中窥豹"。2020年上半年,营业收入同比下降的有13家公司,其中下降幅度最大的长城动漫公司,同比下降78.38%。净利润同比下降的有11家公司,其中下降幅度最大的创意信息公司,同比下降96.11%,更有四川长虹公司、长城动漫公司由盈转亏,卫士通公司亏损额增加60%。2020年上半年,总资产比上年末下降的有11家公司,其中下降幅度最大的四川九洲公司,比上年末下降19.88%;净资产比上年末下降的有6家公司,其中下降幅度最大的长城动漫公司,比上年末下降11.47%。

这是因为,一方面,疫情持续时间较长,从1月下旬到3月中旬的40天时间里,19家上市公司中的大多数公司处于半停工甚至停工状态;另一方面,作为电子信息产品销售旺季的春节却遭遇疫情,使其与往年相比落差更为明显。

(四)持续性差

笔者根据四川省统计公报获得的数据,发现2013~2019年四川省电子信息产业增速有如下现象。一是具有一定的周期性。2013~2019年期间经历了两个高点:一个高点是2013年,当年主营业务增速为20.1%;另一个高点是2017年,当年主营业务增速为19.2%。二是起伏较大。2013年的增速高达20.1%,但2014年下降至12.8%,下降7.3个百分点,2015年更是"断崖式"下降,当年的增速一下子掉到2.5%,比上年大幅下降10.3个百分点,而2017年增速又大幅回升到19.2%,比2016年跃升近10个百分点。这表明四川省电子信息产业的可持续性尚需强化。

增速"塌方式"下降的主要原因，从客观方面看，电子信息产业有其自身的发展变化规律以及市场需求变化规律；从主观方面看，产业根基不牢固，产业转型升级未能跟随市场发展变化的步伐。

（五）负债率高

2020年上半年末，19家上市公司总资产1317.67亿元，负债924.54亿元，净资产393.13亿元，资产负债率为70.17%；2019年末，19家上市公司总资产1336亿元，负债946.77亿元，净资产389.23亿元，资产负债率为70.87%。两相比较，虽然2020年上半年末的资产负债率比2019年末时下降0.7个百分点，但实际的负债水平仍然偏高。

究其原因，一方面，从资金来源角度看，直接融资不够，大量向银行业金融机构举债；另一方面，从资金占用角度看，应收账款占比过大，而更为严重的是，应收账款逾期后可能成为无法收回的呆坏账，直接影响企业的经济效益。

（六）收益率低

从净资产收益率来看，2020年上半年，19家上市公司净资产为393.13亿元，2020年上半年实现净利润4.94亿元，净资产收益率为1.26%；2019年上半年，19家上市公司净资产为389.23亿元，2019年上半年实现净利润9.17亿元，净资产收益率为2.36%，而2020年上半年净资产收益率同比下降1.1个百分点。换句话说，每占用100元的净资产，少创利1.10元。

究其原因，一方面，实现的净利润大幅度下降，2020年上半年同比减少净利润4.23亿元；另一方面，净资产在正常增长。在这样的情况下，净资产收益率自然会下降。

（七）研发不足

一是2019年四川省电子信息产品制造业R&D经费投入强度为1.39%[①]，

[①] 相关数据来自四川省统计局、四川省科技厅《2019年四川省科技经费投入统计公报》。

与全省R&D经费投入强度1.87%比较，低0.48个百分点。二是地区发展不平衡问题比较突出，R&D经费投入及其强度超过全省平均水平的均为成都、绵阳和德阳市，其余的18个市州在R&D经费投入及其强度方面均显不足，与《四川省"十三五"科技创新规划》提出的到2020年研发投入强度达到2%的目标还存在一定距离。三是政府与企业在研发投入上存在"剃头担子一头热"的尴尬现象，企业用于研发的经费占全社会的比重不够高。

究其原因，一是企业盈利能力有限，拿不出较多的资金用于研发。二是企业担心在研发方面投入过多，不仅直接减少当年的利润，还会因为科技创新投入短期内难以见效而在相当长的一段时间里承受业绩压力。

四 发展四川省电子信息产业的对策及建议

（一）提高对发展四川省电子信息产业战略意义的认识

发展四川省电子信息产业具有多重战略意义。从宏观层面上讲，这是实施新时代西部大开发、"一带一路"、"双循环"新格局，以及成渝地区双城经济圈建设等发展规划的必然要求；从中观层面上讲，这是新时代建设中国特色电子信息产业的必然要求，是四川省电子信息产业获得历史性发展和可持续发展的机会；从微观层面上讲，这是四川省电子信息产业企业做大做强主营业务的必由之路。其意义是战略性的、根本性的、长远性的，而绝不是权宜之计，更不是可有可无、可做可不做的选择题。

（二）与实施"双循环"发展战略有机地结合起来

《四川省"十三五"信息化规划》提出，到2020年，四川省电子信息产业主营业务收入达1.3万亿元，年平均增长17.6%。而《四川省电子信息产业发展规划》提出，到2022年，四川省电子信息产业主营业务收入将达1.7万亿元，年均增长率为15.4%。2021~2022年期间的年均增长幅度虽然比"十三五"期间低2.2个百分点,但从增长的绝对值来看,2021~2022年两年时间增长4000亿元,平均每年增加2000亿元,与"十三五"期间平均每年增加400亿元相比,每年多增加1600亿元营业收入。

这意味着,一方面,未来两年四川省电子信息产业企业肩上的担子更重了,需要付出更多更大的努力;另一方面,拥有14亿人口的大市场,随着小康社会的到来,以及电子信息产品的升级换代,四川省电子信息产业企业将在实施"双循环"发展战略中扮演更加重要的角色。因此,建议将发展四川省电子信息产业与实施"双循环"发展战略有机结合起来。

(三)与成渝地区双城经济圈建设有机地结合起来

在成渝地区双城经济圈建设过程中,四川省电子信息产业企业要主动融入,抢抓电子信息产业发展的历史性机遇。一是建议遂宁发挥作为国家基础电子元器件高新技术产业化基地的作用。目前以电子电路和集成电路为主导产业,政府引导投入配套建成了电子科技大学遂宁研究院等7个高水平科研机构,吸纳了电子信息相关企业82家、院士(专家)工作站22个。二是建议由成渝地区国有资本发起设立,引导社会资本参与,成立多个子基金。基金按照"政府参与、企业主导、市场化运作"的原则,投资成渝地区的电子信息项目。三是建议通过设立成渝地区区域性股权(产权)交易市场联盟,使成渝地区电子信息类企业能够在注册地所在省市的区域性股权(产权)交易机构挂牌,同时在四川(重庆)的区域性股权(产权)机构挂牌,实现电子信息产业项目与资本更大范围、更高效率的对接。

(四)深化四川省电子信息产业供给侧结构性改革

尽管与煤炭、钢铁、水泥、化工等产能过剩行业比较,电子信息产业相对年轻,但仍然面临着完成"三去一降一补"(去库存、去产能、去杠杆、降成本、补短板)的任务。在去库存方面,应该结合电子信息产品特点,确定库存的低限和高限,特别需要利用电子商务等新兴营销手段降低库存,在保障销售的条件下，降低库存对资金的占压及其产生的财务费用。在去产能方面，要通过资产重组、产能转移等多种手段，削减甚至淘汰落后产能，使企业获得新生。在去杠杆方面，建议通过直接融资降低资产负债率。在降成本方面，要加强企业内部管理，精打细算，严格控制各项费用开支。在补短板方面，要积极创新技术、创新商业模式、创新管理模式，实现企业的转型升级。

（五）补齐四川省电子信息产业短板

目前四川省电子信息产业存在短板，如集成电路产业，面临着自主创新薄弱、专业人才短缺、资源要素支撑不足的问题，对此，提出如下建议。一是结合四川省的实际情况，对国家的上述政策进行细化，在制定出台的四川省"十四五"规划中，明确集成电路产业的发展目标、重点和支持政策。二是根据集成电路产业链上涉及的设计、制造、封装、测试等多个环节，实施"补链强链"工程，做到步调一致、齐头并进，进而发挥整体效应。三是做大四川省集成电路产业投资基金规模，使更多的集成电路企业能够分享基金的支持。

（六）强化对四川省电子信息产业的技术创新

一是进一步强化企业的创新主体意识，切实改变政府与企业在研发投入上存在的"剃头担子一头热"的尴尬现象。二是政府、公立科研院所、高等学校需要更多地承担起基础研究的责任。事实证明，虽然基础性研究项目在产生经济效益方面不可能"立竿见影"，却是应用型研究的基础。三是支持和鼓励企业从事基础性研究。按照企业研究项目的创新性、可行性以及对产品升级换代的贡献程度给予专项资金支持。四是发挥国有和国有控股企业在研发投入方面的带头作用。在对其利润考核方面，可以考虑将科技创新投入视同实现的净利润。

（七）更好地发挥多层次资本市场的融资功能

一是要按照四川省政府制定的"五千五百"（即主板、中小板、创业板、科创板、新三板上市挂牌公司各100家，天府新四板挂牌公司5000家）上市计划，推动四川省电子信息类企业首发上市挂牌。二是对已经上市挂牌的四川省电子信息类公司，通过增发股票、发行可转换公司债券实施再融资。三是做大做强四川省电子信息类上市挂牌企业主营业务，提高市场核心竞争力，提高对股东的回报水平。四是改善法人治理结构，规范公司运作，为四川省电子信息类公司的可持续、高质量发展创造条件。

五 四川省电子信息产业前景展望

（一）2021年主营业务收入在1.5万亿元左右

其依据如下。一是《四川省电子信息产业发展规划》提出，到2022年时，四川省电子信息产业主营业务收入达1.7万亿元。按此平均增速计算，2021年全省电子信息产业主营业务收入有望达1.5万亿元，比2020年增长15.4%。二是2021年是"十四五"规划实施的第一年，按照惯例，每一个五年规划的第一年，在政策力度上都相对更大一些，有望促进电子信息产业的快速发展。

（二）2021年将呈现"先升后稳"的运行轨迹

由于疫情的影响，2020年四川省电子信息产业主营业务收入走出了"先降后升再稳"的运行轨迹，而随着疫情的发展变化，与2020年比较，2021年将走出"先升后稳"的运行轨迹。其中，2021年上半年同比将大幅上升，下半年同比将小幅上升。

（三）电子信息产业与通信产业融合将成为投资风口

随着第五代移动通信技术（5G）商用，电子信息产业与通信产业的融合度将提高。以电子信息技术为基础，将大数据、人工智能、互联网、物联

网等新技术广泛应用于工程建筑、交通运输、金融投资、商贸物流、文化旅游等领域,将成为投资风口。

(四)更多"互联网+"产品将进入寻常百姓家

随着电子信息产业的不断发展,将出现更多的"互联网+"产品。这不仅将成为产业发展的驱动要素,而且与寻常百姓的工作、学习、生活有着千丝万缕的联系,比如点外卖、网上购买火车票和飞机票、预订宾馆房间、出门呼叫网约车、网上挂号就医等。

(五)"软硬件一体化"将成为新的主流业态

在电子信息产业结构上,"软硬件一体化"发展将成为新的主流业态。这不仅是产业融合发展的必由之路,同时也是与市场需求的发展变化方向相吻合的模式。

B.17 2020~2021年四川省装备制造业发展形势分析与预测

邵平桢*

摘　要： 2021年四川装备制造业将保持高质量发展。四川在通信设备、智能手机、家电、汽车及零部件、新能源汽车产业链、工业自动化、工程机械、通用及特殊设备制造、医疗器械等领域将保持高速发展势头。航空与燃机、轨道交通、节能环保装备、智能制造等高端领域将迎来大的发展机遇，保持旺盛的发展势头。2021年四川以航空航天、核能及核技术应用、新一代轨道交通、清洁能源装备、节能环保装备等为引领的高端装备产业集群和产业生态将逐步形成。2021年四川在人工智能领域、大健康领域，如低轨卫星定位增强服务关键技术研究及应用、光电混合人工智能芯片公共服务平台关键技术研究与应用、重大传染病全程智慧管理平台研发及应用等方面将获得突破。云计算、物联网、无人驾驶、AR/VR、产业数字化等将推动装备制造业信息化、数字化、智能化高质量发展。

关键词： 装备制造业　双循环格局　高质量发展

---

* 邵平桢，四川省社会科学院产业经济研究所副研究员，主要研究方向为产业经济、区域经济、革命老区发展。

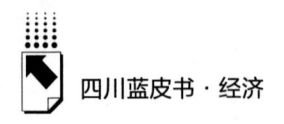

一 四川省装备制造业发展现状

四川是中国重大技术装备制造业基地和三大动力设备制造业基地之一。中国二重、东方电机、东方汽轮机、东方锅炉、东方风电等大型骨干企业和东方阿海珐、东电中型电机、耐特阀门等高新技术企业共同组成了世界一流的先进装备制造业产业集群，已成为国内最重要的水电、火电、核电、风电、天然气发电、太阳能发电等"六电"并举的装备制造业基地。基地生产了全国40%的水电机组、30%以上的火电机组、60%以上的核电产品、50%以上的大型轧钢设备、16%的风电产品。中国二重自主研制全球最大的8万吨大型模锻压机，为国产大飞机C919提供起落架等130余项大型模锻件；东汽研发50MW重型燃机填补国内空白；东方电气成功研制全球首台"华龙一号"核能发电机。以中石油西南油气田工程技术研究院、中石油川庆钻探钻采技术研究院、中石油川庆钻探安全环保质量监督检测研究院为科技支撑，形成了以四川宏华、宝石机械等龙头企业为引领的石油天然气装备制造产业集群，是全国最大、国内领先的油气装备研发制造基地，产品及服务涵盖油气装备产业链"钻、采、输、控"各个环节，在油气井测试、钻井、采油（气）、油气输送、海洋装备及油气工程技术服务上形成了较为完备的产业链。2018年，德阳市实现装备制造业总产值1290.7亿元，实现工业增加值同比增长13.7%，占全省装备制造业总产值的28%，高端装备制造业工业增加值增长33.1%。

四川资阳机车产业形成了以机车、发动机、曲轴为主导产品的重大技术装备及相关联的机械产品研制的产业集群。其中，机车产业以六轴大功率电力机车、各型内燃机车为代表产品，拥有代表我国轨道交通运输装备最高水平的大功率交流传动电力机车，保持着中国轨道交通装备行业骨干企业地位；发动机产业以船用发动机、燃气发动机为代表产品，拥有世界知名品牌的大功率船用中速发动机、燃气发动机及国内领先的汽车用发动机；重装产业以隧道掘进机为代表，拥有代表重装领域高端水平的隧道掘进机；零部件产业以曲轴、凸轮轴、车轴、连杆、齿轮、机体、缸头、精模锻和大中型铸件为代表产品，拥有在我国处于市场垄断地位的大功率中速发动机曲轴。2019年，资阳高新区74家规模以上工业企业实现工业总产值187.4亿元，主营业务收入196.1亿元，完成一般预算收入6.60亿元。

四川航空与燃机产业领域拥有100多家科研院所、生产制造企业和试验研究基地，具备国内唯一完整的飞机、航空发动机和燃气轮机总体设计、总装制造、系统集成、试验验证、维修服务和人才教育培训体系。2016年，四川被确定为全国三大航空发动机研制生产基地之一，在国家航空发动机与燃气轮机重大专项中承担研发任务。2019年全省航空与燃机产业规模达1380亿元，同比增长16%。其中，航空与燃机制造业力争主营业务收入达600亿元，通用航空产业力争产业规模达300亿元。到2022年，全省航空与燃机产业规模预计达到2200亿元，年均增长17%。

四川从事轨道交通产业的企事业单位约有100家，数量位居全国第二，形成了集科技研发、勘探设计、工程建设、运营维护、装备制造等板块及系统集成于一体的全产业链格局，云集了西南交大、电子科大、中物院等从事轨道交通研究的院校和科研机构，拥有中铁二院、中铁科学研究院等多家勘探设计机构。到2020年，全省轨道交通产业年产值达2200亿元；到2025年，全省轨道交通产业年产值预计达3000亿元。

四川泸州拥有长起、长挖、长液等大中型企业，是全国九大工程机械生产基地之一、全国大中型全液压汽车起重机和挖掘机制造中心、全国唯一的国家高性能液压件高新技术产业基地。

二 新冠肺炎疫情对四川装备制造业的影响

2020年，面对复杂多变的国际国内形势，特别是新冠肺炎疫情对四川经济社会的冲击，全省上下坚决贯彻落实党中央、国务院和省委、省政府决策部署，统筹推进疫情防控和经济社会发展，坚持把"农业多贡献、工业挑大梁、投资唱主角、消费促升级"作为工作着力点，扎实做好"六稳"

"六保"工作,全省经济逐季回升、稳定向好,社会大局保持稳定。四川工业企业增加技术研发投入,着力突破"卡脖子"技术,推动制造业高质量发展,一大批先进制造业企业,如集成电路、新型显示、轨道交通、航空装备、新型材料等加快投产。四川装备制造业加速向智能制造转型,如四川长虹、九洲、福德机器人等。一大批企业和高校、科研院所正积极开展"5G+智能制造"的相关科研和应用试点。四川装备制造业在抗击疫情、稳定经济增长上起到了挑大梁的作用。2020年,新冠肺炎疫情对四川装备制造业影响不大。2020年全省工业增加值为13428.7亿元,同比增长3.9%,其中制造业增加值增长4.6%;规模以上工业41个行业大类中有25个行业增加值增长。其中,计算机、通信和其他电子设备制造业增加值同比增长17.9%,高技术制造业增加值同比增长11.7%,汽车制造业同比增长3.5%。

三 以国内大循环为主体的"双循环"新发展格局

当今世界面临"百年未有之大变局",新一轮科技革命和工业革命不断深化。我们正面对国家保护主义、单边主义盛行和地缘政治风险不断上升,国际贸易和投资萎缩,国际金融市场动荡,国际交往受限,世界经济深度衰退,经济全球化逆转等不利局面。中国经济正处于转变发展方式、优化经济结构、转变增长动力的关键时期。我国经济发展前景广阔,但也面临结构性、体制性、周期性问题交织带来的困难和挑战。创新能力不适应高质量发展要求,加上疫情冲击,我国经济运行面临较大压力。面对复杂多变的国际国内环境,在新时代如何在国际竞争和合作中赢得新优势?如何克服国内错综复杂的矛盾赢得高质量发展?2020年全国两会期间,中共中央总书记习近平提出了"构建国内大循环为主体、国内国际双循环相互促进的新发展格局",这是立足国际国内发展形势做出的战略选择。从经济发展的本质看,构建国内国际双循环相互促进的发展新格局,是用好国际国内两个市场、不断推动我国经济高质量发展的必然要求。

四川省必须认真落实国家新的战略部署,装备制造业应积极融入我国"双循环"新发展格局,充分发挥国内大市场优势,贯通生产、分配、流通、消费各环节,通过国内大循环为四川、为国家经济发展增加新动力。提高全省装备制造业产业链、供应链现代化水平,大力推进科技创新,加快关键核心技术攻关,为未来发展创造新优势。加快推进5G、人工智能、大数据、工业互联网等新型基础设施建设。加快氢能源、自动驾驶、智能制造、大数据、新标准轨道交通、无人机等应用场景建设。引导四川省装备制造业服务川藏铁路等重大工程建设,提高装备制造业发展水平。

四川省必须立足国内大循环,同时利用好国际国内两种资源、两个市场,努力实现内需和外需、进口和出口、引进外资和对外投资协调发展,更好地实现全省经济可持续高质量发展。四川省装备制造业必须以自主创新为主,同时加强国际科技领域交流合作,尽快提高四川装备制造业科技水平,推动开放型经济发展,实现四川省与世界互利共赢的发展局面。抓住国际产业链重构的新契机,抓住中国与俄罗斯、中东国家战略合作的新机遇,加快国际航线网络建设,提升中欧班列(成渝)运营效能,强化四川与俄罗斯、中东国家在能源、资源、技术、产品、服务方面的多元化供应和合作。加快四川装备制造业融入国家"一带一路"建设,并发挥支撑作用。支持装备制造业企业"走出去",提升四川装备制造业的国际影响力。推动国内和国际双循环在更高层面和更广空间实现良性互动。

四 2021年四川装备制造业发展趋势

装备制造业在四川省"5+1"现代产业体系中排第2位。重点发展航空与燃机、轨道交通、节能环保装备、智能制造等高端领域,着力推动汽车产业提档升级,加快建设具有国际影响力的高端装备制造基地。2019年全省装备制造产业产值为7709亿元,到2022年产业规模将突破1.2万亿元。2021年四川装备制造业发展趋势预测如下。

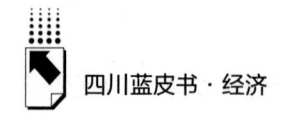

（一）制造业保持高质量发展

在四川省委"工业挑大梁"的部署下，2021年包括电子信息、装备制造、饮料食品、能源化工、先进材料、数字经济在内的"5+1"支柱产业体系将加快完善产业生态圈，逐步形成高质量发展态势。制造业产业转型升级步伐加快，正从低附加值、低技术含量、低质量、弱品牌的传统制造，向高附加值、高技术含量、高质量、强品牌的新型制造、高端制造转变。2021年四川在通信设备、智能手机、家电、汽车及零部件、新能源汽车产业链、工业自动化、工程机械、通用及特殊设备制造、医疗器械等领域将保持高速发展势头。航空与燃机、轨道交通、节能环保装备、智能制造等高端领域将迎来大的发展机遇，保持旺盛的发展势头。德阳东方电机公司、东方汽轮机公司、中铁装备思远重工盾构机西南总装基地等一大批装备制造业企业将有较大发展。

（二）世界级产业集群稳步推进

四川省实施补短板工程，根据产业链、产业协作、产业集群，补齐产业链，延长产业链，必将打造一批新产业集群，构建一批具有国际影响力的产业集群。四川通过"百亿强企""千亿跨越"培育大集团大企业，将以大企业或大企业集团为核心，通过产业链整合，或通过兼并、重组，形成一批具有国际竞争能力的产业集群。四川装备制造业通过智能化改造和科技创新，将带动一批科技型企业发展，形成新的产业集群优势。2021年四川正形成以航空航天、核能及核技术应用、新一代轨道交通、清洁能源装备、节能环保装备等为引领的高端装备产业集群和产业生态。

（三）关键核心技术攻关取得重大突破

2020年四川实施基础设施等重点领域补短板三年行动，建设川藏铁路技术创新中心、国家高端航空装备技术创新中心等一批创新中心。在高端通用芯片、超高清显示、大飞机等先进制造业领域集中攻关，突破可编程逻辑控制器、微波射频传感器等一批"卡脖子"技术产品。2021年，四川在低轨卫星定位增强服务关键技术研究及应用、光电混合人工智能芯片公共服务平台关键技术研究与应用、重大传染病全程智慧管理平台研发及应用、智能化康复辅具研发与应用、基于大数据的重点传染病智慧监测预警平台构建及应用研究等方面将获得突破。

（四）装备制造业数字化转型加速

新冠肺炎疫情加速了全球各主要国家和地区、中国各行各业的数字化转型。随着5G网络覆盖率及终端渗透率的提升，5G相关设备及应用，包括云计算、物联网、无人驾驶、AR/VR、产业数字化等加速落地。中国产业数字化转型将进一步提速。四川坚定不移以信息化、数字化、智能化赋能制造业高质量发展。加快推进国家数字经济创新发展试验区建设，加快5G网络布局，强化新型数字基础设施建设，推动数字经济与实体经济融合发展，同步推进新兴产业规模化和传统产业新型化。2021年四川的数字经济将迎来大发展。

（五）绿色制造迎来良好发展势头

2020年中国领导人已经向全世界承诺中国2060年实现"碳中和"，欧洲、日本也先后承诺2050年实现"碳中和"，美国大选结束后相关政策取向也值得关注。"绿色发展"是中国近几次五年规划持续强调的方向，也有了更明确的时间表和目标，国家"十四五"规划对"绿色发展"提出新的要求和原则。无论如何，"绿色发展"将推动全球节能化、低碳化的趋势。2020年四川实施绿色制造工程，构建覆盖全产业链和产品全生命周期的绿色制造体系。2021年四川绿色制造及相关产业将迎来良好的发展势头。

五 四川装备制造业发展政策和措施

（一）推动装备制造业转型升级

加大装备制造企业技术改造力度，扩展企业信息化和智能化应用的广度和深度，全面提高装备制造生产线技术含量；大力发展装备制造业准时生产、精益生产、柔性生产、大规模定制等现代生产方式，增强传统装备制造业企业对市场的适应能力和反应能力；推动装备制造业向中高端升级，引导装备制造业由数量速度型向质量效益型转变；鼓励装备制造业加工贸易向精细化方向转型，从而带动整个装备制造业的转型升级。

（二）加强装备制造业关键核心技术攻关

坚持以科技创新引领装备制造业高质量发展，组织科研院所、大学、企业等机构，加大对装备制造业领域关键核心技术的联合攻关，突出原创导向，开展前沿技术研发及转化扩散，开展共性关键技术和跨行业融合性技术研发，推进一批重大关键核心技术突破，带动产业转型升级。积极争取承担大飞机、航空发动机与燃气轮机、新能源汽车、高档数控机床与基础制造装备、绿色制造系统集成等国家重大专项、重大短板装备专项工程和重点研发计划。支持企业和高校院所共建各类研发机构；支持企业申建国家级企业技术中心、重点实验室、技术创新中心、制造业创新中心；支持高校院所和企业开放大中型科研设备仪器和研发平台，提供技术研发、检验检测等服务；支持企业提升创新能力，引导企业加大研发投入，强化企业技术创新主体地位，推动产学研深度融合，推动大中小企业融合创新。

（三）推动创新平台建设和创新成果转化

加快制造业创新中心建设，推动国家川藏铁路技术创新中心、精准医学产业创新中心、核动力技术创新平台、高端航空装备技术创新中心等平台落地，构建多层次自主创新服务体系。建立网上技术需求及技术创新供给市场服务平台，推动工程实验室、重点实验室、工程技术研究中心、高校及大型企业高端检测设备等创新资源开放共享。推进科技成果产业化，建立完善科技成果信息发布和共享平台，健全以技术交易市场为核心的技术转移和产业化服务体系。

（四）在装备制造业领域推动三次产业融合发展

装备制造业高质量发展，要把握住跨界融合新趋势。以装备制造业发展为核心，跨越行业边界发展，使装备制造业发展有效带动其他产业和服务业内部结构优化与价值链升级。坚持以市场需求为中心，推动三次产业深度融合发展。

（五）强化装备制造业人才支撑

高端装备制造业的产业链长且复杂，集制造业之大成，集中反映一个国家科技和工业的发展水平。高端装备制造产业链同时涉及材料、研发、生产、销售、行业应用与服务等诸多环节，在生产制造过程中要求具有高精密度、高安全性和高稳定度。以航空为例，航空制造产业链有航空零部件制造、发动机与航电等系统制造、新材料开发、飞机总装、实验试飞、维修等多个环节和产业，因此强化装备制造业的人才支撑意义重大。要继续实施海内外高层次人才引进计划、"天府万人计划"、天府高端引智计划等项目，培养引进制造业高层次人才和创新创业团队。要加强装备制造业企业与国家装备制造业专业性大学合作，强化装备制造业特色人才培养。

B.18
2020~2021年四川省白酒产业发展形势分析与预测

李 晶*

摘　要： 2020年虽然受新冠肺炎疫情影响，但前三季度四川白酒产业实现逆势增长，产销量占全国白酒50%以上。但川酒产品附加值低、品牌内耗严重、品牌塑造及运营能力不够强的问题仍然存在。在对四川白酒产业发展态势和未来趋势分析的基础上，本文认为随着国家和四川省白酒产业政策红利不断释放，四川白酒产业将迎来更快速发展，由此本文提出打造全球名优白酒产业集群、加强科技创新塑造一流品质、数字赋能川酒营销、深化酒旅融合发展、推动原酒品牌建设等对策建议。

关键词： 四川　白酒产业　产业振兴　提质增效

一　四川省白酒产业基本发展态势

　　四川省因其特殊的区位优势、气候条件、技术工艺和历史传承，已然成为中国白酒的黄金产区、浓香型白酒的核心产区以及最大的白酒品牌输出地。白酒产业是四川最具比较优势的历史经典产业，也是四川经济文化的地

---

* 李晶，管理学博士，四川省社会科学院金融与财贸经济研究所助理研究员，中级经济师，主要研究方向为产业经济、金融风险管理。

域名片,四川白酒在产业规模、产区资源、人才技术、名酒企业等方面全国领先。

(一)四川白酒产销量持续领先

2019年,四川省白酒产量366.7万千升,全国占比高达46.7%;规模以上企业销售收入2653亿元,全国占比高达47.2%,对照全国规模以上白酒企业产量,川酒已经实现白酒行业"两瓶有其一"目标。2020年四川白酒产业在经济下行和疫情影响的双重压力下,产量、营收和利润均逆势而上,在全国占比稳步上升。

2020年,四川白酒产业随中国经济形势一起实现V字形反转。年初白酒产业受疫情影响较大,整体业绩增速放缓。目前来看逐季度环比改善趋势明显,增速不断提升。第三季度以来疫情形势缓解,餐饮聚会及商务宴请等消费场景逐步恢复,国庆及中秋双节进一步拉动白酒消费,产品动销状态好转,渠道库存压力减轻,加之各白酒企业应对疫情调整渠道政策,通过拓展团购、新零售等方式稳定销售,第三季度业绩逆势增长。但新冠肺炎疫情的不确定性又可能会对白酒消费产生一定影响。

四川白酒产业经过多年发展,形成了以"六朵金花"为龙头、四大主产区为支撑、二三线品牌"百花齐放"的梯度发展格局,拥有"中国酒都(宜宾)""中国酒城(泸州)""中国最大白酒原酒基地(邛崃)""酒乡(绵竹)"等称号,世界十大烈酒产区中,四川独占其二。截至2020年第三季度末,五粮液市值破万亿元,泸州老窖利润增速高达26.8%,郎酒打造世界级酒庄和高品质庄园酒,剑南春"水晶剑"位列中高端产品的单品销量前三,舍得深度施行老酒战略,水井坊全面提升品牌文化价值。以"六朵金花"为代表的名优品牌,全力推进四川白酒产业实现高质量发展。"六朵金花"之下,"十朵小金花"也在持续发力,作为川酒产业"第二梯队"的中坚力量,持续抢占次高端市场。

(二)政府多项政策为白酒产业提速

目前,四川省多个白酒主产区和职能部门齐抓共管,倾力下活"一盘棋",省经信厅加强川酒重大项目跟踪推进,省发改委拟把白酒产业列入《成渝地区双城经济圈建设规划纲要》的重要内容和任务,省科技厅致力于白酒行业科技攻关,省公安厅加大对假冒伪劣和售假贩假行为的打击力度,省农业农村厅持续加强酿酒专用粮基地建设,省商务厅促进名优白酒企业线上线下融合,省文旅厅加强对川酒文化遗产和历史旅游景点的保护和开发等。

近年来,四川省优质白酒产业推进机制办公室各成员单位分工合作、齐心协力,共同推动白酒产业平稳健康发展。作为负责食品安全、质量提升、市场秩序等工作主管部门的市场监管局,一直以来把促进川酒健康发展作为重中之重,全力营造白酒产业良好发展的市场生态,长期致力于市场拓展、源头治理、标准建设、综合执法、"两法"衔接、宣传引导等方面形成合力,构建多元共治的良好格局,不断提高川酒的知名度、美誉度和市场占有率,不断擦亮川酒"金字招牌"。

2020年以来一系列政策的出台为川酒振兴注入新动力。3月,四川省召开"全省优质白酒产业振兴发展推进会";4月,《优质白酒产业2020年重点任务》印发;5月,四川省政府工作报告中对白酒产业进行了明确部署;9月,《四川白酒产业振兴工作推进方案》提出"提质增效工程";10月初发布的《四川白酒"十朵小金花"及品牌企业三年培育计划》要求"加强质量建设"。基于上述战略布局启动的"四川白酒品质提升工程",提出从五个方面全方位提升川酒品质,分别是优化营商环境、夯实质量基础、拓展溯源体系、净化市场秩序和落实四个责任,力争到2022年,规模以上白酒生产企业HACCP等体系认证实施率达到100%,基本建成全省白酒溯源公共信息平台,全省白酒获证企业100%开展常态化自查报告。

(三)白酒产业发展仍存有短板

1. 产品附加值较低

一方面,川酒效益和品牌价值偏低。近年来,四川白酒年产量和主营业务收入占全国的近50%，但利润总额在全国占比仅为32%，销售收入与利润额不匹配。另一方面，川酒整体利润率不高，剔除龙头企业后，众多中小企业利润率较低。2019年四大产区实现利润约438亿元，占全省的97.6%；"六朵金花"实现利润为369亿元，占省的82.2%。川酒产能和产值主要集中于四大产区和头部企业，中小企业附加值较低。

2. 品牌内耗严重

四川白酒品牌全面覆盖高、中、低端市场，存在市场拓展混乱、信誉风险高等现象。除了与外省白酒的竞争，川酒企业之间以及企业内部也存在激烈的竞争关系，部分超一线白酒企业进入"腰部"市场，一定程度上挤压了地方名酒和次高端白酒企业产品的生存空间。

3. 综合运营能力不强

从品牌建设来看，四川省具备一定竞争力和成长性的二、三线品牌较少，众多小酒企受困于资金、资源、渠道等压力发展缓慢，影响力不足。原酒品质虽好，但产业提振乏力，品牌价值低，对外缺乏市场话语权和定价权，不少原酒只能作为工业原料售卖。从资本运作来看，20世纪90年代全国白酒仅有9家上市公司，川酒就有五粮液、泸州老窖、沱牌、水井坊4家，占据绝对领先地位。2008年五粮液和茅台市值都在700亿元左右，大致相当。而截至2019年底，五粮液市值为5163亿元、茅台市值却已达14858亿元，超过川酒4家上市公司市值总和。近20年来川酒无一家新增上市公司，资本助推实体企业发展不畅。

二　四川白酒产业面临机遇

（一）产业政策调整为白酒优势产区与优质酒企提供更大发展空间

2019年10月30日，国家发改委印发《产业结构调整指导目录（2019年本）》，将"白酒生产线"从第二类限制类剔除，表明国家对名优白酒的发展给予积极支持的态度，作为全国第一产酒大省的四川也将迎来重大的发展契机。限制政策的取消有助于优势资源向优势产区和名优酒企倾斜，提升行业集中度，通过扶优限劣，进一步释放优势产能和淘汰落后产能。四川省将白酒酿造建设项目环评和生产许可证审批权限局部调整下放至成都、德阳、泸州、宜宾四大优质白酒主产区，使其拥有更大自主权，更有利于强化竞争优势，实现高质量发展。

（二）"双循环"新格局促进白酒产业全面转型升级

我国经济正进入新时代，加快新旧动能转换是大势所趋，也是在全球抢占新一轮科技革命和产业革命制高点的关键一环。产业新动能的核心是产业升级、品质升级。经济新旧动能转换带来了白酒产业结构升级的新机遇，助推白酒产业从高速度发展向高质量、高效率发展转型。在以国内大循环为主的新经济格局下，内需提质扩容引领白酒消费全面转型升级。提质扩容，既使内需成为经济发展"主引擎"，又成为内需持续扩大的"主动力"，在其影响下，消费升级、供给侧改革已成为必然，必将导致白酒消费的结构性升级。健康消费、高端消费、个性化消费将取代低端消费、大众化消费。在酒水消费升级的风口下，品类、销售渠道、推广媒介、物流和供应链等方面呈现整体升级趋势。

（三）白酒产业已成为"5+1"产业体系重要支撑

四川省委、省政府高度重视白酒产业发展及"中国白酒金三角"区域品牌建设。省政府办公厅下发《关于推进白酒产业供给侧结构性改革加快转型升级的指导意见》，强调开展"川酒"品牌提升计划，加强品牌梯度培育，打造一批知名品牌企业，依托行业协会定期开展"十朵小金花"等名优白酒评选活动，带动二、三线品牌企业整体发力，形成一批全国百强品牌，提升川酒品牌知名度和美誉度。2018年白酒产业被省委列入"5+1"现代产业体系中的重要特色优势产业之一，随着一系列推动白酒产业高质量发展政策的落地，川酒步入了持续快速健康发展之路。

（四）国际区域合作为川酒开拓海外市场创造商机

"一带一路"建设和文化"走出去"战略构筑了良好的国际交流合作平台，为中国白酒产业扬帆出海提供了重要的发展机遇。近年来，越来越多的中国企业到"一带一路"沿线国家投资，当地居民生活中出现了更多的中国元素，为中国白酒的国际化奠定了基础，有助于中国白酒企业打开国际市场。以"六朵金花"为代表的四川名优白酒，正在世界酒业竞争格局中发出越来越响亮的"中国之声"。

三 四川白酒产业发展趋势研判

（一）经济环境变化带来市场的不确定性

受新冠肺炎疫情影响，全球经济增长放缓，加之中美贸易摩擦，经济局势不确定性增加。虽然预计全球高端蒸馏酒市场消费数额将出现快速增长，但进入名优白酒行业的资本数量和名优白酒的国际化势必会受到一定影响，进而加剧白酒企业对国内市场的争夺。新冠肺炎疫情导致收入预期降低，影响消费信心，白酒消费呈现疲软态势。一方面，白酒销售放缓，部分中小酒企生存艰巨；另一方面，渠道受到冲击，有一定库存压力。商务宴请和聚集性消费减少，两大消费场景暂时不能全面恢复。虽然现在大部分烟酒店和餐饮终端已经复工，但不少客户都持"销库存、不进货、观态势、稳前行"的态度来应对后疫情时代。

（二）马太效应加剧产业的两极分化

白酒行业整体格局逐渐走向分化，优质白酒企业挤压式增长，强者恒强，小型酒企挣扎生存，白酒市场马太效应加剧。规模以上酒企数量回落，绩差酒企加速退出。从四川省层面看，"六朵金花"品质处于行业领先地位，占据四川白酒"半壁江山"，"十朵小金花"紧跟其后，其他中小酒企生存压力较大。地方骨干企业对白酒行业进行兼并重组和资源整合，淘汰落后产能成为大势所趋。此外，四川优秀的白酒企业还将走出四川对其他区域地方白酒品牌进行兼并、控股，进而占领更大的市场份额。

（三）"三新"模式引领川酒消费升级

随着中国社会消费结构的不断升级，白酒的新消费人群、新消费场景、新消费用途"三新模式"特征日益凸显。新生代消费群体更加追求酒品、酒体的时尚化、个性化、低度化、健康化，这部分人群将在未来成为白酒消费主体。受新冠肺炎疫情影响，家庭消费成为新的经济增长点。在"宅刚需"的带动下，"云酒局"成为新的消费场景，抖音、快手、微博、微信等多渠道平台打破地域时空限制，实现酒文化在线上的美好体验和传播。光瓶小容量白酒产品的开发满足了日益多元化的地摊经济需求。新消费用途则以文化体验、时尚体验消费为主要表现，线上线下一体化连锁新零售终端将带动川酒的发展、推动川菜和川酒的融合发展，功能型白酒、烹饪用酒、茶酒、烟酒聚合升级等新用途白酒的研发也得到进一步深化。

四 优化提升四川白酒产业发展的对策建议

（一）打造全球产业集群

当前，川酒集群化发展的优势越来越强，抱团走向市场和推介传播是转化集群优势的关键举措。"四大产区""六朵金花""十朵小金花"形成合力，代表着最适宜酿造优质白酒的风土与自然，集群优势之"大"，便是川酒品质之"好"的最有力佐证。按照产业全生命周期发展趋势和专业化要求，统筹四大优势产区白酒资源配置，协同产业布局和功能分工，形成高端要素集聚、产业链条完善、企业梯度支撑发展的良好态势，将川酒打造成为具有世界竞争力的白酒产业集群。

构建"4+1"川酒发展新格局。根据四川白酒产业地理分布情况和区域集中程度，形成成都、德阳、泸州、宜宾四大主产区和遂宁、绵阳、巴中等特色区域错位发展的格局。四大主产区加快白酒产业强链、补链、修链和延链，通过集链成群、集群成网，构建白酒产业协同发展的集群链网，增强白酒产业的综合竞争力。特色区域要强化产业链分工配套，科学谋划产业突破方向，扩大白酒产业规模和区域品牌影响力。

明确各产区的功能定位。充分利用成都的区位优势，支持建设川酒品牌营销、研发创新、人才引育、产融结合、公共服务等平台，支持名优白酒企业在成都设立品牌、营销等功能性总部，支持成都原酒企业开展酒旅融合，建设集展示、体验、美食、休闲娱乐等于一体的新型酒庄。支持泸州、宜宾顺应科技革命和产业变革前沿趋势，加快产业转型升级，推进智能制造、绿色制造、高端制造，激发产业活力，争取将泸州、宜宾建设成为"世界级蒸馏酒产业集群"。支持德阳通过补链、延链完善产业链，建立独立的区域供应链，提升产业价值链。

形成"6+10+N"企业梯度支撑格局。"六朵金花"要发挥对川酒的持续引领带动作用，继续提升品牌影响力；"十朵小金花"要发挥对川酒强有力的支撑作用，扩大市场占有率；优选N家产品品质优良、消费群体稳定、区域好评度高的企业进行孵化、培育，成为川酒的新兴力量。支持优质资本通过资产并购、股份重组等方式，推动中小酒企快速发展。

（二）科技创新塑造品质

加强纯粮固态酿造技艺的传承与创新。大力弘扬传统纯粮古法固态酿造技艺，引导白酒生产企业以科技创新提升产品质量，推广和使用"纯粮固态发酵白酒标志"，打造川酒纯粮固态酿造品牌、川酒原酒品牌和特色产品品牌。鼓励白酒企业在传承传统酿造技艺的基础上，通过技术、工艺和产品创新，打造绿色产品。鼓励新用途白酒的研发、宣传和推广，做优现调鸡尾酒、预调鸡尾酒等新生代白酒新品牌，提升川酒品质，扩大川酒美誉度。

推动名优白酒企业机械化、智能化转型。鼓励名优白酒企业实现传统酿造工艺与现代科技的融合，大力推广加压蒸粮、固态培菌、控温糖化、小曲低温槽车发酵、机械上甑蒸馏等新技术，逐步向机械化、自动化酿造生产模式转变，实现酿酒现代化，降低白酒企业生产成本。

强化产品溯源体系建设，全面提升白酒质量可视化水平。鼓励名优白酒企业利用智慧技术，围绕原辅料进货查验、生产过程控制、白酒出厂检验三大关键环节，对产品档案、进货记录、原辅材料检验、包材检验、原辅料出库、制曲记录、原酒生产原始记录、勾调记录、灌装记录、基酒平衡管理、风险物质检验、过程检验、成品检验、成品入库、成品出库销售等十五大信息进行可视化记录，确保每一瓶酒都可以溯源，规范白酒企业的生产行为，让消费者放心明白消费。

（三）数字赋能川酒营销

大力推动"数字川酒"建设，充分利用5G、区块链等数字技术，探索发展线上酒类新零售模式，不断拓宽消费渠道。组建"川酒+区块链"产业发展联盟，共同推进"链化川酒"工作，组织一批精通管理学、经济学、金融学、新兴信息技术及白酒产业化的相关行业专家，制定川酒联盟链技术标准，搭建贯穿川酒产供销的产业级联盟链，推动川酒产业上下游、左右岸企业分步上链工作。制定"川酒+区块链"产业发展规划，定期召开全球酒业新技术峰会，提升"链化川酒"品牌，促进行业交流互动，深化川酒企业对"链化"趋势的认识，加大川酒企业"链化"投资，吸引全球优秀区块链产业化人才、企业落户四川，助推四川白酒产业高质量发展。探索白酒营销新渠道，充分利用微博、微信、抖音等新媒介，京东、1919、小程序等新平台，网红、大V等"新意见领袖"。

新技术研发运用及新营销模式创新基地建设。探索建立四川省白酒创新技术数据库和交易平台，加快科技创新成果转化应用，加速整合川酒科研力量，大力推进政产学研用融合。以四川轻化工大学成都研究院为依托，组建全国领先、世界一流的集蒸馏酒产业政策、技术、营销模式等于一体的研究院，致力于白酒基础研究和应用研究，成为白酒基础研究的探索者、技术和营销创新的引领者、酒体设计的先行者，为白酒这一传统行业不断注入现代科学要素，推动行业高位发展，引领中国白酒走向世界。

（四）深化酒旅融合发展

加快推动白酒产业与旅游、文化产业的融合发展，鼓励和支持白酒企业深挖白酒历史文化资源，加强企业文化建设，推进酒镇酒庄建设，培育创建一批白酒主题特色小镇。鼓励白酒主产区、名优白酒企业发展白酒工业旅游和建设白酒文化产业园。支持白酒主产区打造酒业文化中心和体验馆，推动发展以参观川酒酿造为主的工业遗产旅游、餐饮旅游、酒文化旅游。规划建设一批集餐饮、住宿、娱乐、休闲等于一体的特色酒庄。大力开发白酒旅游商品，打造一批"白酒+生态旅游、红色旅游、乡村旅游"的精品路线和5A级酒文旅融合景区。

建设一批白酒文旅示范标杆项目。推进中国白酒博物馆、中国酒城·长江生态旅游带、郎酒庄园、剑南春天益老街、舍得酒业文化旅游区、水井坊遗址等白酒文化旅游重点项目建设。推动酒厂变景区行动计划，鼓励名优酒企美化酒厂环境，围绕游客需求，设计科学安全的参观路线。

转变传统酒旅融合发展理念，注重普通游客带来的经济价值。改造以参观"博物馆+车间"为主的单调酒旅内容，深度开发价值不高的"观光+购买"的通行模式，推出高附加值配套服务，鼓励跨区域跨企业联合开发，健全区域协调机制，与当地其他旅游资源形成联动开发。

（五）推动原酒品牌建设

严格执行固态白酒原酒标准评价体系，增加原酒信息透明度，提升原酒品质，加大对优质原酒企业的扶持力度，打造原酒区域品牌、企业品牌和产品品牌。

推动原酒消费场景化。全域建设新型原酒酒庄，将文化、美景、美食进行有机结合，打造"原酒+文旅"的销售新场景，通过酿造体验、可追溯、第三方监管、大师领衔等创新形式，提升原酒附加值。

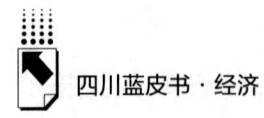

推动原酒销售商品化。鼓励企业根据顾客的消费偏好，对原酒进行简约的标准化分装，满足消费者对原浆白酒的消费需求，实现从要素原酒到商品原酒的转变。

推动原酒销售金融化。加快原酒产业联盟建设，采用第三方评价标准对原酒进行分级，推动原酒大宗产品期货交易，规范原酒交易市场，激发企业生产纯粮固态原酒的积极性。

专题篇
Special Topics

B.19 新时期四川省高新技术产业开发区高质量发展研究[*]

王 磊[**]

摘 要： 新时期，为提高整体发展质量，四川省各高新区应加快优化营商环境，吸引和集聚更多高端创新要素，培育壮大高新技术和新兴产业，持续推动低碳循环绿色发展和土地等资源高效集约利用，全面增强综合竞争力，提升发展质效，形成区域经济增长极，有效支撑和引领全省高质量发展。

关键词： 科技创新 高新区 高质量发展 四川

---

[*] 本文基金项目：四川省社会科学"十三五"规划2019年度项目"西部国家级高新区构建现代产业体系实现高质量发展研究"（SC19B095）。

[**] 王磊，硕士，四川省社会科学院产业经济研究所副研究员，主要研究方向为产业经济学。

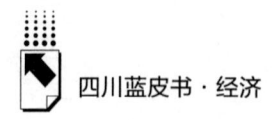

经过多年的发展，四川省高新区在吸引集聚高端创新要素、培育发展高新技术和新兴产业等方面发挥了重要作用，已成为全省高新技术产业集聚发展的重要平台。进入新时代，国家和省市对高新区提出了更高的要求，需要其全面提升创新发展能力，增强产业综合竞争力，持续推动低碳、循环、绿色发展，有效支撑和引领全省的科技创新、产业升级和高质量发展。

一 高新区已成为四川发展高新技术产业的重要基地

（一）数量持续增加，布局不断优化

自1990年四川省成立第一家高新技术产业开发区（以下简称高新区）——成都高新区以来，经过32年的发展，全省已有省级以上高新区26家，其中国家级高新区8家、省级高新区18家。从区域分布来看，全省五大经济区除川西北生态示范区外均有高新区，7个区域中心城市也都成立了高新区；全省21个市州除阿坝、甘孜、凉山、广元、巴中等五地外也均成立了高新区。

（二）高新技术产业加快集聚，综合实力显著提升

四川省各高新区自成立以来，就坚持"发展高科技，实现产业化"的历史使命，不断吸引和集聚高新技术产业，重点培育电子信息、高端装备制造、航空航天、新材料、节能环保、生物医药及生产性服务业，已成为全省高新技术和新兴产业集聚发展的重要平台。据四川省科技厅统计，2020年全省高新区实现营业收入超过2.12万亿元。其中，高新技术产业营业收入1.07万亿元，占全省高新技术产业营业收入2万亿元的50%；规模以上科技服务业实现营业收入1339亿元，约占全省的70%；实现进出口总额4758

亿元，占全省的 58.8%；全年上缴税收达 830 亿元①。科技部公布的 2020 年全国 169 家国家高新区综合评价排名中，成都高新区居第 7 名，绵阳高新区排第 50 位，德阳高新区也进入了前 100 强。四川省发展和改革委对全省 143 家开发区进行综合评价考核，共评选出 29 个优秀开发区，其中成都、德阳和遂宁等 12 家高新区入选，显示四川高新区综合实力不断增强，对全省经济科技发展的贡献和引导带动能力持续提升。

（三）双创支撑体系不断完善，创新发展能力明显提升

自成立以来，各高新区积极完善创新创业孵化培育体系，健全孵化培育功能，优化双创生态环境，全力支持创新创业，创新发展能力不断增强。截至 2020 年底，全省高新区已建立省级以上科技企业孵化器 136 个，占全省总数的 79.5%，有省级以上创新服务机构 268 家；拥有省级及以上企业技术中心、工程技术研究中心等研发机构 820 个。培育发展各类高新技术企业约 4000 家，占全省的 50%；有备案入库科技型中小企业近 5000 家，约占全省的 46%，近 2000 家企业在各类资本市场上市。2020 年，全省高新区企业研发经费支出约 487 亿元，占营业收入的 2.3%，带动企业创新能力明显提升，共获得有效授权专利约 6 万件，平均万名从业人员拥有发明专利 106 件，实现技术合同交易额约 400 亿元，约占全省登记额 1248.8 亿元的 1/3②。

（四）营商环境持续优化，可持续发展能力增强

各高新区按照精简高效的原则，不断完善管理体制，健全运行机制，引领"放管服"改革，为企业提供优质服务，持续推动营商环境优化，已成为全省投资创业环境最优、经济发展活力最强的区域，吸引了大批优质企业

---

① 资料来源于四川省科技厅网站《"十三五"以来四川省高新技术产业开发（园）区发展驶入"快车道"》以及《2020 年四川省国民经济和社会发展统计公报》。
② 资料来源于四川省科技厅网站《"十三五"以来四川省高新技术产业开发（园）区发展驶入"快车道"》以及《2020 年四川省国民经济和社会发展统计公报》。

入驻，已集聚规模以上工业企业超过3300家，包括长虹、九洲、京东方、英特尔、富士康、地奥等国内外优秀知名企业，有效促进了高新技术产业集聚发展。各高新区按照低碳环保、绿色循环、集群集约的理念，不断强化节能减排和环境保护，提高土地、能源、水等资源利用效率，推动生态和循环园区建设，截至2020年底，平均每亩产出强度达297.3万元，上缴税收约7.7万元，成为全省土地集约利用和产出强度最高的区域之一。各高新区还按照"产城一体"要求，不断加强生活居住、金融商贸、教育医疗等基础设施和配套服务建设，成为宜居、宜业的新城区，有效吸引了产业和人口集聚，促进了产城融合，可持续发展能力显著增强。

二 新时代对四川省高新区发展提出了更高的要求

经过多年的发展，四川省高新区建设在取得巨大成就的同时，也存在整体规模仍较小、综合竞争力不强、转型升级压力大等问题。特别是随着我国进入新时代，四川省高新区发展面临的形势发生了巨大变化，亟须全面提高发展质量，增强综合竞争优势，为全省科技创新和经济发展做出更大贡献。

（一）新形势需要四川省高新区加快转型升级

进入新时代，我国经济社会发展的主要矛盾和国际经贸形势都发生了巨大变化，四川省高新区建设面临的形势更加复杂。特别是随着我国成为全球第二大经济体和制造业第一大国后，国内市场需求已成为经济发展的主要动力，开发和满足国内市场就成为高新区企业的重要任务。并且随着国际贸易保护主义及逆全球化思潮的抬头，美国不断加大对我国经贸及科技发展的打压力度，并且试图拉拢欧盟、日本、印度等围堵我国经贸发展，重置全球产业链、供应链和价值链，推动"制造业回归"或转移他国。为有效应对这些风险，不被国外"卡脖子"，必须加快构建"双循环"发展新格局，以开发国内市场为主要目标，全面提高自主创新能力，突破一些关键核心技术，确保产业链、供应链以及国民经济安全。作为我国高新技术产业发展主战场的高新区自然应发挥更大作用，全面提高自主创新能力，加快高新技术产业集聚，努力突破发展障碍，引领"双循环"发展新格局建设。国家全力支持成渝地区双城经济圈建设"一极两中心两地"，四川省实施"一干多支、五区协同"发展战略，构建"5+1"现代产业体系，也需要四川各高新区加快转型升级，全面提高创新发展能力，增强综合竞争优势，引领全省科技创新、经济转型升级和高质量发展。

（二）国家和四川省全力支持高新区提高发展质量

为应对国外发展环境的变化，我国各高新区也不断采取有效措施，完善营商环境，吸引和集聚高端要素，不断提高创新发展能力。国家和省市对高新区发展也提出了较高要求，同时不断出台政策全力支持高新区提高发展质量。2020年7月，国务院出台了《关于促进国家高新技术产业开发区高质量发展的若干意见》，提出国家级高新区要先行先试，不断加大改革创新力度，优化发展环境，加快集聚高新技术产业，全面增强创新驱动能力，并践行绿色发展理念，努力创建我国创新驱动发展示范区和高质量发展先行区；并提出制定国家级高新区高质量发展评价指标体系，从财税、金融、用地政策等方面全力引导支持高新区高质量发展。四川省积极落实国家相关政策，制定了《关于促进全省开发区改革和创新发展的实施意见》《四川省高新技术产业开发（园）区评价暂行办法》等，全力支持高新区提高发展质量。

（三）四川省高新区距离高质量发展的要求还有差距

尽管四川省高新区发展取得了较大成就，但整体规模、数量和综合竞争力与中东部省市还有差距。四川只有8个国家级高新区，江苏、广东、山东、湖北则分别有17个、14个、13个和12个；四川省只有成都高新区GDP达到了2400亿元，排名第2的绵阳高新区GDP只有360亿元，其余的规模更小，均不超过300亿元，对区域经济发展的带动能力有限。在全国169个国家级高新区2020年综合排名中，成都高新区排名第7，绵阳高新区排名第 50，其余高新区排名均相对靠后。省级高新区规模相对更小，高新技术产业产值占总产值的比重多数不超过 50%，创新发展能力不强。部分高新区土地集约化利用率不高，每亩投资强度和产出水平不高，节能减排压力较大，资源集约利用和绿色发展能力亟待提高。一些高新区的基础设施和公共配套服务特别是双创孵化培育体系不健全，创新创业能力不强，缺乏生活居住、金融商贸、教育医疗等配套服务，产城融合发展水平较低。

三 新时期四川省高新区提高发展质量的路径及对策建议

按照高质量发展的要求，加快完善各高新区管理体系和运行机制，全面优化营商环境，吸引和集聚高端创新要素，培育发展高新技术企业，壮大主导优势产业，增强综合竞争优势，提高低碳循环、集约绿色发展能力，打造区域高质量发展的增长极，支撑引领全省经济高质量发展。

（一）完善基础设施，优化营商环境

按照精简高效的原则，完善各高新区管理体制，深化"放管服"改革，通过体制机制创新，全面提高管理服务能力，为企业投资创业提供优质服务。加强园区各类基础设施和公共配套服务建设，重点完善道路交通、仓储物流、能源电力、网络通信、污水和固废处理等设施，增强产业发展的承载能力。鼓励和吸引社会资本参与建设。按照"产城一体"的要求，加快完善园区生活居住、金融商贸、教育医疗、文化娱乐等配套服务，积极与市政建设对接，打造宜商、宜业、宜居的投资创业环境，为高新技术人才及产业集聚提供仿真国际化的营商环境，支撑高质量发展。

（二）培育壮大优势产业，提高综合竞争优势

依托现有环境资源条件和产业基础，加大招商引资和自主培育力度，围绕全省建立"5+1"现代产业体系目标，全力吸引资金、技术、人才等高

端要素入驻高新区，重点培育发展电子信息、高端装备制造、新能源、新材料、节能环保、生物医药、精细化工等高新技术和先进制造业，努力形成集聚效应和品牌竞争优势，尽快壮大产业规模，形成一批具有全国乃至世界影响力的特色优势产业集群。积极培育发展战略性新兴产业，形成增长新动力。引导制造业等实体经济与人工智能、大数据、物联网等深度融合，推动数字经济产业化、产业经济数字化，促进产业向智能化、高端化、绿色化方向发展。加快发展金融保险、商贸物流、会计法律、评估审计、广告营销、设计研发、管理咨询等生产性服务业和现代服务业，全力增强综合竞争优势，提高发展质量，引领全省产业转型升级和高质量发展。

（三）健全双创孵化培育体系，增强创新发展能力

围绕主导产业发展需要，加快各种创新创业孵化器、众创空间、加速器等平台建设，完善孵化培育功能，健全双创生态体系，提升孵化培育能力，吸引更多高端创新要素进驻，孵化和培育更多科技型中小企业、管理人才及创新创业团队。健全高新技术企业梯度培育体系，助推不同阶段企业顺利发展壮大，培育更多"小巨人"、"瞪羚"及"独角兽"企业。支持有条件的企业通过上市发展壮大，培育更多上市公司。积极吸引国内外知名高新技术企业，包括世界500强及中国500强企业入驻，持续增加高新技术企业数量，培育一批具有国际国内影响力和竞争力的创新型企业。持续完善开发区自主创新支撑体系，支持企业加强研发机构建设，加大研发投入，不断开发新技术、新产品，拓展新市场，加强知识产权管理以及商标品牌建设，提升市场竞争力和创新发展能力。支持重大科研机构和重大创新平台落户高新区，培育国家级和省市级企业技术中心、重点实验室、工程研究中心等。培育发展设计研发、科技咨询、检验检测及认证、技术转移、知识产权、营销推广等科技服务机构，提升专业化服务能力，完善创新创业服务体系。加强产学研合作，鼓励不同创新主体组建创新联盟，以产业链布局构建创新链，以创新链支撑产业链建设，推动产业链与创新链融合发展。围绕主导产业和区域经济发展需要，重点突破一批关键核心技术，形成一批自主可控、国际

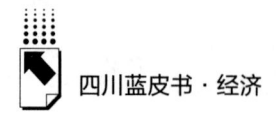

领先的产品，培育一批具有较强竞争力的创新型企业和产业集群，建成一批具有全国乃至全球影响力的高新区和创新型特色园区。

（四）建设生态绿色园区，提升资源集约利用效率

支持各高新区大力发展低碳绿色、生态循环经济，围绕我国碳中和发展战略目标，积极实施节能减排，强化生态环保，建设绿色生态园区。明确高新区项目准入负面清单，提高准入门槛，严禁"三高"企业和低效益项目进驻。加强各高新区污水处理设施和管网，以及固废、废气等污染处理设施建设。大力发展循环经济，鼓励资源循环利用，建设循环经济园区。优化土地资源配置，提高高新区建设用地开发利用强度、投资强度、产出强度，强化人均用地指标整体控制，提高平均容积率，促进土地资源高效集约利用。积极支持省级高新区创建国家级高新区，鼓励市县级园区提高发展水平创建省级高新区。鼓励支持各高新区提高闲置土地利用率，对符合条件且确有需要的高新区支持其扩大区域范围。

B.20
四川数字经济发展实践探索与创新策略

陈 映 彭雅洁*

摘 要： 近年来，四川以数字产业化、产业数字化、数字化治理为主线推进数字经济创新发展，数字化转型走在全国前列，数字化治理初见成效。未来，四川应充分发挥其独特优势，建设新设施，激活新要素，培育新动能，探索新治理，加快推进国家数字经济创新发展试验区建设，力争在制度供给、数据共享、产业集聚、创新能力、数据融合等方面均取得重大突破，助推四川经济高质量发展。

关键词： 数字经济 创新发展 四川

当前，人类社会进入以数字化生产力为主要标志的新阶段，全球经济数字化特征越来越突出。党的十九大做出了建设网络强国、数字中国、智慧社会的重大战略部署，按照中央的决策和部署，我国在培育数字新产业、促进数字经济和实体经济深度融合、构建数字经济发展政策体系等方面取得了重大突破。为了更好地促进国家数字经济加快发展，中央选择前期工作较深入、数字化转型走在前列、代表性引领性较强的广东、浙江、福建、河北（雄安新区）、四川、重庆六地作为国家数字经济创新发展试验区，就数字经济发展领域的关键问题展开探索性改革试验，旨在形成一批可操作、可复

---

* 陈映，经济学博士，四川省社会科学院产业经济研究所副所长、研究员，主要研究方向为区域经济、产业经济；彭雅洁，四川省社会科学院产业经济学硕士研究生。

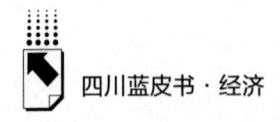

制、可推广的典型经验，示范和带动全国其他区域数字经济加快发展，为我国经济高质量发展和现代化经济体系构建提供支撑。

一 四川数字经济发展的实践探索及成效

数字经济是四川重点发展的新兴产业。2018年四川省委十一届三次全会提出发展"5+1"现代产业体系，首次将数字经济放在突出位置。2019年四川颁布《关于加快推进数字经济发展的指导意见》，提出加快建设网络强省、数字四川、智慧社会，以数字产业化、产业数字化、数字化治理为主线推进全省数字经济高质量发展。2019年10月四川入选国家数字经济创新发展试验区后，开始在数字经济领域先行先试，有力地支撑治蜀兴川再上新台阶。2019年，四川数字经济总体规模超过1.6万亿元，占全省GDP的比重超过30%。四川的数字经济指数、大数据应用水平、数字消费力等指标名列全国前茅，数字政务、数字产业、数字文化、数字生活指数均位居西部榜首。新冠肺炎疫情下，数字经济展现出来的经济发展韧性，为四川经济社会健康稳定发展做出了重要贡献。

（一）信息通信基础设施提档升级

近年来，四川有序推动数字技术基础设施、数字平台基础设施、物理基础设施等"新基建"智能化升级，围绕信息基础设施、融合基础设施、创新基础设施三大领域汇聚整合全省政府数据、公共数据和社会数据，搭建共享开放的数据平台，促进数据这一重要生产要素优化配置和高效运用。四川全面推动5G、人工智能、工业互联网、物联网、区块链、云计算等信息基础设施建设，积极推动数据中心、超算中心等算力基础设施开放共享；深化运用信息技术支撑传统基础设施数字化转型，形成了智能交通、智慧能源等融合型基础设施；聚焦科学研究、技术开发、产品研制等创新型基础设施推动经济转型升级。截至2020年6月，全省已建成100个数据中心、7万机架、1万余个5G基站，开通近5万个窄带物联网基站。成都超算中心建成投运,"蜀信链"区块链服务基础设施进展顺利,区块链算力占全国七成以上。全省在建和建成的国家重大科技基础设施约占全国总量的1/7。积极推进"宽带乡村"、中小城市基础网络和电信普遍服务试点工程,建成全国首个全光网省,实现了全省行政村光纤和4G全覆盖,实现了县以上城市5G全覆盖。目前,四川"新基建"发展潜力在全国排第12位,处于中上游水平。

(二)数字产业化发展势头良好

作为信息产业大省,四川电子制造业、信息通信业、软件服务业等数字经济核心产业基础好,发展势头猛。近年来,四川着力做大做强大数据产业,推进大数据在政务服务、产业创新、公共服务、普惠民生等领域广泛应用,加快数字经济与实体经济融合发展。加快培育人工智能产业龙头企业和重点产品,智能制造增速居全国第4,产业竞争力排名全国第6。工业互联网产业经济增加值规模2019年超千亿元,整体发展水平位于全国中等偏上。5G产业突破性发展,在车联网、智慧医疗、智慧物流等领域的应用日益广泛。集成电路、新型显示、智能终端等智能产业集群不断壮大,集成电路产业突破千亿级规模,新型显示产业规模达百亿级。全省电子信息产业主营业务收入于2019年首次突破万亿元大关,成为四川首个万亿级产业。国家"芯火"双创基地、国家网络视听产业基地、国家超高清视频产业基地、中国电科成都产业基地、京东西南智能运营结算中心等一批重大项目加快实施,布局了西部首个"人工智能+5G"产业园,遴选确立了10个数字经济类重点园区。天府新区、中国·雅安大数据产业园、乐山宝德大数据等数字经济产业园区正加快建设。成都吸引了华为、腾讯等一大批头部企业落户,且本地"独角兽"企业已增至6家。

(三)产业数字化转型步伐加快

一是农业产业数字化进程加快。重点打造了"川"字号农产品网上展示平台,推进农业大数据开放共享。积极推进4个全国数字农业试点和6个省级数字农业试点。

二是工业化与信息化融合互动。深入推进"万企上云"和"中小企业数字化赋能专项行动",引导企业尤其是中小微企业快速推进数字化转型。加快实施工业互联网创新发展行动,建成近40个省级工业互联网平台,上云企业数超20万家。在航空航天、电子信息、装备制造、汽车制造等重点领域的龙头企业进行工业互联网集成创新应用试点。推动长虹实施"5G+工业互联网"改造,支持东电建设大型高效发电装备数字化车间,推进攀钢建成全国首个"钢铁大脑"。积极搭建省级产业园区云平台和数据库,推动企业数字化、网络化、智能化发展。启动实施网信企业上市三年行动计划,建立全省数字经济领域上市后备企业资源库。普及推广两化融合管理体系,提升工业互联网安全保障能力。目前,四川企业电子商务应用占比和企业互联网营销应用程度均有所提高,两化融合发展水平年均增速居全国第2。

三是服务业数字化转型进程加快。"智游天府"平台上线运行,互联网医疗、在线教育、智能零售、共享经济等新模式新业态不断涌现。推动数字商业街区打造和智慧社区服务示范中心建设,餐饮、零售、交通、物流等智慧服务新场景不断出现。大力发展跨境电商,支持四川优势特色产品和服务"数字化出海"。新冠肺炎疫情下,四川电商在保民生、促复工、拓市场、助消费等方面发挥了硬核支撑作用。2020年,四川电子商务交易额超过了3.6万亿元,跨境电商交易总额突破500亿元。

(四)政府数字化转型成效显著

一是政府数据共享开放水平有所提升。四川省政府大数据中心成立,着力推动全省政务数据、公共数据、社会数据汇聚融合和开放共享,为各级政府的决策、管理和服务提供了数据支撑。国家数字经济创新发展试验区(四川)综合信息平台正式上线,为全球访问者深入了解四川数字经济产业优惠政策、寻找发展机会提供了重要渠道。全面推动数字政府建设,强化政务云平台、电子政务内外网等信息基础设施支撑,加快建设省市县乡村五级互联互通网络体系,在全国率先探索政务数据成果转化新路。

二是政府数字化服务水平提升较快。开通了12345政务服务热线平台,全新升级的"天府通办"政务服务品牌深入人心，农民工专属服务平台、社保卡惠民惠农、医保结算、文化旅游等领域的政务应用上线，"最多跑一次"改革向基层延伸，创造了工程建设项目审批管理"一网通办、一网通管、一网通看"的"四川模式"。2019年，四川在全国省级政府网上政务服务能力总体排名中位居第7。

三是政府数字化监管水平大大提升。打造"互联网+监管"平台，推进数字化在市场监管、环境保护、食品安全、公共安全等领域的广泛应用，有效地实现了监管的智能化、精准化和规范化。

（五）"智慧+"社会建设不断深化

一是推进"智慧+教育"。不断整合四川省级教育数据中心资源，建设覆盖全省的互联互通教育数字化服务体系。启动"智慧教育示范学校"，建设数字校园、智慧校园和未来学校，引导优质教育资源向偏远地区覆盖。开展基于5G网络的智慧互联校园和智慧互联教室场景应用试点，推动各类学校线上线下对接。启动了互联网（5G）智能教育、5G泛在学习等研发中心，国内首个智慧教育媒体联盟落户成都武侯智慧教育园。目前，四川教育信息化产业已初步形成涵盖基础设施端、系统应用端、供给端及消费端的完整产业链，年均增长率不断攀升。

二是探索"智慧+医疗"。加快建设国家级健康医疗大数据应用中心，不断完善联通省市县三级的健康信息平台。深入推进"互联网+医疗健康"示范省建设，加快构建"互联网+智能医院"服务体系，建成了全球首个5G医疗行业专网。四川大学华西医院等4家三甲医院启动了5G智慧医疗试点，在网络会诊、移动工作站、应急救援、智慧病房等5G融合应用领域不断创新，推动医疗健康服务智能化、专业化、高效化。

三是加快发展"智慧+文旅"。打造了"智游天府"文化和旅游公共服务平台，构建起纵向贯通、横向协同的省级文化和旅游大数据体系。建设了一批智慧旅游城市、智慧景区、智慧酒店、智慧文旅小镇和文旅数字产业园区，形成了独具巴蜀文化特质的智慧文旅营销模式。

四是发展"智慧+交通物流"。作为交通强国第二批试点省份，四川大力推动信息技术与交通行业深度融合。构建起综合交通大数据中心，打造综合交通出行信息服务平台，推动数据开放共享和创新应用。全国首条5G环线在成都开通，实现了二环环线全程覆盖。积极推进"5G+智慧"高速建设，创设了车路协同、智能收费站、智能服务区以及交通和旅游融合等应用场景，建设了集仓储配送、集散分拨、冷链物流等功能于一体的"智慧物流港"。作为全国物流降本增效综合改革试点省份，四川启动了农村智慧物流提质增效项目试点，实现了农村物流配送降本增效。

五是积极发展"智慧+金融"。推进"天府信用通""信用中国（四川）"等共建共享，拓展"天府融通""信易贷"等产融对接平台功能，运用"互联网+中小企业创新创业公共服务平台""益企云"为企业提供高效便捷的在线融资服务。推动智慧化银行建设，依托数字化转型拓展普惠金融服务，在服务实体经济、防控金融风险等方面成效显著。布局建设天府数字金融产业集聚区，以数字新兴技术应用持续赋能金融创新，全面加速西部金融中心建设。

二 四川数字经济发展的独特优势

入选首批国家数字经济创新发展试验区，是国家对四川数字经济发展先期实践探索的肯定以及对未来继续开拓创新的期望。"一带一路"、长江经济带、新时代西部大开发、成渝地区双城经济圈等国家区域发展规划在川交汇叠加，充分体现了党中央对四川作为西部重要经济增长极潜力的高度认可。四川应抓住大好契机，充分发挥数字经济发展的先发优势，努力为国家数字经济创新发展改革探索积累经验。

（一）产业优势

四川是全国重要的电子信息产业基地，初步形成了涵盖"芯屏端、软智网"的电子信息产业体系。成都作为中国电子信息产业核心城市，吸引了英特尔、微软、华为、京东等一批具有全球影响力的龙头企业落户。2020

年前三季度，四川电子信息产业主营业务收入同比增长 11.1%。四川网络信息安全产业规模位居全国第 2，大数据应用技术产业规模位列全国第 4，集成电路产业规模位列全国第 5，大数据发展综合排名全国第 6[①]。同时，四川装备制造、食品饮料、先进材料、能源化工等传统产业门类齐、规模大，特色农业、文旅产业优势独特。无论是新产品开发与应用，还是传统产业数字化改造和经营模式创新，对于数字经济的需求都很大，可依托新一代信息技术以多种形式发展未来产业。

（二）市场优势

四川是人口大省，城乡居民的生活性消费为数字经济的发展提供了广阔的市场。随着居民收入水平的提高，居民的消费需求更加多元化，消费类型丰富多样，消费结构加快调整，消费质量持续优化。数字经济催生新零售，线上消费高速增长，移动消费已成趋势。电商、外卖、共享单车、网约车等早已走进人们的生活，教育、医疗、交通、物流、旅游等线上线下服务消费加快融合发展。随着城乡收入差距缩小，四川消费的区域格局也在改变，农村地区的道地农产品、农家游乐线上线下消费逐渐成为消费增长的新蓝海。在数字经济推动下，消费者获取信息的渠道更快、更便捷，可获得的产品供给更多元，促使消费服务更加专业化和个性化，为生活性服务业发展带来了广阔的市场前景。

（三）人才优势

加快数字经济发展，塑造经济发展新优势，人才是核心要素。四川是科教大省，拥有电子科大这类实力雄厚的基础高校，有 16 个国家重点实验室、128 个省级重点实验室，还有许多产业技术研究机构、新型科技研发机构，在技术方面有着天然优势。四川信息产业人才储备丰富，其中软件从业人员就有数十万人，蕴含着巨大的创新潜力。四川高度重视人才储备在构建农业

---

① 《四川"万亿级"电子信息产业版图成型》，https://finance.sina.com.cn/china/gncj/2019-11-20/doc-iihnzhfz0372295.shtml。

"10+3"、工业"5+1"、服务业"4+6"现代产业体系中的重要作用。加强现代产业发展人才支持被四川省委列为2020年度重点改革任务。2021年初,四川十部门联合印发《加强现代产业发展人才支撑的十条措施》,包括加大产业人才培养力度、优化产业人才评价机制、强化企业人才薪酬激励、建立健全支持保障机制等内容,对"以产聚才、以才兴产"进行了诠释,为发挥企业聚才主体作用、激发人才创新活力提供了支撑。得益于多年来实施的引智引才政策,四川人才流失率相对较低,宜居宜业的成都在引进和留住高技术人才方面优势更加突出。

(四)环境优势

四川尤其是成都,创新创业环境和政务服务环境好,生活成本相对较低,吸引越来越多的数字产业企业选择扎根成都,将更多更好的项目落地成都。四川作为全国系统推进全面创新改革试验区,积极探索对新产业新模式新业态实施包容审慎监管,加紧构建有利于创新创业创造的政策环境和良好生态。聚焦数字经济发展,加大财政、税收、金融等政策支持力度,创新重大项目推引机制,完善新兴产业发展保障服务体系。通过几年来的改革先行先试,四川体制机制创新不断取得新的突破,营商环境法治化、市场化、便利化进程加快,为数字经济创新发展营造了良好的外部环境。

三 四川数字经济创新发展面临的制约

(一)新型基础设施仍然滞后

相较于行动更早、成效更明显的广东、浙江等省份,四川新型基础设施建设仍然滞后,数字网络普及还有一定的不足。四川数据中心规模较小,不但与东部发达省份有很大差距,也落后于贵州、内蒙古等西部省份。2019年,四川"新基建"竞争力指数(76.6)在31个省份中排第11位,居"第二梯队"首位,但与紧跟其后的天津(76.5)、贵州(76.3)差距甚微。

四川新型行业基础设施指数（76.1）比"第一梯队"的头部省份广东（81.9）低5.8个点，且最显著的差距体现在与行业应用结合紧密的领域。整体而言，四川新基建相关产业软件强，但在传感器和芯片设计制造等硬件领域较弱。全省以区块链技术研究为核心的企业有44家，但其产业优势并不明显。全省目前还没有一家以卫星互联网为主业的规上民企，还没有做数据库硬件的企业，做数据库软件的企业也只是个位数。5G产业方面，川企多从事应用端业务，基站设备生产能力还不强。虽有部分5G小基站和少量终端在川布局，但大部分设备是在长三角和珠三角生产的。此外，部分传统产业和农村地区网络化程度低，全省新型基础设施的示范应用还不够。

（二）数据资源开发利用不足

目前，四川的数据资源尚未被充分开发与利用，作为驱动数字经济发展的关键创新要素，数据的作用没有凸显出来。一是数据基础设施不完善导致海量数据无法及时存储与应用，数据资源浪费严重。二是"数据孤岛"现象突出。各地自行开发建设信息系统，且政府的各类数据分布于各行业、各部门、各平台，这些数据在很长一段时间内处于较为分散和割裂的状态，形成"数据孤岛"，导致政务数据全省互通共享不充分、不及时。三是大数据标准体系尚未建立，无法全面支撑大数据在各领域中的广泛应用。四是公共数据资源开放规模不足，政企数据流动不充分，数据中心等设施资源共享程度低、市场化发展水平较低，导致数据资源盘活及开发利用效率低下，数据能量释放面临较大制约。

（三）本土数字产业企业发展缓慢

四川数字经济领域的高新技术企业数量众多，但个体企业规模较小，缺少头部企业。本地新兴产业企业大多以研发和配套支撑居多，大数据、人工智能、区块链等核心数字技术基础研发与应用能力相较广东、浙江等省份差距较大。如人工智能产业方面，四川约有125家企业及相关产业企业，产业竞争力在全国排名第6，但与排名前5的北京、广东、上海、浙江和江苏有一定的差距。相较于北京、上海、深圳、杭州等地类似新兴科技企业，其产业化与市场推广应用相关环节能力比较弱，还有很大的成长空间。

（四）产业数字化转型任重道远

作为传统工业大省，四川在电子信息、装备制造、食品饮料、先进材料、能源化工等领域具有广泛的数字化应用需求，但受限于工业网络基础设施薄弱、资金投入乏力、改造方向不明、转型成本高、转型周期长等，目前四川传统产业数字化转型慢、转型的广度和深度不够，转型的质量还不高。虽然四川实施了助推中小企业数字化转型的"春蕾计划"，但部分制造业中小企业仍存在不愿转、不敢转、不会转等问题。

（五）数字经济发展不平衡

从地域分布来看，数字企业主要集中于成都，成都拥有绝对优势，其余市州与成都差距较大。从消费者使用情况看，数字经济的用户主要集中于城市地区，农村地区智能终端普及率和互联网服务的使用率较低。从数字服务的人群来看，不同的人群之间形成了鸿沟，如老年人在移动支付、网约车等方面就遇到了困难。尽管四川为弥合"数字鸿沟"实施了公共服务适老化改造提升行动，但效果还没有显现出来。从企业数字化转型情况看，既有数字化水平领先的企业，也存在大量缺少互联网意识、数字化投入少、数字化人才匮乏、数字化水平低的企业。从五大经济区来看，成都平原经济区在数字经济核心产业领域吸引与留住高端人才的优势突出，而川南、川东北、川西北、攀西四大经济区受限于区位、交通条件、产业发展层次等因素，较难招引与留住数字经济研发高端人才。

四 四川推动数字经济发展的创新策略

当前，数字经济已成为新一轮科技革命和产业变革的重要引擎，中国数字经济发展站在了领跑全球和迎接多重挑战的交叉边缘。国家数字经济创新发展试验区方案要求四川结合自身特色优势，突出重点区域、重点产业、重点企业、重点载体和开放合作，推动形成在全国具有引领性、示范性的试验成果，加速打造全国数字经济增长极。

（一）加快推进新型基础设施建设

随着数字经济的快速发展，四川对新基建的需求日益增强。四川应全面推动5G、物联网等通信网络更新迭代，加快推进数据中心、超算中心等基础设施建设，试验探索卫星、6G等未来网络；大力开发优秀的存储技术和产品，拓展数据资源利用的深度和广度，优化数据资源全生命周期管理，实现每一比特数据在全生命周期内成本最小化和价值最大化，从而夯实数字经济发展的"数据底座"；加快推动5G网络规模化部署，推动跨区域数据中心、跨行业信息通信基础设施联建共享，努力缩小城乡"数字鸿沟"，让全川人民共享"数字红利"；进一步完善数据基础设施，加快在交通、医疗、金融、制造等领域打造全国领先的示范应用，提升四川数字经济的竞争优势。

（二）全面推动数字政府建设

从数字化支撑、数字化共享、数字化监管、数字化服务等层面全面推进四川数字政府建设。一是强化数字政府基础支撑能力。建设全国一体化大数据中心国家枢纽节点，完善和延伸统一高效的电子政务网络，从资源、数据、技术和制度层面构建省级数字化支撑体系，支撑和保障政府机构高效响应经济社会的全面数字化转型。二是推动公共部门数据开放共享。建设安全高效的政府数据开放平台，推动设施联通、网络畅通、平台贯通和数据融通，提高公共信息资源开放度和共享度。三是提升政府数字化监管水平。加快构建智慧监管体系，在安全可控的前提下加快挖掘数据价值，强化数据资源统筹规划、分类管理、整合共享，有效解决"信息孤岛""信息烟囱"等问题。四是提高政府数字化服务效能。适应政务服务从线下向线上的转变，依托全省一体化政务服务平台，聚焦用户驱动的服务设计与交付创新公共服务,延续"一网通办",优化"天府通办",推行"掌上办",并推动政务云服务向边远地区延伸。

(三)推进数字产业化和产业数字化

一是加快促进数字产业集聚发展。聚焦"芯屏端软智网"核心产业和5G、区块链、超高清视频等新兴产业,打造在国际上有影响力的数字产业集群。加快建设集成电路"芯火"双创基地,加快构建贯通原材料、零部件、面板制造、整机集成的新型显示全产业链,加快打造软件与信息服务产业高地,建设成都国家新一代人工智能创新发展试验区和数字产业示范园区,吸引和培育一批数字产业龙头企业和前沿领域高成长创新型企业。二是加快产业数字化转型步伐。着力实施数字赋能升级工程,加快物联网、地理信息系统、大数据等信息技术在农业全产业链的广泛应用,推进4个全国数字农业试点和6个省级数字农业试点开展智能农机应用、数字养殖试点示范,加快推动川猪、川茶、川酒等优势农产品全产业链数据资源整合。促进工业制造体系建设与工业互联网升级改造有机融合,通过强化专项政策引导,深入实施工业互联网创新发展行动,持续开展"企业上云"行动等赋能千行百业,努力形成平台企业带动传统企业和中小微企业数字化转型、龙头企业带动产业链上下游企业协同转型的大好局面。积极推动服务业数字化转型,重点推动金融服务、商务服务、信息服务和人力资源服务等生产性服务业数字化转型。加快生活服务企业"上云用数赋智",推动川派餐饮、医疗康养服务、家庭社区服务等开展数字化改造。依据消费结构的多样化、个性化构建线上线下联动服务网络,大力培育智能零售、共享经济、平台经济等新模式新业态,推动商贸、文旅、健康、养老等生活性服务业数字化转型。

(四)加快数字社会建设步伐

一是促进公共服务数字化、便捷化。构建一体化全流程在线公共服务平台,推动公共服务事项跨部门跨行业信息互通共享,提高公共资源配置效率和监管能力。拓展"四川云教"直播平台覆盖范围,开发和有效利用在线教育资源。开展智慧医疗和健康医疗大数据应用示范，构建覆盖线上线下诊疗一体化医疗服务体系。优化"智游天府"文旅公共服务平台，支持各市州根据自身应用实际规划建设文旅大数据中心。推动"天府蓉易办"等平台互认互通，率先实现成德眉资同城化公共服务对接共享。二是推进智慧城市和数字乡村建设。探索建设城市智慧治理中心，依托信息通信技术实现城市治理智慧化。将服务需求与服务供给进行智慧对接，打造涵盖出行、卫生健康、应急防汛等若干系统的应用场景，为城市居民提供精准化的智慧服务。支持成都建设具有国际影响力和区域带动力的新型"智慧名城"，加快建设天府新区数字经济特区，支持区域中心城市和部分发展较好的市州建设数字经济示范区。持续推动乡村电信普遍服务和智慧广电网络建设，加快提升城乡通信基础设施一体化水平。建立农业自然资源、农村集体资产等重点数据资源库，开发符合乡村发展需要和农民需求的智慧应用功能，开展数字农业和数字乡村试点示范。三是提高生活数字化水平。支持数字化智能化生活平台和专业服务机构建设，充分利用泛在于社会各领域的数据资源构建云端集成、便捷高效的智慧场景，为人们提供更加便利的衣食住行。加大数字化智能化生活服务产品研发及产业化，积极培育流量经济、共享经济、微经济等新业态新模式。加强数字技能培训，提升全民数字素养。四是为数字经济发展营造良好环境。完善数据资源开放、产权保护、网络安全防护、个人隐私保护等监管规则，加强跨领域、跨行业、跨部门的融合创新，持续优化数字经济创新创业环境。

（五）协同共建数字双城经济圈

成渝两市在数字经济发展方面存在很强的合作收益潜力，应紧扣"一极两中心两地"目标定位，加快推进数字双城经济圈建设。一是携手拓展数字经济发展空间。利用双城良好的研发、生产、市场和服务优势，构建辐射和服务中西部地区的全链条数字经济体系；依托双城开放合作态势，共享汽车制造、医疗、高等教育以及旅游等大数据，不断扩展数字经济想象空间和应用场景。二是共同打造数字经济创新高地。加强两江新区和天府新区数

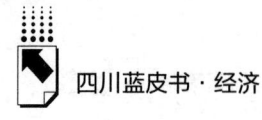

字经济创新发展试验区合作互动，合作激活新要素，探索数据的高效配置和融合创新；合作培育新动能，以应用型为导向、以创新性为引领、以信息化为主导、以产业链为抓手，推动数字经济与实体经济深度融合；合作探索新治理，全面提升政府数字化水平，构建多主体协同治理体系；合作建设新设施，推动国家级互联网骨干直联点宽带扩容，打造服务民生的普惠泛在新型基础设施，不断夯实数字经济发展基础。三是引导数字产业合理分工。依据自身优势各有侧重地发展数字产业。成都可偏重研发、设备制造、数字娱乐等领域的发展，重庆则偏重智能制造、技术应用以及制造业数字化改造等。四是构建数字经济发展共同体。成渝应站在国家战略高度谋划数字经济发展，加强规划对接和统筹协调，共同打造国家数字经济战略布局的承接平台和综合创新实验载体，共同争取国家重大决策、重大项目和重大工程，在川渝毗邻地区规划建设一批智能制造、两化融合示范区，共建具有区域影响力的数字交易中心，共同构建和完善数字经济发展政策体系，建立和完善多层次常态化的合作机制，为数字双城经济圈建设提供有力保障。

B.21
信贷支持四川制造业高质量发展的对策分析

黄 坚*

摘　要： 四川根基在工业、家底在制造业。四川制造业正处于整体迈向高质量发展的战略机遇期，产业金融正处于守正创新的全面成长期，银行制造业贷款业务面临的挑战多、任务重。又好又快地支持四川制造业高质量发展，银行业金融机构应当在政策引领下，着力细化思想指导和推进方针，着力找准信贷支持的主要驱动点并加以实施。

关键词： 信贷　制造业　四川

制造业贷款历来是四川银行业金融机构的基础性业务板块，也是银行助推四川建设经济强省的重要着力点。持续加大信贷支持四川制造业高质量发展的力度，是银行义不容辞的重大责任，也是需要各方合力加以解决的重大课题之一。

一　信贷支持制造业高质量发展的主要有利条件

（一）从政府端看，产业金融"政策红利包"已经形成，为贷款投放提供了有力的政策支撑

进入"十三五"以来，四川省委、省政府围绕"工业挑大梁、投资

---

* 黄坚，四川省政府与社会资本合作（PPP）专家库专家，主要研究方向为银行信贷。

唱主角"的工作思路，推出了一系列支持制造业高质量发展的重要政策。2020年初，中央和四川省又陆续出台了一系列稳定经济增长的政策措施。2020年，全省实现GDP48598.8亿元，同比增长3.8%。第二产业增加值17571.1亿元，增长3.8%；全年工业增加值13428.7亿元，比上年增长3.9%，对经济增长的贡献率为36.3%[1]。工业经济的恢复回升，是拉动全省经济持续回升的主力，增强了未来制造业贷款有序增长的预期。

（二）从产业端看，产业金融服务对象的"市场主体包"已具较大体量，为贷款投放提供了必要的作为空间

第四次全国经济普查结果显示，四川省制造业企业法人单位达65283个，从业人员有335万人，另有个体经营户45万人。2020年末规模以上工业企业有14843家，全年规模以上工业增加值增长4.5%，增速比全国平均水平高1.7个百分点。全年规模以上工业企业实现营业收入45250.1亿元，比上年增长5.5%；盈亏相抵后实现利润总额3197.7亿元，增长13.4%[2]。四川制造业经济的盘子大、基础好、韧性较强、成长可期，为信贷扩张提供了必要的市场基础。

（三）从配套端看，生产性服务业蓬勃发展下的"社会分工包"正在细化，为贷款投放提供了必要的合力叠加

2020年四川第三产业增加值为25471.1亿元，由上半年同比下降0.4%转为同比增长3.4%。其中，生产性服务业占比约为40%[3]。处于跨越式发展新阶段的四川服务业，正加快推进与工业、农业的融合发展。

---

[1] 四川省统计局：《2020年四川省国民经济和社会发展统计公报》。
[2] 四川省统计局：《2020年四川省国民经济和社会发展统计公报》。
[3] 参见《2020年四川省经济形势分析与预测》。

（四）从银行端看，支持制造业高质量发展的"产品组合包"呈现方兴未艾之势，为贷款投放提供了必要的运作工具

2020年，全省金融机构本外币贷款余额71025.99亿元，较2019年末增长13.65%，超出全国1.2个百分点①。近几年来，川内银行在推动制造业贷款上持续发力，尤其是围绕供应链金融、普惠金融②和投贷联动业务进行创新，业已形成了具有较大容量的授信种类格局。2020年末，全省工业贷款余额同比增长7.4%。其中，制造业贷款余额增长14.9%，增速较上年同期增加10.3个百分点③。

二 信贷支持制造业高质量发展面临的主要问题

首先，从外部环境条件看。一是区域布局政策、产业发展政策架构虽已搭建，但具有比较优势的政策支持体系还需进一步调整和完善，细分产业的推进政策还有待进一步充实，营商环境建设还需要在政策集成和真正落地上下功夫。二是作为制造业大省，"大而不强"的问题普遍存在，突出的表现为制造业占比较低。2020年制造业增加值占四川GDP的比重为22.1%，较2019年下降0.7个百分点；全年制造业的投资增速为7%，比全社会固定资产投资增速低2.9个百分点④。全省在产业结构调整、传统产业升级、关键核心技术、自主创新能力、行业内外循环、质量效益水平等方面还存在不少短板，在国际国内产业链分工中的适应性调整还面临不少困难。三是大部分制造企业内涵品质不高、管理不尽规范、动能培育不足、净利润率过低、融资能力较弱等问题突出。四是服务型制造业和生产性服务业发展涉及的人

---

① 每日经济新闻：《2020年四川金融运行数据出炉 普惠小微贷款余额同比增长27.5%》，https：//finance.sina.com.cn/roll/2021-01-19/doc-ikftpnnx9382111.shtml。
② 普惠金融考核标准由中国人民银行银发〔2018〕351号文件设定。
③ 每日经济新闻：《2020年四川金融运行数据出炉 普惠小微贷款余额同比增长27.5%》，https：//finance.sina.com.cn/roll/2021-01-19/doc-ikftpnnx9382111.shtml。
④ 四川统计局：《2020年四川经济形势热点解读》。

才、资金、知识、信息和物流服务，从内容到质效都有待优化和提高。

其次，从银行体系的整体运作看。一是多元化金融组织体系建设没有充分到位，政策性金融机构与商业银行分工运作与相互协同不够。二是不同银行对制造业信贷经营思想、经营策略的审视有欠缺，信贷资源的政策传导与配置通道不畅，制造业贷款规模结构有待扩充和改善。三是聚焦难点痛点发力深化产业金融不充分，在机构设置、人才队伍、数据平台、业务创新、尽职免责等方面着力不够。四是制造业贷款质量隐患无法完全消除，信用风险化解任务依然较重。

最后，从贷款解决方案的结构性问题看。一是在品种上创新不足，传统产品与创新产品、创新产品之间的组合运用程度不高，支持深度和宽度不够。二是在对象上支持初创期企业明显偏少，贷款大多投向了成长期及成熟期企业，支持民营企业和小微企业不够。三是在期限上习惯以短期贷款为主，中长期贷款占比不足，导致频繁倒贷和融资成本增加。四是在额度上长期倚赖参考公式测算定夺，酿成"好企业"可贷空间小、"差企业"反而可贷空间大的怪象。五是在定价上以差异过大的方案对待不同市场主体，民营企业和中小微企业融资偏贵的问题仍较突出。六是在担保措施上过多过分强调审慎管理，在信息增信、风险补偿增信措施上深挖企业潜力不够。七是在放款条件上偏于保守，较少运用区块链、物联网等科技手段解决问题。八是在要素协同上，贷款解决方案包括贷后管理与产业政策、财税政策、金融政策的协同不足。

受上述因素影响，全省制造业贷款总量及其结构还有不少欠缺。据四川省经信厅数据，截至2020年11月末，全省工业贷款余额9837.7亿元，同比增长7.92%①。以此与2020年的相关数据比较，一是工业贷款余额占比相较二次产业增加值占比相对偏低很多，二是全年制造业贷款余额的增速只高出全部贷款余额增速1.2个百分点。倘若按全省2020年平均贷款余额66760亿元与同期GDP的比值系数为1.374打折计算，工业全行业贷款可

---

① 《培"大"育"小"澎湃四川工业发展新动能》，四川经济网，2021年1月15日。

获空间峰值约为 2 万亿元，而实际贷款额尤其是制造业贷款余额显著偏少。

整体而言，四川制造业正处于转型升级的战略机遇期，先进制造业和数字经济尚在布局阶段，新动能培育任务繁重。丰富多样、精准高效的产业金融尚处于发育成型期，制造业贷款存量风险和增量风险并存，信贷支持的有关各方都面临着调结构、稳增长和抗风险的诸多挑战与艰巨任务。

三 优化巩固信贷支持的思想指导和推进方针

下一步，随着疫情防控的持续巩固、推进"六稳六保"政策效应的显现以及四川"5+1"现代产业体系的加快构建，四川制造业将继续保持一定的增长态势。信贷支持制造业高质量发展，应当遵循五部委《关于金融支持制造强国建设的指导意见》和四川省《关于推进"5+1"产业金融体系建设的意见》等文件的引领，先行厘定出一个鲜明的、涵盖各个层面的推进思想用于工作指导。

——以着力支持制造业发展为重要战略维度。深刻领会省委、省政府坚定不移推进制造业高质量发展的精神，抢抓新时代西部大开发、成渝地区双城经济圈建设等重大机遇，以金融支持深入实施制造强省战略为导向，以重塑和强化制造业信贷经营能力为路径，坚持把支持制造业高质量发展作为信贷发展战略的重要组成部分，竭诚为企业提供全方位、全产品系、有力度、有温度的服务。

——以大力推进"5+1"产业体系建设为重要战略布局。制定和实施面向电子信息、装备制造、食品饮料、先进材料、能源化工五大支柱产业和数字经济的信贷政策；始终坚持以重点地区、重点产业、重点园区、重点企业、重点项目、重点产品为制造业信贷投放的主要着力点。对传统制造业实行差异化信贷政策。

——以倾力推进"5+1"产业体系"施工图"为重要战术安排。推出分门别类的、工具化的信贷作业体系，着力做好主要聚焦16个重点产业培育方案落地实施的战术布局。围绕"5+1"产业体系建设涌现的新主体、新需求，建立健全普适性和针对性兼容的战术方法体系。

——以竭力推进合格项目为核心打好每一场战斗。着力打造一支懂业务、明事理、善攻守的制造业信贷队伍，着力培养行业分析、风险评估能力，提高授信方案解决水平，着力完善信贷服务制造业"愿贷、敢贷、会贷"长效机制，扎实做好每一笔授信业务。在设立好上述思想指导的基础上，银行还应当同步明确推进方针和量化阶段性工作目标。概括起来，就是要达到增量、扩面、提质、降本的目标，努力实现质的稳步提升和量的合理增长。

——在增量中实现精准投放。大型银行应按银保监会金融服务制造业高质量发展工作座谈会的要求推进，其他银行除主要面向"三农"提供服务的村镇银行外，也要明确实现制造业全部贷款、中长期贷款、信用贷款的余额增长目标和结构优化目标。

——在扩面中放大普惠金融。四川工业体系中传统产业市场主体占比近70%[①]。一方面，信贷支持应围绕着民营企业和中小微企业转，以实现贷款户数的快速增长；另一方面，应紧盯着多样化的有效需求，以做到贷款辐射面的有序扩大。

——在提质中推进促先升级。重点支持16个重点产业培育方案中的重点企业与优质项目。有序支持为新基建提供产品的制造企业和在国内国际双循环中运转良好的优质企业。择优支持传统产业运用新技术、新业态和新模式进行改造提升，加快向智能化、绿色化、高端化转型。

——在降本中转增生产投入。稳步实施LPR形成机制改革，增强自主理性定价能力，合理确定制造业贷款利率执行区间；加强收费管控，坚决遏制各种形式的不合理和违规收费行为。推动企业将节省的成本支出回转用于再生产。

---

① 参见四川省经济和信息化厅网站《划明重点 挂图作战 2020年四川工业发展这么干》。

四 当前时期推进信贷支持工作的主要着力点

(一) 优化支持点位,厘定好信贷资源的配置方向

一是以四川省"十四五"规划和2035年远景目标纲要、相关专项规划为引领,推动大中型商业银行单列制造业信贷计划,支持提升产业基础高级化和产业链、供应链现代化水平,加快推进制造业向数字化、网络化、智能化转型,打造具有国际竞争力的先进制造业集群。二是抓住四川建设国家数字经济创新发展试验区的机遇,支持数字经济产业发展和天府新区数字经济特区建设。三是着力推进川渝两地在电子信息、汽车摩托车、智能制造等领域实现高质量协同发展。四是大力推动传统领域的企业技术改造和设备更新,加快转型升级步伐。五是加大对工业互联网重点项目的支持力度,支持制造业个性化定制、服务型制造和共享制造。六是支持一批科技型、创新型、专精特型中小企业发展,培育一批"单项冠军"。七是对围绕核心企业提供中间产品、销售服务的个体户提供支持。八是通过支持人才公寓建设、人才购房等途径帮助企业解决后顾之忧。

(二) 优化业务聚合,适时推出新产品和新服务

一是抓紧抓好对传统业务的后评价与适应性改造。合理推动提高中长期贷款、借新还旧、无还本续贷和信用贷款占比,创新推进基建贷款、技改贷款、并购贷款、厂房按揭贷款、工程机械按揭贷款、知识产权质押贷款、出口信贷等,改进推出循环贷款、科技金融、法人账户透支、商票贴现等。二是瞄准新的市场需求提交新的市场供给。重点考虑在产业链应收账款融资、碳排放权质押贷款、投贷联动金融、"境内+境外"金融服务、担保和增信方式创新融资、人才贷等节点上取得积极的进展。三是推进与其他金融机构的合作。积极开展科技保险、信用保证保险、出口信保等分保险业务,加强与证券、基金、信托、租赁、保理等机构的合作。

（三）优化流程节点，提高贷款作业效率

一是细化客户信用评级。分行业体系化制造业评级模型，建立和套用细分行业的调整因子与参数，提高对不同客户的认知水平。二是改进贷前尽职调查。合理考量企业技术专利、研发人才、品牌建设、市场前景、核心竞争力等"软信息"，充分关注"三表"、"三单"、"两品"、监管部门评价等非财务信息。三是调整风险管理偏好。有序提高低成本周转类贷款比重，合理设置期限、利率、担保和用款条件。四是推进金融科技创新。积极运用大数据、人工智能等完善线上获客渠道、准入策略、模型设计、快速审批与便捷放款流程；合力打造为企业提供经营支持、贷款支持、商机撮合等综合服务的网络化平台。五是提高授信审批效能。建立绿色快速审批通道，组合运用多种审批方式提高审批效率。

（四）优化政策集成，聚合协同作战的效益溢出

制定信贷支持四川制造业高质量发展专项指导意见。切实发挥再贷款、再贴现等货币政策工具直达实体经济的作用，将支持情况纳入宏观审慎评估体系考核，对成绩突出的金融机构优先予以支持。研究建立跨界合作且更为细化的制造业专项信贷统计监测分析体系并加强信息共享。研究改进流动资金贷款额度测算参考办法，尽快推出扩大中长期流动资金贷款的指导意见。

着力推进应急转贷、贷款风险补偿、担保风险分担机制等财政支持政策通达借款企业，利用专项补助、融资贴息、以奖代补、保险补偿、产业投资引导基金股权投资、定向财力转移支付等方式，加强对制造业和数字经济发展的支持；积极拓展与财政在政采贷、稳保贷、园保贷、科创贷等新通道上的合作；关注首台套首批次首版次保险补偿机制试点政策落地情况；关注抵扣范围扩大后增值税优惠政策落实情况；关注企业用地、能源、物流、用工等惠企政策落地情况。

（五）强化风险防控，推动制造业贷款可持续发展

针对存量业务板块，一是建立企业经营和财务成果常态化检视制度，重点厘清信贷资金二次回流及企业遵守借款契约的情况。二是对经营暂时困难的企业，防止非理性压贷、抽贷和停贷，避免在风险处置过程中出现处置风险；对符合战疫纾困政策的，按照规定要求办理。三是对僵尸企业、三高产业、过剩产能，有序实施稳妥退出策略。四是强化对部分敏感行业与高风险客户的监测预警，及时识别和处置风险。

在增量业务方面，一是要力求运用包括科技手段在内的多种途径考察客户风险，提升对产业替代风险、产业迁移风险、环境与社会风险、国别风险等复杂风险的识别能力。二是精细刻画客户资金管理特征，找准影响贷款资金"三性"统一的风险点，落实好风控措施。三是合理设置企业自身提供的担保措施，注重强化以对企业现金流进行管控为主的增信措施。四是注重从源头把控风险，防止多头授信、过度授信和跨产品边界授信。五是探索运用政府主导、部门协作、社会力量参与的市场化风险防范和处置机制，有效利用银政、银担、银保、银资合作[①]分险、增信。

---

① 银资合作指银行与持牌 AMC 合作。

B.22
投贷联动模式助力四川省科技企业发展的分析及思考

李 由**

摘 要： 科技型中小企业是四川省科技进步主要的推动力量，其数量及规模排在全国前列。当前，四川省科技型中小企业普遍存在资产结构不合理、借贷信息不对称、交易成本过高、银行风控难度较大等问题，使企业陷入了资金不足、融资受困、发展受阻的被动局面。在投贷联动模式下，我们需处理好各当事人利益诉求，处理好"股权+债权"的融资模式，强化政府督导和监管的指导工作，切实转变银行经营理念和金融服务态度，助力商业银行业务创新的价值新发现，为四川省科技型中小企业投融资开辟一条新路径。

关键词： 投贷联动 商业银行 科技企业

近年来，我国正加快实施创新驱动发展战略，科技型中小企业如雨后春笋般兴起并得到快速发展。据科技部的有关数据，2019年全国高新技术企业达到22.5万家，科技型中小企业超过15.1万家，全国169个高新区GDP达到了12万亿元人民币，占全国经济总量的10%以上。截至2020年6月底，四川省入库在册的科技型中小企业数量已达到7846家，同比增长了

---

* 本文撰写过程中何思怡在文献资料收集整理等方面给予了大力帮助，在此表示感谢。
** 李由，博士，四川省社会科学院金融与财贸经济研究所副研究员，主要研究方向为中小金融发展。

42.63%，增速排名全国前列，在疫情防控和经济发展中四川省科技型企业发挥了非常重要的作用，是推动四川省经济高质量发展的重要动力。然而，科技型中小企业由于其轻资产、高风险等特征，在发展过程中又易陷入资金不足、融资受困的不利境界。在我国，中小企业长期普遍存在融资难、融资贵的状况。破解这一难题，是摆在我们面前的主要任务。2016年，中国人民银行、中国银监会、科技部三部门联合发布了《关于支持银行业金融机构加大创新力度 开展科创企业投贷联动试点的指导意见》（以下简称《投贷联动指导意见》），旨在通过推行商业银行的投贷联动业务，探索符合我国国情、适合科技企业发展的新的金融服务模式和新的融资方式，使科技型中小企业能够得到更多的金融支持，以缓解其资金不足、发展受困的窘况。

投贷联动是指商业银行的信贷投放同投资公司的股权投资相结合的一种投融资方式。其中银行业类金融机构是信贷投放的主体，而股权投资的主体则主要为风险类投资机构，如专门的风险投资基金或私募股权投资公司（即VC/PE），同时国内还有少数商业银行设立了具有股权投资功能的子公司进行股权投资，由此投贷联动产生了两种运作模式。投贷联动实现了科技型中小企业信贷风险和收益的匹配，相比于传统商业银行业务，它解决了支持科技企业带来的风险收益不对称的问题，并且能为其提供持续的金融动力，从而使企业实现健康发展。它既考虑了当前科技型中小企业的发展特征和融资需求，又顾及了商业银行在目前经济下行压力较大的外部环境下拓展收入来源、优化收入结构的愿景，还满足了风险投资机构降低投资风险、提高股权投资回报率的需求，从金融视角为解决初创期和成长期的科技型中小企业的融资困境提供了一种新的思路。

一 科技型中小企业融资受困的主因分析

（一）银企借贷信息不对称

信息不对称和不充分主要是指投融资机构信息交流不畅通，交易成本过高，从而造成科技型中小企业融资受困。中小企业的财务管理制度体系同大企业相比没有那么规范和健全，中小企业有时为了避税和防范竞争者，企业也不愿意披露或选择性披露自身的会计信息，而金融机构往往以企业的财务报表作为其信贷业务决策的衡量依据，因此形成了借贷双方的信息交流不对称。科技型中小企业所掌握的信息远超过金融机构通过自身渠道搜集到的财务信息，某些经营状况并不良好的企业会利用信息不对称粉饰报表，隐瞒自己的真实运营情况。而金融机构由于信息不充分或者获取企业经营信息的成本过于高昂，难以在短时间内判断其信息的真实性，因此劣质企业通过伪装成优质企业的假象来获得金融机构贷款最终违约的情形时有发生，信用风险的存在促使贷款定价中的违约风险溢价提高，造成的后果便是逆向选择。违约风险溢价导致的贷款利率提升使得这些科技型中小企业中信用风险程度较低的企业由于贷款利率高于心理预期而望而却步，逐渐退出信贷市场，而信用风险较高的企业却认为此时的贷款利率低于心理预期而产生追加申请贷款的冲动。如此循环往复，信贷市场便成了"柠檬"市场，贷款利率越来越高，信贷市场上资信良好的企业逐渐退出，剩下的都是信用风险较高的企业，形成了"劣币驱逐良币"的局面，最终结果便是科技型中小企业整体融资成本上升，融资处境也就越发困难。

（二）商业银行风控难度加大

科技型中小企业一般都具有轻资产、高风险、高成长等特征。由于行业特性，其总资产中往往更多的是知识产权等无形资产，可作为传统抵押物的有形资产较少。而知识产权、专有技术、商标等无形资产评估过程复杂且标准不一，其未来经济前景预期难以把控。同时知识产权的权利、权属关系及后续的维权等都存在不稳定、不确定、不完整等因素，相关知识产权之间的关联度和相互影响程度难以界定和区分，相对于有形资产而言不可控因素更多，不仅无法像有形资产那样可以进行较为准确客观的价值评估，还增加了企业不能偿还贷款时银行对无形资产质押权利的处置难度。商业银行开展抵押贷款业务的本意是降低贷款风险和减少贷款损失，而目前知识产权缺乏动产或不动产那样完善的交易市场，因此很难达到银行信贷风险防范的初衷。

科技型中小企业除上述不确定因素外，通常还会比其他传统行业面临更大的市场风险、技术风险和管理风险。高新技术产品从技术研发到实际应用，需要经历一段很长的时间，在此期间企业需要投入大量的资金且没有收入来源，并且这个过程中还会由于技术的不成熟而面临很多难以预料的不确定性。有数据显示，初创期中小企业成功的概率仅有两成。甚至是上市的科创类企业，也存在因技术等原因面临随时蒙受巨大损失的情况。除此之外，高新技术产品的市场前景与传统行业的产品相比，更加难以推断，这将影响企业的未来发展状况，从而难以评估企业的未来偿债能力。这种高风险的行业特性增加了科技型企业贷款逾期的可能性，也提高了企业的融资难度。

二 商业银行投贷联动业务模式结构分析

（一）"银行+VC/PE"模式

从目前来看，我国商业银行同 VC、PE（即风险投资基金、私募股权投资）等风险投资机构合作进行投贷联动是国内商业银行探索开展投贷联动的主要模式。该模式又可进一步分为贷款跟进模式和选择权贷款模式两种。

1. 风投基金加银行贷款

商业银行与风险投资专业机构建立相互信任的战略合作关系，投贷双方在客户信息资源共享和业务流程前端等方面实行合作共赢。商业银行根据自身的审核标准，从已发放贷款的科技型中小企业中筛选出未来发展前景较好并且对于股权融资有较强烈意愿的企业，推荐给相关的风险投资机构，根据其对贷款企业的相关信息进行客观判断，最终将贷款企业的信用评估提交至相关风险投资机构进行审核。即使是已经获得风险投资机构投资或拟将获得投资的科技型企业，商业银行也可只对符合商业银行授信条件的企业给予一定的贷款额度，并匹配相关的金融产品和期限给予支持，同时锁定被投资企业包括投资顾问咨询服务、开户资金结算等相关业务。但在这种模式下，商业银行只是提供贷款与金融服务，而无法分享科技型中小企业上市后股权溢价而带来的额外收益。同时，由于商业银行和风险投资机构在投贷模式上不同，银行和风投机构在投资理念、盈利模式、风险偏好等方面有较大的差异，在为科技型中小企业提供融资服务时双方需要不断共享投资信息，不断协调并付出较高的交易成本。

2. 商业银行选择权贷款

选择权贷款即商业银行为了分享未来股权溢价而与风险投资机构达成的一种选择权（期权）合同。商业银行在签订贷款协议时，对贷款企业附加签订一定数额的企业股权认购协议书，在约定的行权期限范围内，商业银行可将贷款作价转换为持有对应的公司股权期权，该股权期权一般由第三方风险投资机构代为持有。商业银行持有的股权在未来通过资本市场上市出售、股权转让或企业回购等方式实现股权溢价，银行便可行使相应的权利。商业银行也可通过第三方风险投资机构抛售所代持的这部分股权，再由风险投资机构按照约定的有关条款将相关收益以融资顾问费等方式返还给商业银行。

在选择权贷款模式下，商业银行能否实现高额收益很大程度上取决于风险投资机构的表现，因此商业银行非常重视风险投资机构的准入，对风险投资机构的管理团队、投资决策、过往业绩表现、资金实力等都有严格的审查标准和准入流程。

（二）"银行+子公司"模式

根据我国《商业银行法》的有关规定，银行业金融机构不得对实体经济和非银行金融机构进行直接的股权投资。但在2016年颁布的《投贷联动指导意见》中，国家为鼓励商业银行投贷联动业务的开展，先后批准了10家银行业金融机构在境内发起设立由商业银行控股的股权投资子公司。除这10家商业银行之外，其他银行业金融机构只能通过在境外设立控股子公司的方式来开展直接投资形式的投贷联动业务。

这种投贷联动模式由商业银行自己设立的具有股权投资功能的子公司从事股权类投资业务，与商业银行自身的信贷业务紧密相结合从而形成投贷联动。该模式在股权投资退出方面，通常采用在资本市场公开上市或企业回购股份即"IPO+回购"的方式。对于股权投资后能在证券市场上市的企业，商业银行通常在其上市后抛售其股权，获得相应收益。对于投资股权之后没有上市的科技型中小企业，商业银行则主要通过企业自己回购股权的方式退出或转让股权的方式退出。在"银行+子公司"模式下，由于子公司属于商业银行集团内部的机构，具有决策流程短、办事效率高的特点，充分显现了"银行+子公司"模式的经营优势。

三 商业银行投贷联动模式存在的问题分析

首先，由于商业银行与风险投资机构存在利益诉求上的不平衡，在风险界定、客户选择偏好、资金投入时间点等方面存在理念上的差异，双方在业务决策机制和流程、客户偏好和风控措施等方面难以同步。如银行一直以来贯彻的是低风险容忍度、低收益的防御型风险管理理念，而风险投资机构更偏好高风险、高收益的主动型风险管理理念，因此要找到同时符合双方审核标准、愿意为其提供"股权+债权"融资服务的科技型中小企业很难。

其次，目前科创企业的投资方只能通过上市和股权转让实现退出，而股权投资收益的产生往往需要5年以上。虽然科创企业的股权上市溢价收益往往比较可观，但处于初创期和成长期的科技型中小企业的产品或服务的研发周期太长，走向成熟期直至上市需要经历很长的一段时间。上市后在股权转让退出的过程中，也可能存在股权流动性较弱等问题从而影响投资收益。而信贷业务的周期则较短，通常都在3年以内，因此用投资收益抵补信贷风险的不确定性较大。

最后，投贷联动业务作为科技金融的一项新的供给形式，涉及资产管理、风险投资、信贷管理、科技创新等多个行业领域，对复合型人才的需求较高。虽然商业银行在信贷管理等方面的人才储备较为充足，但它们不了解科技型中小企业的行业特性以至于无法准确评估其核心资产的价值，也比较欠缺资产管理与风险投资等方面的技能与知识，不利于投贷联动的顺利推进。

四 对商业银行投贷联动模式的思考及建议

首先，加强和完善银行投贷联动的力度和政策指导工作。政府相关部门如人民银行、银保监会、省地方金融监督局等管理部门，应积极配合，相互协调，引导地方中小金融机构尤其是城市商业银行加大对科技型企业的支持力度。政府部门要出台相关政策和办法协同行业协会及中介机构积极推广认证评估专利发明权、商标商誉权作价入股，支持公司股权、企业应收账款等新型质押贷款。第一，在宏观货币信贷政策调控上和再贴现额度上加大向中小科技型企业的帮扶力度；第二，进一步提高银行类金融机构对科技型中小企业信贷支持的针对性、有效性、长效性；第三，表彰科技金融创新成效突出的地方中小金融机构，对其再贷款、再贴现和常备借贷便利等资金方面给予优先支持；第四，完善科技金融体系基础设施建设，推进科技金融信息共享，充分推动人行征信、中征等应收账款融资服务平台建立科技型中小企业信贷专项统计制度等。

其次，商业银行应首先转变自身的经营理念，积极创新金融发展模式和思路。投贷联动业务涉及的是信贷投放与股权投资，需要银行类金融机构同股权类投资机构紧密合作，而不是独自进行信贷业务，因此在风险界定、客户偏好等方面可以兼顾投资的理念来评判风险和选择客户，适当提高对科技中小型融资企业贷款的风险容忍度。此外，商业银行还应该转变过于看重短期利益的理念，不应只关注本金的安全与收益的稳定，而应该从长远角度来分析企业的经营模式，关注其核心资产并与投资机构协同合作，这样也有利于对融资企业的贷后管理。

再次，探索投贷联动新金融服务模式，中小金融机构特别是地方法人城市商业银行要积极对接本地科创企业开辟金融业务新渠道，要不断丰富金融产品，满足金融服务新需求，缓解企业资金不足发展受困的难题。商业银行要根据科技型企业本身的特点、成长的轨道、产品的特性、市场的变化推出特色化金融产品和金融服务模式，针对不同阶段的发展特点，开发差异化授信产品。在服务模式方面，商业银行要会同其他非银行金融机构等组织共同开展投贷联动新模式，除进行股权、债权等投资外，发起设立科技产业投资基金，以及科技信托产品、证券资管计划、委托贷款等，同时积极拓展科技型企业在材料供应链方面及产品链方面的融资渠道，强化管理咨询、财务顾问等综合业务服务，最终形成"贷款+债权+股权+委贷+租赁+投顾"的全新金融服务。

最后，商业银行应积极引入同时具备银行和投资这两方面专业技能与知识并熟悉科技类企业发展特点与市场形势的复合型人才，组建专业化的团队深入钻研投贷联动业务。正确认识知识产权作为非物质性无形资产所具有的独特性、唯一性，加强对知识产权等专利产品的评估、认证工作，了解科技型中小企业的发展前景、公司治理等状况。同时，金融机构要针对科技型中小企业的特点，建立快速贷款审批绿色通道等，提高贷款审批效率。推行银行风险经理、客户经理、审贷官联动工作会议机制，实行信贷集中审批模式，只有这样才能从根本上缓解科技中小型企业资金不足、融资受困的困难。同时，商业银行投贷联动业务的创新发展也是商业银行获得更高收益的主要途径和渠道。

参考文献

高园媛、张迎春、叶兵：《我国商业银行投贷联动的推进和运作模式研究》，《西南金融》2017年第10期。

韩刚：《商业银行金融创新与科技型小微企业融资困境突破——以交通银行苏州科技支行为例》，《金融理论与实践》2012年第4期。

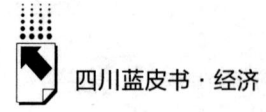

张伯友：《知识产权质押融资的风险分解与分步控制》，《知识产权》2009 年第 2 期。

王晓玲：《科技类企业投贷联动融资模式研究》，兰州大学硕士学位论文，2019。

陈娇：《我国投贷联动业务的运作模式、障碍及建议》，《现代商业》2017 年第 8 期。

蔺鹏、孟娜娜、王少宾等：《科创型中小企业的金融支持新路径——基于投贷联动模式的分析》，《新金融》2017 年第 4 期。

B.23
2021年四川省民族地区经济社会发展研究

贾兴元*

摘　要： 四川民族地区已经站在了新的历史发展起点，夺取了脱贫攻坚和建成全面小康双胜利。经济社会发展的主要矛盾已经发生了根本性变化，基础设施薄弱和产业发展瓶颈制约等问题逐步得到解决，大力推进乡村振兴、进一步巩固脱贫攻坚成果、增强产业可持续发展能力、提升民生保障水平、解决专业人才缺乏等问题，成为新的发展阶段重心所在。在新的发展基础上，贯彻新理念、探索新思路和新路径，实现四川民族地区经济社会高质量发展，是当前面临的重大任务。

关键词： 民族地区　乡村振兴　高质量发展

一　四川民族地区经济社会发展站在了新起点

经过多年持续攻坚，四川民族地区经济社会发展取得了全方位、开创性的历史成就，夺取了脱贫攻坚和建成全面小康双胜利。通过持续不断实施脱贫攻坚系列重大工程和重大经济社会发展支撑项目，四川民族地区发展基础

---

* 贾兴元，四川省社会科学院社会学研究所助理研究员，主要研究方向为四川民族地区经济和社会发展。

和发展潜力发生了深层次、根本性历史变革,公共服务基础设施、产业发展基础设施进一步完善,自我发展能力进一步增强,全域旅游、特色产业、电子商务、"飞地"园区等新发展动能逐步显现。2020年四川省民族自治地方实现GDP2746.2亿元,比2019年增长3.8%。三次产业结构调整为22.1∶30.2∶47.7,第一产业增加值606.2亿元,增长4.7%;第二产业增加值828亿元,增长5.1%,实现工业增加值688.9亿元,增长5.4%;第三产业增加值1312亿元,增长2.5%。全社会固定资产投资比上年增长9.6%,社会消费品零售总额966.9亿元,下降3.8%。全年农村居民人均可支配收入14956元,增长9.1%;城镇居民人均可支配收入35203元,增长4.8%[1]。

2020年甘孜州GDP达到410.61亿元,比上年增长3.6%。其中,第一产业增加值80.67亿元,增长4.5%;第二产业增加值105.34亿元,增长8.4%,工业增加值达到89.01亿元,增长7.9%;占GDP的比重达到21.7%,采矿业增加值12.02亿元,第三产业增加值224.6亿元,增长0.9%,接待游客3102.92万人次,实现旅游收入341.28亿元,三次产业占GDP的比重由17.13∶25.54∶57.33调整为19.65∶25.65∶54.70。地方财政一般公共预算收入40.11亿元,同比增长17.6%。全体居民人均可支配收入20133元,增长7.2%;城镇居民人均可支配收入36521元,增长4.8%;农村居民人均可支配收入13967元,增长9%[2]。

2020年阿坝州GDP突破400亿元,达411.75亿元,按可比价格计算,比上年增长3.3%。其中,第一产业增加值82.07亿元,增长4.5%;第二产业增加值96.45亿元,增长5.3%,规模以上工业增加值增长5.1%(含园区),规模以上工业增加值增长3.5%,实现建筑业总产值69.41亿元,增长6.6%;第三产业增加值233.23亿元,增长1.9%,社会消费品零售总额96.81亿元,下降4.2%。全社会固定资产投资比上年增长12.3%,居全

---

[1] 资料来源于《2020年四川省国民经济和社会发展统计公报》。
[2] 资料来源于《甘孜藏族自治州2020年国民经济和社会发展统计公报》。

省第2位。实现财政一般公共预算收入28.73亿元,增长8.8%。全体居民人均可支配收入23726元,名义增长5.8%;城镇居民人均可支配收入37011元,增加1541元,名义增长4.3%;农村居民人均可支配收入15539元,增加1287元,名义增长9%。农村居民收入增速快于城镇居民收入增速4.7个百分点,城乡居民人均收入比值缩小0.11,城乡居民收入差距持续缩小[1]。

2020年凉山州实现GDP1733.15亿元,同比增长3.9%,全社会固定资产投资再创历史新高,同比增长12.4%,高于全省增速2.5个百分点。投资增速连续两年居全省21个市州第1位。其中,第一产业(不包括农林牧渔服务业)实现增加值406.74亿元,同比增长4.8%;第二产业实现增加值559.55亿元,增长4.6%;规上工业增加值同比增长5.9%,增速高于全省平均水平1.4个百分点,较2019年加快4.2个百分点,增速在全省GDP千亿元以上市州中列第1位;第三产业实现增加值766.86亿元,增长3.1%。三次产业结构由2019年同期的22∶33.8∶44.2调整为23.5∶32.3∶44.2[2]。

二 四川省民族地区经济社会发展面临的新挑战

(一)内生发展动力薄弱

长期以来,四川民族地区经济社会发展面临基础薄弱、发展要素不足等难题,可持续发展的内生动力仍然比较薄弱。客观层面上,经济发展支撑体系仍未建立,政策帮扶式的产业发展模式亟待转型,发展不平衡、不充分问题未得到有效解决,民生改善和保障的任务仍然繁重,脱贫攻坚巩固仍存在较多的瓶颈和制约。主观层面上,部分干部群众思想观念仍有一定的局限

---

[1] 数据整理自四川省统计局网站《2020年阿坝州经济运行情况》。
[2] 数据整理自凉山州统计局网站。

性，存在诸多难题需要破解和引起高度重视：一是脱贫攻坚任务完成后，政策的支持方式、投入方式和干部的工作方式将发生较大变化，部分干部群众适应难度大；二是政策性资源投入力度和支持力度发生较大变化，部分干部群众要从"雪中送炭"式的被动获取，积极转变为"锦上添花"式的主动作为，部分干部群众适应难度大；三是仍有较高比例的农牧民内生性发展动力不足，长期以来习惯于资源性收入和政策性收入，通过发展产业努力增收的愿望、动力和能力不足，调整难度较大；四是少数干部仍然对高质量发展和创新发展有畏难情绪，"等靠要拖"等情况在一定程度上制约经济社会的发展速度和质量；五是少数干部对新形势、新任务还不适应，习惯于被动的政策性投入和项目安排，主动谋发展和全力促发展的风气和氛围还不够浓厚，对经济社会发展的重视程度和主动作为动力仍有一定欠缺，主动担当和开拓意识还有待加强。

（二）人才不足瓶颈突出

民族地区的工作和生活条件相对艰苦，客观上导致"现有人才留不住、优秀人才引不进"，特别是教育、卫生系统技术骨干人才流失严重，建筑、水利、交通、农业、文化、广电、旅游等重点领域的专业技术人才极度匮乏，"人才瓶颈"矛盾越来越突出。随着民族地区城乡基础设施水平、产业发展能力和公共服务保障能力的大幅提升，经济社会发展和民生服务的机器设备等"硬件瓶颈"制约逐步得到缓解，但人才队伍特别是专业性人才的"软件瓶颈"矛盾越来越突出，严重制约了经济社会的可持续发展，人才队伍特别是专业性人才引进、培育和建设的重要性更加凸显。

（三）民生保障存在短板

教育医疗、就业增收仍然是城乡群众的操心事、烦心事、揪心事，公共服务不均衡仍然是当下最要紧的民生保障难点，可持续的社保体系、公共卫生和疾控体系仍不够健全。城乡发展不均衡，偏远乡村公共服务保障难度大，专业人才缺乏，教育医疗等民生服务水平偏低。把社会和谐稳定作为促进经济社会发展的重要保障，全力提升人民群众的获得感、幸福感、安全感，把保障和改善民生作为发展的核心任务和优先方向，积极回应群众重大民生关切，加大公共投入，以更好的制度设计逐步解决各种民生问题。

（四）社会治理还有弱项

民族地区独特的经济基础、政策与制度条件和社会结构条件决定了其社会治理更具有复杂性、不平衡性，四川民族地区社会治理特别是基层社会治理，还有很多短板和弱项。健全以党组织为领导核心的乡村治理体系，积极创新法治、自治、德治相结合的乡村治理模式，还有很多不足和弱项。如何顺应社会结构、社会关系、社会行为方式、社会心理等深刻变化，构建适应民族地区实际兼具乡土性与现代性的现代社会治理模式任重道远。

（五）生态环保任务繁重

四川民族地区作为我国长江、黄河的流经地，是我国生态屏障、生态涵养地的重要组成部分，生态区位特殊，生态地位重要，直接影响到国家的生态安全和水资源安全。植树造林、山水保护、生态修复、水土流失、草原沙化、湿地功能退化等问题仍然比较突出，生态治理点散、面广、量大，生态保护与治理统筹推进困难较多。生态环保既是一场攻坚战，更是一场持久战，加快推动形成生态优先、绿色发展的生产方式、生活方式和治理方式任务繁重。

三 四川民族地区经济社会发展需要探索新路径

（一）统筹衔接好脱贫攻坚与乡村振兴战略

大力实施乡村振兴战略，立足区域特色、产业特点和村庄类型分类推进乡村振兴，进一步巩固脱贫攻坚成果。针对不同区域、不同产业和不同类型村庄的变迁趋势、区位条件、资源禀赋和产业基础，注重地域特色和产业基础，因地制宜制定乡村振兴路径，探索产业融合型、旅游服务型、镇村融合型、文旅融合型、农牧体验型、生态（扶贫）搬迁型等不同类型村庄发展方式，差异化制定乡村振兴的方向和具体实施路径，不搞"一刀切"和"齐步走"。以全域旅游建设为导向，结合不同地域的特点，把少数民族特色村镇建设与乡村振兴战略有机结合，大力促进四川省民族地区经济社会发展。通过试点先行、示范带动，集中力量优先打造一批特色产业基地、特色小镇和特色村落，探索可复制、可推广的经验做法。逐步提升乡村振兴项目建设和管理水平。不断完善乡村振兴绩效考核机制，通过加强督导资金和项目管理，避免重复建设和低效投入，确保乡村振兴项目建设管理水平和投入效果，发挥示范性重大项目建设应有的作用与意义。

（二）结合实际创新乡村振兴发展思路和举措

以乡村振兴为路径，加强城乡融合体制机制创新，加快完善以农村产权制度和要素市场化配置为重点的体制机制，激活市场、激活要素、激活主体。探索在尊重群众意愿基础上，通过"行政手段+市场手段"解决"空心村"和进城农牧民的生计问题；探索政府统一对承包经营地集中流转和整理后转交企业集中经营、合作社集中流转后转交企业集中经营，实现土地集中规模经营的机制；推广城乡建设用地增减挂钩，完善农村土地退出机制，解决农民进城后的住房等问题。

（三）建设少数民族特色村镇带动乡村经济社会发展

以建设民族特色村镇为契机，逐步完善和提升基础设施，带动和促进民族地区旅游产业发展。通过进一步落实扶持政策和举措，进一步为旅游业发展创造良好环境，帮助更多农牧民参与就业创业以增加收入。通过积极申报"中国少数民族特色村寨"，带动和促进旅游发展，进一步带动民族地区乡村经济社会发展，实现少数民族特色村镇建设与少数民族文化保护传承的良性互动。规划和新建的民居要统筹好民族特色文化传统和现代生产生活需要之间的关系,在实施少数民族特色村镇规划和建设时,要对有历史传承、民族特色的建筑进行保护和科学改造。针对有历史记忆、文化脉络、地域风貌、民族特点的特色村镇,进一步加强保护,把"中国少数民族特色村寨"建设作为促进四川民族地区旅游发展的重要载体,实现少数民族文化保护传承与经济社会发展的良性互动。通过资金扶持、政策倾斜等多种办法,按照年度规划建设民族特色小镇、特色村寨,提升民族地区的城镇化水平。

(四)探索以城带乡、镇村联动、城乡融合发展的路子

结合资源禀赋和产业优势,通过中心城镇建设来辐射面和带动乡村发展。在加强中心城镇的基础上,不断完善和提升中心城镇的服务功能,根据区域特点和资源禀赋,逐步培育和发展一批不同类型的特色城镇,提升基础设施建设水平和承载力。注重发挥交通沿线城镇的带动作用,通过交通干线建设和提升促进城镇化建设,通过对交通沿线特色小城镇统筹规划发展,突出打造示范带动作用强的特色小(城)镇,进一步提升城镇公共服务对农村人口的辐射面和覆盖面,实现以城带乡、镇村联动、城乡融合发展。进一步科学统筹人口向县城和中心城镇集聚,不断通过产业集聚和服务能力提升带动中心城镇发展,辐射服务周边农牧民,引领和带动县域经济社会发展。

(五)大力实施全域旅游战略带动富民增收

大力实施全域旅游发展战略。以全域旅游为核心发展思路,围绕资源禀赋,以产业融合为核心发展路径,充分发挥旅游产业引领带动作用,积极探索"以旅促农、农旅结合、商旅结合、文旅融合、体旅融合"的"旅游+"发展新模式,着力构建具有当地特色的旅游发展新格局和新业态,增强经济社会发展的支撑能力和可持续发展能力。

(六)不断提升民族地区城乡居民收入水平

依托民族地区的资源禀赋和特色产业,大力推动电商产业发展,丰富电

商业态，进一步增强农牧民增收能力，把生态建设和增强持续发展能力相结合，发挥好乡村旅游综合公共服务设施示范项目的作用，扎实推进创业带头人培训项目。通过增强增收产业支撑、创新增收渠道和大幅提升农牧民工资性收入等路径，特别是围绕特色农牧业发展，进一步拓宽民族地区特别是边远山（牧）区的农牧民群众增收渠道，不断增强农牧民自我发展能力，切实帮助农牧民实现大幅增收。

（七）大力实施重大工程项目带动区域发展战略

大力推进重大工程项目建设。借助重大项目建设机遇加强基础设施建设，加快推进川藏铁路建设，围绕川藏铁路建设等项目，推动建设一批重大基础设施、公共服务设施，建设更多"团结线""幸福路"。加快推进川藏高速公路等重大项目建设，带动四川涉藏州县基础设施水平提升和经济社会发展。创建金沙江干热河谷区生态恢复与治理示范区，积极探索建立金沙江流域水环境生态保护补偿机制，大力推进生态建设和产业提升。大力推进水、风、光互补的现代清洁能源基地建设，积极推进国家水电公园建设。

（八）加强"飞地"园区建设提升自我发展能力

统筹安排政策和举措，进一步建设和提升成凉、成甘、甘眉和成阿等"飞地"产业园区，提升园区产业发展水平。进一步支持和提升民族地区有条件的县在合作地区建设发展"飞地"园区，并出台系列支持政策，把"飞地"园区建设成为区域合作、产业互补、项目建设的平台和载体，提升合作园区的产业发展水平，增强四川民族地区的产业发展能力。

（九）走产业融合和路径创新的发展新路

通过大力实施电商扶贫、"电商+产业"、"飞地"园区和全域旅游等经济社会发展新举措，统筹产业发展路径，优化产业结构，探索产业发展新模式，加快构建四川民族地区特色产业体系。通过大力实施"提质量、增效益、树品牌"三大战略，深入贯彻"区域化、互补化、特色化、生态化、产业化、融合化"六大举措,优化产业结构,建立现代产业发展体系,推进产业高质量发展,开创产业发展新格局,进一步推动四川民族地区经济高质量发展。

(十)多路径提升基本公共服务保障水平

围绕农牧民群众最关心、最直接、最现实的利益问题,通过"抓重点、补短板、强弱项"三大路径,全面改善乡村公共服务基础设施条件,全力提升基本公共服务保障水平,让农牧民群众有更多实实在在的安全感、获得感和幸福感。促进城乡义务教育均衡发展,提高城乡教育教学水平,持续引进优质教学资源,加快教育信息化推广应用,切断贫困的代际传递,切实提升民族地区城乡教育水平。

(十一)大力实施信息化带动区域发展战略

以移动互联的建设和应用为路径,全面推进城乡信息化水平,通过信息化带动和促进四川民族地区经济社会全面发展。全面推进互联网信息服务在产业发展、政务服务、民生服务和社会治理等领域的广泛应用,创新远程教育、远程医疗、网上行政服务等公共服务模式;依托"互联网+"推动公共服务和产业发展向乡村延伸,进一步拓展"互联网+民生服务"发展模式,提升农牧民的民生保障水平;进一步拓展"互联网+产业产品"发展模式,不断提升农牧民收入水平和发展动力,通过信息化建设全力促进四川民族地区跨越"数字鸿沟",促进信息化融合发展。

(十二)夯实和筑牢发展的人才基础

进一步加大少数民族和民族地区干部培养选拔、双向交流、专业人才培养等力度,优化民族地区的人力资源结构,提升民族地区的人力资源水平。通过全省统筹、对口帮扶和定向培养等方式加强人才队伍建设,特别是抓好"三农"工作队伍、农业新型经营主体、乡村本土人才、专业技术人才队伍建设,以更加开放的视野和更加优惠的政策吸引人才,创新"不求所有,但求所用"的人才使用方式，最大限度地调动人才创新积极性，进一步夯实和筑牢经济社会发展的人才基础，持续提升四川民族地区自我发展能力。

（十三）全力提升生态文明建设水平

把保护生态环境作为实现经济社会可持续发展的前提条件，在高水平生态保护中实现高质量发展。从系统工程和全局角度，全方位、全域化、全过程推进山水林田湖草沙综合治理、系统治理、源头治理，突出抓好城乡、湿地、流域、草原、农田、森林、野生动植物七大生态系统建设，科学实施重要生态系统保护和修复重大工程，全力守护湿地生态系统稳定性和生物多样性。持续提升长江黄河上游水源涵养能力，着力实现生态效益与经济效益、社会效益平衡发展。大力发展生态经济和绿色产业，优化国土空间开发格局，完善生态保护长效机制，推动经济社会发展和生态环境建设良性互动，促进绿色发展。

（十四）加强党的领导确保民族地区实现高质量发展

充分发挥党总揽全局、协调各方的领导核心作用，加强党对一切工作的领导。提高党把方向、谋大局、定政策、促改革的能力，增强党的政治领导力、思想引领力、群众组织力、社会号召力，不断提高党的执政能力和领导经济社会发展的水平。坚持和完善重大事项、重要问题、重要工作由党组织讨论决定的机制，进一步巩固和加强基层党组织的领导地位，为高质量发展提供坚强保障。

B.24
成渝地区科技协同创新的机制与路径研究

李忠鹏 张 萌*

摘 要： 伴随成渝地区双城经济圈建设上升为国家战略，成渝地区打造科技创新中心、实现科技协同创新发展迎来更多机遇。在成渝地区的发展过程中，四川与重庆积累了一定的科技创新资源并实现了一定的科技创新产出，但科技协同创新合作始终没有取得质的飞跃，主要制约因素包括资源配置不均、要素流动性不足、相关机制不完善等。推动成渝地区科技协同创新迈上新台阶，需要多措并举、多管齐下，构造新机制、开辟新路径。

关键词： 成渝地区 科技创新 创新组织

一 引言

在经历由成渝经济区到成渝城市群再到成渝地区双城经济圈的演变后，成渝地区协同发展已是大势所趋。将成渝地区双城经济圈打造成西部高质量发展的重要增长极，建设成为具有全国影响力的科技创新中心，以科技创新协同发展助力成渝地区进一步发展，是历史赋予成渝地区的重要使命。如何突破科技协同创新发展障碍，确立成渝地区科技创新协同的有效机制与合理路径已成为亟须解决的问题。

---

* 李忠鹏，四川省社会科学院产业经济研究所研究员，主要研究方向为产业经济学；张萌，四川省社会科学院产业经济学硕士研究生。

本文在借鉴京津冀、粤港澳、长三角等经济区科技协同创新发展经验的基础上，对成渝地区科技协同创新的资源与投入等数据进行统计分析，结合成渝地区资源配置不均、要素流动性不强、机制不完善等现存问题，探索成渝地区科技协同创新的机制与发展路径。

二 成渝地区科技协同创新基础分析

（一）成渝地区人口与经济基础状况

从常住人口来看，四川省常住人口超8000万，其中成都市常住人口约占四川的1/5，重庆作为我国直辖市拥有超过3000万的常住人口。从GDP来看，四川以超4万亿元的GDP位居全国第6，其中成都GDP超1.5万亿元，与重庆相差0.5万亿元。从三次产业增加值及其比重来看，四川、成都、重庆产业结构均呈现三、二、一发展态势，其中成都第一产业比重最小且第三产业比重最大（见表1）。

表1 2018年底成渝地区人口及经济基础状况

地区	常住人口（万人）	GDP总量（亿元）	一产增加值（亿元）	二产增加值（亿元）	三产增加值（亿元）	一、二、三产增加值比重结构
四川	8341.00	40678.13	4426.66	15322.72	20928.75	10.9:37.7:51.4
成都	1633.00	15342.77	522.59	6516.19	8303.99	3.4:42.5:54.1
重庆	3101.79	20363.19	1378.27	8328.79	10656.13	6.8:40.9:52.3

资料来源：国家统计局。

（二）成渝地区科技创新资源及配置情况

1. 科技创新组织资源

四川、重庆地区共有归属政府的研发机构166家，其中成都政府属研发机构数量约占川渝地区的1/2，重庆约占1/6；川渝共有规上工业企业研发机构2446家，约80%的企业集中于重庆与成都；184所高校在川渝云集，其中成都、重庆高校各占约1/3（见表2）。

表2　2018年底成渝地区科技创新组织资源情况

单位：家，所

地区	地方政府属研发机构数	普通高校	规上工业企业研发机构
四川	139	119	1333
成都	72	57	816
重庆	27	65	1113

2. 科技创新人力资源

截至2018年底，四川、重庆共有R&D人员290824人，其中重庆R&D人员约占川渝地区的45%，成都约占30%。按地区执行部门划分，四川省高校与政府研发机构R&D人员约占本地区R&D人员的8.4%，成都约占6.4%，重庆约占4.1%。从规上工业企业R&D人员折合全时当量来看，重庆与四川省科技人力投入相当，约为成都市科技人力投入的2倍（见表3）。

表3　2018年底成渝地区科技创新人力资源情况

单位：人，人年

地区	地区R&D人员（人）	地方政府属研发机构R&D人员（人）	高校R&D人员（人）	规上工业企业R&D人员折合全时当量（人年）
四川	158847	15147	9391	77848
成都	88811	11901	6757	33700
重庆	131977	5954	6107	61956

3. 科技创新财力资源

截至2018年底，重庆地区R&D经费投入达410亿元，投入强度略大于成都但远小于四川省。就地区R&D经费投入强度指标来看，成都R&D经费投入强度超出四川省0.75个百分点，超出重庆0.66个百分点。四川R&D

经费增长主要聚焦于地方政府研发机构和企业，而成都、重庆高等院校和地方政府R&D经费支出占比较小，企业R&D经费支出占比高（见表4）。

表4 2018年底成渝地区科技创新财力资源情况

单位：亿元，%

地区	地区R&D经费投入（亿元）	地区R&D经费投入强度（%）	地方政府属研究机构R&D经费支出（亿元）	高等院校R&D经费支出（亿元）	各类企业R&D经费支出（亿元）
四川	737.10	1.81	239.10	66.30	425.80
成都	392.31	2.56	29.39	55.15	212.75
重庆	410.21	1.90	30.66	39.63	327.18

资料来源：《中国科技统计年鉴2019》、四川省统计局、成都市统计局、重庆市统计局、《成都市第四次全国经济普查公报》。

（三）成渝地区科技创新产出分析

1. 地区科技创新产出

成都的专利申请数与专利授权数分别达99079件、57604件，分别约占四川省专利申请数与授权数的2/3，重庆的专利申请数与授权数约为四川省专利申请数与授权数的1/2。成都的专利申请数与授权数较重庆有相对优势，四川省整体科技创新成果转化能力较强。

2. 地区研发机构科技创新产出

2018年，四川、成都与重庆的地区研发机构发表科技论文数量分别达7261、3777、2829篇，专利申请数分别为2945、844、691件。成都地区研发机构的科技创新产出约占四川省的45%，约为重庆的1.3倍。四川研发机构的科研创新水平已达到相对成熟的水平，重庆研发机构的创新能力与体制还需进一步培养与完善。

3. 规上工业企业科技创新产出

相关文件中虽然没有反映成都新产品开发项目数量与收入情况，但从四川省与重庆市的相关数据对比中不难看出，重庆规上工业企业科技创新转化成果与四川省整体相差不大，重庆甚至在新产品开发销售收入上高于四川规上工业企业整体水平。重庆规上工业企业专利申请数为成都市的1.3倍，为四川省的69%，这显示出重庆作为工业企业主导型城市，其企业在科技创新领域占据绝对优势，而四川省（含成都）规上工业企业的创新活力相对较弱。

4. 高等院校科技创新产出

与川渝高校数量成正比，四川省发表科技论文数与专利申请数约为重庆市的2倍，且从四川省高校分布情况与成渝高校数量对比可以推断，成都高校科研创新产出水平较重庆更高。以电子科大、四川大学等一系列高校为依托，四川省（含成都市）高校科技创新资源向科技创新成果转化优势显著，相比之下重庆高校科技创新产出水平有待提升。

表5 2018年成渝地区科技创新产出情况

地区	地区科技创新产出		地区研发机构科技创新产出		规上工业企业科技创新产出			高等院校科技创新产出	
	专利申请数（件）	专利授权数（件）	发表科技论文（篇）	专利申请数（件）	新产品开发项目数（项）	新产品销售收入（万元）	专利申请数（件）	发表科技论文（篇）	专利申请数（件）
四川	152987	87372	7261	2945	13962	35763417	26277	75842	14309
成都	99079	57604	3777	844	—	—	13600	—	—
重庆	72121	45688	2829	691	12812	42163130	18049	33866	7030

资料来源：《中国科技统计年鉴2019》《成都统计年鉴2019》。

三 成渝地区科技协同创新的现状

（一）科技协同创新资源禀赋良好但配置不均

成渝地区资源充足，具有良好的科技创新基础，但资源配置不均衡问题仍有待改善。重庆地区制造业基础雄厚，工业企业是科技创新资源投入、实现技术成果转化的主力军，但地区科研机构和高校R&D人员数量较少、资金与人力投入力度较小、科技创新资源聚集度不够，不足以推动重庆科技创新实现跨越式发展。四川科技基础较重庆而言更好，地区研发机构与高校资源配置相对充分，但企业与重庆相比科研创新活力较弱。长期不均衡的资源配置在一定程度上抑制了研发机构和高校科技创新的积极性，阻碍了产学研科技创新协同发展。

（二）科技协同创新要素集中但流动性不足

成渝地区多数科技创新资源集中在成都、重庆以及绵阳，三地人才资金聚集且科技创新氛围良好。但四川其他地区相较而言缺乏吸引人才、资金等实体要素流入的优势，科技创新氛围不够强烈，难以引进科技创新要素流入并实现汇合，加之利益壁垒、行政壁垒等的存在加深了各区域创新主体的排他性，未能整合科技创新要素形成有效的合作。要素流动性不足减弱了核心城市科技创新的溢出效应，使其对周边地区辐射带动效果减弱，进一步加剧了成渝地区科技创新的马太效应，影响成渝地区科技协同创新一体化发展。

（三）科技协同创新组织机制初步形成但尚未健全

当前成渝地区处于加强科技创新合作的起步阶段，针对地区科技协同创新所需建立的组织机制尚在探索与初步试行中。鉴于成渝地区双城经济圈提法新颖，地区提升科技创新实力所需的组织机制还未健全。一方面，成渝两地各科技创新组织长期处于固有体制下，在新时期提出的要求下区域内的科技创新协同交流缺少规范的组织政策引导，组织间的调整需要时间去适应；另一方面，成渝地区各组织部门凝聚力不强，缺少良好的沟通与合作机制将区域内各层级上下游进行串联，以致出现问题不能得到及时反馈，造成无效性与资源浪费。

（四）科技协同创新合作机制正式确立但有待加强

四川与重庆之间竞争长期存在，且分割的地理区位、分明的行政体制和经济体制让四川与重庆出现竞争大于合作的态势。城市定位雷同化、产业同质化、腹地争夺激烈化加剧了二者的竞争，需要政府引导建立起明确的区域内合作机制。当前，川渝通过成渝地区双城经济圈再次相连，地区合作机制已经正式确立，未来将共同肩负起引领西部发展、打造中国经济增长新高地的历史使命。当前各地政府已出台相关政策建议推动地区合作，但多数仍集中于核心城市和重要节点城市的体制和基础设施建设，未来需从缩小科技创新合作范围、激发科技创新合作态势等方面入手，进一步深化成渝地区科技创新合作机制。

（五）科技协同创新市场机制已具雏形但仍需深化

现阶段成渝地区的科技创新活动大多依靠政府引导，科技创新市场机制初现雏形，尚未形成市场在地区科技创新资源配置中起决定性作用的局面，尚未建立起良好稳定的市场机制，没有形成稳定的供求关系、价格机制、竞争机制与风险机制。科技协同创新与市场的关系尚未明确，市场技术需求、供给与用户需求等科技供需关系不清，价格机制不明。在地区的竞争关系中，应对科技产业不正当竞争、垄断、侵犯知识产权等行为的规制机制还不够完善。科技创新活动的风险防范与控制机制不健全，不足以妥善面对科技创新活动过程中的风险。没有充足的利益导向促使各创新主体、资源自主有效地配套整合，资源错配、效率低下问题需要重视。

四 成渝地区科技协同创新的机制重构

（一）健全科技协同创新组织机制

一方面，要落实好顶层设计原则，由成渝地区政府牵头合作，支持成渝高新区共建全国科技创新中心、成德眉资同城化、中国西部科学城、绵阳中国科技城等，在着眼核心城市科技创新发展的同时加强成渝地区次级城市的科技支撑。另一方面，要结合"摸着石头过河"原则，根据政策落实的实践情况对各阶段各主体的发展定位、资源投入等方面不断进行调整。强化成都、重庆、德阳、绵阳、眉山、雅安等重要节点城市协作，选取成渝地区有科技发展潜力的局部地区进行试点先行等科技创新实践探索。处理好成渝地区整体与局部的关系，提高战略决策的有效性与科学性，推进地区科技协同创新发展。

（二）规范科技协同创新合作机制

深化政产学研合作，政府、企业、高校与研究机构间建立起稳定的合作渠道，对技术、人才进行合理布局，引导科技创新要素有效流动；促进政策理论与实际应用融合，以理论研究为支撑，选择具备科技发展条件的县域或市、区设立科技创新试点，推动开展科技园区建设、校企合作对接、产业技术联盟打造、中小企业政策支持等一系列活动，提高周边地区科创水平；加强区域交流合作，以中国西部科学城为核心，推进成德眉资同城化发展、重庆两江新区与成都天府新区合作、重庆高新区与成都高新区合作，实现科技创新资源要素互补、科技创新成果转化互助；推动成渝地区企业深化合作，在电子信息、装备制造、食品饮料、生物医药等行业形成产业协同生态链，搭载科技创新协助平台，利用大数据、云智能、5G等技术实现川渝合作企业间的互通有无，为两地的科技创新发展助力。

（三）完善科技协同创新市场机制

营造良好的市场氛围，促进区域内各主体进行科学有序的竞争；培养交易敏感型市场竞争主体，明确界定成渝地区高校、企业、政府之间的产权关系、利益分配关系；促进技术、人才按需流动，推动企业、高校、研发机构实现科技创新成果转化；厘清科技协同创新的供求关系，确保价格弹性和市场开放，针对川渝地区科技市场的供给与需求灵活搭载科技创新活动；确定企业在科技创新中承担的重要角色，深化国有企业改革创新，放宽市场准入，使企业成为连接市场、技术、政府、公众的有效枢纽，减少政府利用行政手段的包揽做法,营造公平有序的市场竞争环境,打造灵活高效的科技创新市场。

(四)培育科技协同创新文化机制

在科技协同创新中,文化具有黏合剂和润滑剂的功能,因而成渝地区需高度重视文化机制的构造。首先,四川与重庆要破解彼此视对方为"对手"的心结,确立合作共赢理念。其次,要求同存异,将文化的统一性与差异性有机融合。科技协同创新需要建立共同的价值观,以规范行为方式,强化行为的一致性和连贯性,减少矛盾和冲突。这种文化统一性是各方平等沟通的结果,是相互学习的结晶,是共同实践的产物。另外,应保持统一性与差异性之间的必要张力,也就是说,统一性以尊重差异、包容多元为基础,又对差异性、多元性具有约束和收敛作用。

五 成渝地区科技协同创新的发展路径

(一)推进科技创新体制机制革新,加快科技创新平台建设步伐

推动区域科技创新组织机制、合作机制、市场机制革新,加快地方部门就科技协同创新的发展方向、资源配置、平台建设等在政策层面达成共识,打破各区域原有机制禁锢,形成科技创新一体化机制。当前,在成渝地区致力共建西部科学城的基础上,推动西部(成都)科学城与西部(重庆)科学城的合作交流,建立资源信息共享平台,推动科技合作项目尽快落地。依托成渝地区高校与科研机构,按需培育科技创新人才,吸引科技龙头企业落户科学城,加速科技成果转化与效益提升,扶持科技型中小企业并推动其入驻科学城,以增强科学城的科技创新活力,营造健康平衡的科技创新氛围。利用智博会、西部科学城、成渝科创走廊等平台建设,通过科技点的辐射带动效应与大型企业、国家机构的示范效应推动周边地区科技创新发展,不断深化科技创新协同合作,打造科技协同创新增长极。

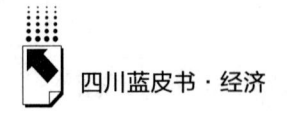

（二）夯实科技创新建设基础，优化科技创新资源配置

以当前不同区域科技创新基础为依托，削弱马太效应对地区科技创新发展的影响，提高成渝地区科技创新整体水平。科研基础设施方面，建设成渝科研合作重点实验室、研究中心，支持成渝地区企业科技研发部门进一步提升水平，推动科技合作园区项目加快落地。交通基础设施建设方面，实现成渝两市一小时畅达，实施成渝客专提质达速和成渝铁路扩能改造。资源配置方面，成渝地区综合当前科技创新基础情况与未来合作发展战略，搭建科技协同创新合作平台。人才培养方面，在企业R&D人员成为地区科技创新主力军的基础上，通过加强政、学方面R&D人员的吸引力与培育力促进政产学研进一步融合，以推动科技协同创新建设。

（三）促进科技创新要素循环，深化成渝科技圈跨区域合作

发挥政府主导、企业主力、高校助推作用，推动科技创新要素在政产学研间的循环流动。成渝地区科技企业与高校、研究机构共同建立实验室、研发中心，对接市场科技创新需求，加强与其他地区的科技合作交流，通过各自比较优势实现技术革新、人才流动、资源互补、成果共享。与京津冀、粤港澳、长三角等地政府、高校、企业展开交流，吸引优秀科技创新人才与资金流入天府新区、东部新区、两江新区等重要科技示范点与节点城市，以循环的商流、物流、资金流、信息流促进成渝地区双城经济圈科技创新协同发展。

B.25
四川省农产品流通体系发展现状及建议

达 捷*

摘 要： 在全面脱贫与乡村振兴有效衔接的关键节点，发展农产品流通、加快农产品流通、打通农产品流通的"最先一公里"，对促进农产品升值、增加农民收入起到至关重要的作用。四川省作为传统农业大省，农产品流通体系一直处于"九龙治水"的"小、散、乱"状态。缺乏顶层设计，网络布局不合理，流通业本身数字化转型欠佳，仍处于粗放型发展阶段，体制机制不够完善，缺乏龙头企业引导是突出问题。构建四川省现代化的农产品流通体系，需要推进现代流通体系硬件和软件建设，以政府引导、市场主导模式，整合资源、优势互补，促进四川省农产品流通健康发展，推进全省乡村振兴战略的实施。

关键词： 农产品流通　农业　乡村振兴　四川

一 当前四川省农产品流通现状与问题

（一）基础设施设备落后

四川农产品流通基础设施相对落后，导致四川省农产品的运输效率低、

---

* 达捷，经济学博士，四川省社会科学院产业经济研究所所长、研究员，主要研究方向为产业经济、金融投资和资本市场。

运输成本高。农村运输网络发达程度低，农产品流通"最先一公里"无法深入农户和农田，高原地区和偏远地区部分乡镇的道路无法连通。部分村、社还是原始道路，导致农产品生产地到城镇的运输网络不健全。另外，县级以下的区域农产品初加工和冷冻仓储设施严重短缺，绝大部分的乡镇都没有冷链仓储和初加工设施设备。在运输环节，也缺少现代化、高效率的运输设备，冷链运输设备无法深入一线生产基地。

（二）农产品物流现代化、信息化程度低

农产品从田间到餐桌，需要经过很多环节，传统农产品流通体系的信息交流和沟通效率差，原产地产品信息发布难、市场价格不透明、产品信息存在差异、产品质量难界定等多方面因素导致农产品交易过程和流通过程脱节。四川省农产品规模化程度不高，多为原始的分散经营方式，传统交易模式根深蒂固，农民通过互联网发布产品信息的意识和能力差，习惯于当面交易和线下买卖，传统农产品贸易商也多为个体经营，走村串户收购农产品，交易成本低，流通效率低。市场供求信息无法及时匹配，供求双方存在巨大的盲区，导致供求双方选择能力和信息分析能力不足，生产与采购的盲目决策性较强。

（三）农产品物流成本过高

四川省农业还未发展成规模经济，分散采购农业生产资料和分散销售农产品的方式具有很强的盲目性，导致资源利用率极低，很容易造成生产资料与农产品的周期性库存或短缺，导致流通成本过高。据调查，目前四川省农产品物流成本占总成本的30%～40%，鲜活农产品达到60%以上，而发达国家的物流成本一般控制在10%左右。存储、保鲜技术落后且条件差，初加工处理水平低。现阶段四川省80%以上的生鲜食品采用常温保存、流通和初加工，导致四川省农产品的流通环节损耗高。果蔬约损失20%～30%，粮油损失15%、蛋损失15%、肉干损失3%，加上食品的等级间隔、运输及加工损耗，每年造成的经济损失上千亿元。美国农产品加工前后增值比为1∶3.8，而我国仅为1∶1.8。

（四）缺乏龙头企业引领，农产品流通企业规模偏小

由于整个产业没有龙头企业，市场分散、规模较小，信息技术水平落后，导致农产品流通时间长，使得农户在供应链中不能处于主动地位，进而导致农产品的生产和销售不能有序进行，无法快速满足消费者的巨大需求。农产品流通主体格局呈现多元化，主要表现为众多小农户、农民合作组织、专业协会以及农产品加工企业、批发商、零售商等物流主体不清晰，尚未形成专业化的农产品物流体系。

二 未来农产品流通产业发展趋势

（一）市场规模大

近年来，中国农产品流通产业产值呈逐年递增趋势，据《2021～2026年中国农产品冷链物流行业市场前瞻与投资战略规划分析报告》统计数据，我国农产品流通总额从2012年的3.03万亿元，增长到了2017年的3.7万亿元，增长22%。截至2018年底达到了3.9万亿元，比2017年增长了5.4%，预测2019～2023年，年均复合增长率将达到4.08%。

（二）农产品冷链物流政策加码

2017年，国务院办公厅发布了《关于加快发展冷链物流保障食品安全促进消费升级的意见》《关于积极推进供应链创新与应用的指导意见》等指导文件，2018年中央一号文件提到重点建设现代化农产品冷链仓储物流体系。近年来，我国冷链标准不断出台，产地冷库建设增多，冷藏库、保鲜库、气调库有所增加，冷链物流体系也将逐步走向第三方服务。食品安全相关法律条令逐渐完善。我国完成了对食品安全标准体系5000项食品标准的清理整合，共审查修改了1293项标准，发布了1224项食品安全国家标准。

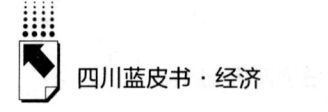

（三）新技术、新模式助推行业升级

随着全球农产品流通体系的越发健全，农产品流通技术也在不断革新，冷链物流、智慧仓储、大数据交易平台、智能化检测与恒温设备等先进技术与设备的应用，将大大提高农产品流通的效率与质量。我国的农产品流通企业也在不断地学习和引进国外先进技术与设备，在供求信息、农产品采集、初加工处理、屠宰加工等环节，逐步开发了低温控制技术、包装规模化技术、一体化冷链技术、温度监测技术、食品追溯技术、HACCP技术、3S技术、生鲜农产品质量等级化技术、上下游企业冷链对接技术、供应链管理技术、食品追溯技术等。

（四）市场和资本共同推动行业格局渐变

我国已经有很多全国性的大型流通企业、零售企业以及生产商开始自建冷链业务，冷链仓储和冷链车辆的保有量逐年增加。传统农产品物流企业也纷纷涉足冷链战场，并将冷链物流的发展作为企业的中长期发展战略，提供冷藏、冷冻仓储和冷链当日配、次日配等供应链服务，以此来推动农产品物流体系的整体升级。由于全程冷链的需要，冷链供应链涉及大量的资源整合，复杂性较高，给专业的第三方企业提供了巨大的市场空间，第三方冷链企业将迎来爆发期。

三　四川省农产品物流体系发展建议

（一）组建专业平台公司，统筹全省农产品物流体系建设运营

发挥平台优势，以国资投入为主、民营资本参与的模式，加速四川省"互联网＋农业"的速度，推动一、二、三产业融合发展，让农产品现代流通体系成为四川省农业产业现代化的重要支柱，助推全面脱贫与乡村振兴有效衔接，实现农村产业兴旺。以平台化的思维、现代化的标准，通过上下贯

通、纵横联合的方式，整合内外部资源、第三方贸易、仓储、运输、冷链物流企业，构建四川省农产品现代化流通体系。通过混改、兼并收购、财务投资、股权置换、战略合作、资源互换等方式，加大力度培育市场龙头企业，培养四川省农产品现代流通企业的中坚力量，重点打造生产、种植、加工、储藏、冷链、贸易等各个环节的龙头企业，引领行业发展。

（二）打造系列标杆工程，筑牢农产品流通体系

基于四川省农产品流通的现状，借鉴学习国内外的成功经验，结合成渝地区双城经济圈建设和双循环经济发展需要，大力推进实施一批公共型农产品批发交易市场功能提升工程、产地集配中心建设工程、流通设施升级改造工程、农产品电子商务示范工程、农产品品牌推广工程等。打造社会化、市场化、智能化、网络化的公共型和市场化并举的农产品现代流通骨干网络，引领、带动社会资本共建从田间到餐桌的全程一体化农产品产销对接保障体系。

（三）织好"5张网"，畅通全省农产品流通

建设公共型农产品冷链物流骨干网、农产品集贸市场和批发市场骨干网、农产品线上线下零售终端网、农产品云仓应急保供网、四川数字物联网等5张网，为四川省乡村振兴接续脱贫攻坚注入持续动能。

1. 建设公共型农产品冷链物流骨干网

依托专业平台公司，在全省构建"1个中心+2个区域网络+N个运营平台"的农产品冷链物流体系，增强物流配送能力，即成都运营中心1个中心+冷链物流产地网、冷链物流销地网2个区域网+智慧冷链物流信息服务平台、冷链物流产业金融平台、冷链物流资源整合平台3个运营平台，最终形成"一轴、两网、多节点、全覆盖"的农产品冷链骨干网络空间布局，并承担国家战略储备任务和应急调拨的功能需求。

2. 建设农产品集贸市场和批发市场骨干网

从全国农产品交易情况来看，农产品流通虽然受到农产品电商、直播带

货等的冲击，但传统的市场批发交易方式仍占主导地位。要根据地方经济发展水平、产业基础、商业传统、流通网络分布和发展需要等情况，在农产品主产地重点规划新建或改造提升一批专业批发市场、区域性集散市场、采购中心和配送中心；在农产品主销区和集散地升级改造一批辐射带动力强的农产品批发交易市场，融合城市商业规划布局，建设农贸市场、社区门店、生鲜超市等直销网点。整合一批社会经营服务主体农产品批发交易市场，规划建设公共型、骨干型农产品集贸市场和批发市场网络。

3. 建设农产品线上线下零售终端网

依托省内商贸连锁企业的品牌优势、渠道优势、人才优势，大力提升综合服务能力和水平，培育承接全省、辐射全国的农村现代流通体系。通过整合改造现有仓储、物流设施，积极构建以县级物流快递集散配送中心、仓储中心、日用消费品配送中心等物流基础设施为重点，以配送车辆为载体，由县到村的线下商品物流配送体系，打通乡村物流通道。在全省统一规划布局，建设一批区域配送中心，辐射全省城乡，既服务农产品出村进城上行，又服务工副食品下乡进村下行，打造双向流通网络。

在农产品电商方面，着力打造电商农产品销售体系。积极培育壮大农产品电商公司，以区域电商发展为抓手，依托已有的农村电商企业和各类电商平台、运营中心，信息化改造电商服务网点，着力构建上下贯通、纵横联合、共建共享的农产品电商销售体系，推动开展乡村电商物流配送服务，提升农产品电商交易额。

围绕补齐乡村物流短板，重点抓好农产品流通公共型、骨干引领型网络体系基础设施建设。把加快发展农村电商作为转变农产品经营方式、实现流通现代化的重要手段来抓。持续推动现有电商运营服务中心服务功能提升，加强传统经营服务体系信息化改造，实现线上线下互动融合，构建农产品线上流通体系。

4. 建设农产品云仓应急保供网

长期以来，四川省应急救援保障体系相对独立，相关职能部门一直处于分散管理、各自为政的状态，不利于形成统一的指挥协调、资源整合和信息共享机制，无法实现快速协调所需资源配置的良好配合。四川省农产品云仓应急保供网络体系的建设，应当依托现有的应急保供体系，做好以下几个方面工作：一是要加强公共基础设施投入，制定应急物流道路建设规划，开辟紧急时期的农产品流通"绿色通道"；二是建立专门的应急物流仓储和集散基地，保障不同区域、不同类别农产品的应急库存和流通，并对数量和质量进行有效监管，逐步建立起应急物流示范工程；三是提高信息化水平，保障紧急时期的信息通畅，并且利用信息化系统对应急保障进行统一协调和指挥；四是建立预警系统和应急预案机制，构建"军队+地方+企业"有机结合的协同作战体系。

5. 建设四川数字物联网

当前，全省各地建设数字农业积极性很高，但缺乏统一的规划建设和运营管理。专业平台公司应按照供应链、产业链发展要求，采取股权、业务、服务和品牌等合作方式，着力培育组建一批区域性农产品经营龙头企业，利用5G、大数据、物联网等技术，围绕农产品生产、加工、仓储和销售等环节，突出农产品交易、农产品批发、农产品配送、农产品电商"四农"等流通业务板块，链接全省各地数字农业信息平台，串联农产品产销对接各环节，形成数字物联"一张网"，推动消费升级和消费安全。

推动物联网的建设，构建将全省农产品的产地信息、农产品信息（种类、品种、品牌、数量、规格、价格）、仓储信息、加工信息、运输信息、市场信息（批发、零售）、配送信息等信息集中展示、处理的大数据平台。除了常规的农产品电子商务功能，还要整合耕种计划、质量监控、供需调节、物流时效等更多的功能，将种养户（及企业）、农产品贸易商、农产品加工商、农产品冷链物流企业、农产品批发零售企业、农产品检验检测单位、终端消费者等群体集合进物联网系统，形成产供销多方对接、交流、交易和服务的多元化平台。

B.26
四川城市（旧城）更新研究报告
——以成都市为例

刘文杰　杨国军　田焱*

摘　要： 四川尤其是成都的城市旧城更新，基本经历了一个从全政府到政府信用、再到市场化的发展演变过程。这一过程的内核及其逻辑链接，即是金融支持的变迁，并由此逐步形成了比较完整、特点鲜明、适合当地客观实际情况及需求的城市有机更新模式、系统构架及实施机制。尽管如此，在四川乃至全国，这方面的工作仍然存在较大的改进与想象空间。

关键词： 旧城改造　金融政策　四川

城市（旧城）更新改造，是城市发展永恒的主题，每个时代的旧城更新，都有着每个时代鲜明的特色。四川各个城市的旧城更新，虽总体发展方向及趋势基本相同，但无论是体量规模，还是发展阶段和外在形式，乃至具体发展模式方式及其内涵等，都存在较大的差异。其中，成都市的相关实践探索更具代表性和全面性，且拥有相对广泛的理论和实践借鉴意义。因此，我们着力通过成都市旧城更新演变的过程及特点，尤其是分析与厘清国家金融政策支持结构演变与旧城更新的相关联系特征及意义，揭示未来可能的城市更新模式及因应选择。

---

* 刘文杰，成都市住房储备中心主任助理；杨国军，四川省社会科学院哲学与文化研究所助理研究员，主要研究方向为科技管理；田焱，四川省社会科学院产业经济研究所副研究员，主要研究方向为房地产经纪与管理、住房保障、公共管理。

一 城市更新的简要发展演化过程

（一）早期的"危改"实践探索

自新中国成立以来，成都市的旧城更新几乎没有间断过，基本历经了1949年至1957年的起步、1958年至20世纪70年代后期的波折、20世纪70年代后期至20世纪80年代中期的转折和20世纪80年代中后期至2002年上半年的改革等发展演化阶段及过程。在改革发展阶段之前，"危改"几乎都是在计划管理体制之下全部由政府投资推进的。而在改革发展的过程中，由于城市建设资金体制的改革，实行"利改税"，试行市政设施的有偿使用和住房缺席改革等，开辟了多种城市建设资金的渠道，使旧城改造的资金不再单纯依靠国家。同时，由于试行土地的有偿使用和房地产业的初步发展，旧城区特别是旧城中心的土地迅速升值，成为开发投资改造的热点地段。这样，成都市既解决了以往"危改"各个阶段都未曾解决和难以解决的多种问题，又使城市建设、旧城改造、危旧房屋拆迁等得到了明显的加快，成果也不断增多。

紧接着，2002年5月在深入调查、摸底、测算的基础上，成都市做出并实施了"争取用3年左右的时间基本完成成都市二环路内的危旧房改造工作"的决策。此次"危改"被简称为"东调"，是成都市有史以来最大规模的一次旧城更新改造。经过多元化的投融资和其他资源的创新配置及整合，圆满地完成了原有计划，显著加快了旧城更新的步伐，使成都市的整体城市形象得到了空前的提升。其成功的主要原因就在于，本次"危改"中政府的角色发生了巨大的转变，即由以往的"包办"变成了以信用为基础及支撑，从而极大地调动各相关市场主体的积极性和创造性，大大提升了旧城更新的市场化程度与作用力。

（二）近期的"棚改"实践探索

在"危改"成效的基础上，成都市又进行了北部城区改造（俗称"北改")。事实上,这一改造可称得上是国家层面"棚改"的先期探索。由此,"危改"之称谓,便逐步退出历史舞台,而被"棚改"所取代。2013年党中央、国务院以"稳增长、调结构、促改革、惠民生"为目标实施棚户区改造,在历时6年的演化过程中,金融政策至关重要且发挥着决定性的作用。其大致经历了三个阶段的变化调整。

1. 第一阶段(2013~2015年)

这一阶段实为"三统一"阶段,即在2013年国发〔2013〕25号政策指引下,国家开发银行设立棚户区改造专项贷款,按照"统一主体、统一贷款、统一还款"的"三统一"模式发放棚户区改造专项贷款。该阶段的主要特征是,"棚改"项目全面覆盖,金融全面支持。从项目范围看,项目覆盖广,只要纳入省级住建部门项目库的,全部可以实施改造。从金融支持力度看,地方政府只要合理运作,出极少钱即可撬动大量投资用于棚户区改造,提升城市品质。

2. 第二阶段(2016~2018年)

这一阶段实为"政府购买棚改服务"模式形成及运行阶段,即2015年的国发〔2015〕37号政策进一步强化了"棚改"工作,但金融政策有所调整变化,其主要要求是"推动政府购买棚改服务"。该阶段的主要特征是,"棚改"项目适当选择,金融适度紧缩。进一步地讲,由于政府购买棚改服务的还款资金来源纳入政府预算管理,地方政府在选择购买棚改服务项目时,除必要的民生项目外,会尽可能选择能自求平衡或有收益的项目,以保障政府预算执行中不出现金融违约风险。

3. 第三阶段(2018年至今)

这一阶段实为"棚改专项债券模式"形成及运行阶段,即2018年财政部出台的财预〔2018〕28号政策,对棚户区改造项目的还款来源提出了严苛的要求,还款来源为项目本身产生的收入,不得由项目收益以外的其他资金作为还款资金。这表明,棚改项目开始采用强制标准,且金融全面趋紧。同时,从项目标准判断,项目的自我平衡作为必要条件,必然促使项目可选择面趋窄。从金融方面研判,债券纳入预算管理,势必受到严格监管。

二 城市有机更新模式的形成

(一)相关的现实背景

1. 党和国家的战略要求

党的十八大以来，习近平总书记多次就城市建设做出指示，要求"城市规划和建设要高度重视历史文化保护，不急功近利，不大拆大建"。2019年中央经济工作会议也具体安排部署了"实施城市更新和存量住房改造"等相关工作。据此，成都市在"中优"区域实施了城市有机更新，着力保护天府文化传承，改善城市居民居住条件，提升城市产业能级，以实现城市空间、形态、业态重塑。

2. 新时代发展定位下的选择

根据国家发展战略，成都作为国家中心城市之一，是成渝地区双城经济圈极核城市之一，也是建设践行新发展理念的公园城市示范区，"中优"区域作为成都市城市核心功能区和各种资源要素集聚的极核，是城市能级和层次的体现，是城市记忆的承载之所，更是历史文化的蕴藏之地，只有实施城市有机更新，坚持"留改建"模式，以优功能、优产业、优形态、优空间、优方式为出发点，通过"三降两提""三减三增"，才能建强"中优"区域核心功能，实现历史文化传承，提升城市的宜居性、宜业性、宜游性和宜商性，为建设践行新发展理念的公园城市示范区提供坚强支撑。

3. 满足人民对美好生活向往的自然选择

自改革开放以来，成都先后实施了上述一系列工程，城市人居环境得到极大提升。经历几轮改造，成都中心城区范围内基本不再有集中成片的棚户区，但在前期的改造过程中也出现了一些值得反思的问题。比如大拆大建，虽然改善了城市环境，但是也让很多具有城市记忆或城市文化传承的东西消失。鉴于此，通过"留改建"方式具体落实与实施城市有机更新，以保护好蕴含成都历史记忆的建筑、促进社会民生发展、优化完善城市功能及配套设施，在社会、经济、文化和生态等各方面达到更加全面和多维的可持续性发展状态。

4.国家金融政策调整的必然结果

随着"棚改"逐步进入尾声，诸如金融政策不再支持以政府信用背书的融资模式、"棚改"专项债券和现存插花式分布的项目之间的不匹配，以及"棚改"项目同当地历史文化保护规划相冲突等问题越发凸显。经历大规模城市改造升级后，各地政府逐渐意识到保护城市历史、延续城市文脉的重要性，因而纷纷推进城市历史记忆保留、历史建筑保护。而现实情况是，棚户区穿插分布在很多历史文化街区，或者本身就属于历史建筑甚至文物建筑，这必然导致改造与保护之间不可调和的矛盾。

（二）主要方式的选择

成都市基于对城市有机更新概念及相关关系的认识及界定，在保护优先、产业优先、生态优先，少拆多改、注重传承，政府引导、属地管理、市场运作，以及尊重公众意愿、推进城市持续更新等原则指引下，重点选择了"留改建"方式。留，即保护传承。在符合保护要求的前提下对建筑进行维护修缮、综合整治和功能优化，对建筑所在区域的基础设施、公共服务配套设施和环境进行更新完善，但不改变建筑整体风貌、主体结构和重要饰面材料，不进行新建、扩建、改建活动。改，即优化改造。维持现有建设格局基本不变，通过对建筑进行局部改建、功能置换、修缮翻新，以及对建筑所在区域进行配套设施完善等建设活动，加大老旧小区宜居改造力度，促进建筑活化利用和人居环境改善提升。建，即拆旧建新。将原有建筑物拆除，按照新的规划和用地条件重新建设。

（三）系统治理和永续发展理念

城市有机更新是以存量资源为载体而实施的提质赋能活动，是事关各方利益的重大系统工程。与国内多数大城市一样，成都市经历了投资驱动和增量发展阶段后，进入了以存量资源为载体而实施更新赋能的提质阶段。成都市深刻认识到，城市有机更新的核心本质是在需求变化引领下，通过对存量既有建筑物实施整体包装定位、个性化定制以及适量的拆除重建等增值服务，赋予存量既有建筑物新的价值和用途，以满足多元化需求，拓展存量空间，完善提升城市功能，促进产业升级，拉动经济增长。这不仅是对既有存量建筑物硬件设施的改造升级，也是对各种生态环境、人文环境、产业结构、功能业态、社会心理等软件环境进行的延续与更新。这是涉及多方利益的复杂工程，必须具有系统治理和永续发展的理念及考量。对此，成都市提出了城市有机更新要坚持规划引领，要坚持片区统筹策划，要坚持策划、设计、运营一体化，要坚持同社区综合治理相结合，以"四个坚持"来具体引导与推动城市有机更新的运营及管理工作。

（四）构建体系化实施机制

1. 构建一套政策体系

成都市出台《成都市城市有机更新实施办法》（成办发〔2020〕43号），以此为城市有机更新政策体系的"纲"（即"1+N"体系的"1"）。依据此"纲"，按照核心重点环节给予政策支持思路，出台《成都市城市有机更新资金管理办法》《成都市中心城区城市有机更新保留建筑不动产登记实施意见》《关于进一步推进"中优"区域城市有机更新用地支持措施》《关于进一步加强容积率管理 促进"中优"区域城市有机更新的规划支持措施》（即"1+N"体系的"N"）。"1+N"政策体系的构建完备，其核心是规范城市有机更新实施。

2. 编制一个专项规划

坚持规划引领，科学谋划，对接国土空间规划，构建城市有机更新规划体系。一是编制《成都市"中优"区域城市更新总体规划》（以下简称《总体规划》），确定总体规模、近中远期目标及"留改建"标准和要求，划定重点城市更新单元等。二是制定《成都市城市有机更新导则》（以下简称《更新导则》），明确城市有机更新程序及相关标准。《总体规划》和《更新导则》出台，健全了因地制宜的项目决策程序。全市城市有机更新项目，按照"更新规划定方向、片区评估做决策、更新单元定策划、更新项目定规模"程序实施决策落地，保障项目具备实操性和可行性。

3. 建立一套工作机制

建立"市统筹、区主体"的工作推进机制，成立市城市有机更新领导小组，统筹协调全市城市有机更新重大问题、审批工作计划方案、审定政策措施等。领导小组组长由分管市长担任，成员单位包含相关市级部门及各区政府。市住建局作为城市更新管理部门，牵头协调组织各项工作。小组下设更新处及全市城市更新事务中心，具体负责全市城市更新相关管理协调工作。各区政府作为本辖区城市有机更新的责任主体，各区城市更新管理部门具体负责推进。

4. 创立一套融资模式

探索创立"政府主导、国企主体、市场化融资"的城市有机更新融资模式，市级政府政策引导支持、计划统筹，协调解决融资中出现的相关问题，以市、区两级国有公司为主体，依托项目按照市场化方式实施融资。

5. 设立一个专项资金

出台了《成都市城市有机更新资金管理办法》，设立城市有机更新专项资金，统筹用于重大城市有机更新项目、历史建筑保护、老旧小区改造等。

（五）项目谋划的基本策略

其一，"片区统筹"策略。坚持策划、设计、运营一体化，实施片区统筹策划、有机更新，力求实现项目自身盈亏平衡。

其二，"三个注重"策略。一是注重对老成都、蜀都味等历史文化要素的保护保留，以传承成都世代积累的历史记忆。二是注重民生改善，对仍有居民的建筑，通过拆除安置或改造提升等方式，改善原有居民的居住和生活环境。三是注重产业植入，每一个有机更新项目均根据全市宏观产业功能布局，植入适合项目环境的相应产业，实现具有产业特色的场景营造，提升项目周边的城市能级。

其三,"效率优先"策略。在城市有机更新工作中,成都坚持多年以来实践证明行之有效的模拟搬迁政策。该政策的核心就是搬迁补偿标准公开,"一把尺子量到底"。这一政策的实施,既能满足物业权利人诉求,促进其积极配合搬迁,极大地提升城市有机更新的工作效率,又不突破政策标准和原则,可以实现改造成本的控制,有利于政府有效调控房地产市场价格,从更深层次实现造福人民的目标。

三 城市有机更新的引导性成效

自成都市启动城市有机更新战略以来,取得了极具引导效果的成绩。重点实施的"天府锦城"工程打造的"八街九坊十景",就着力本土历史文化资源发掘保护利用,强化多元产业植入,构建内城整体游线体系,打造有历史内涵、有商业氛围、有生活气息、有文化故事的公园城市历史城区,打造了枣子巷国医体验区、猛追湾市民休闲区等一批文旅地标和网红打卡地。而"一环路市井生活圈"打造工程,则充分用好用活城市绿地、小微绿地、社区公园、特色街道空间等,盘活街坊里巷,重点塑造具有浓郁成都特色烟火气和休闲味的市井生活圈。

同时,"三个注重"策略的运用,既是成都市事涉全局更新工程必须坚持的原则,也是项目实施一以贯之的强制标准。以金牛区火车北站川藏铁路总部、兴城集团武侯祠片区、成华区八里庄工业遗址三个项目为例,分别以保护铁路文化、蜀汉三国文化、工业遗址文化传承为基底,着力改善项目内老旧居住区居民居住条件,分别植入国际商贸总部区、旅游产业、文创产业,完成各自特色鲜明的场景营造。其中,金牛区铁路总部片区项目更值一提。该区域长期以来整体布局混乱,存在房屋破旧、居住拥挤、交通阻塞、土地利用率低、市政和公共设施短缺等问题,所在辖区内有成都铁路局、川藏铁路总部、中铁研究院等大型涉铁企业、科研院校,其涉铁企业数量之多、规模之大、业态之复杂在成都市城区中具有显著特点。该项目占地面积约507.72亩,总投资108.7亿元。根据全市产业总体布局,依托"铁半城"

区位优势以及成都铁路局总部、川藏铁路总部集聚产业优势本底,项目精心谋划,以打造轨道交通产业总部经济为核心驱动,构建涵盖产业运营、产业推广、产业配套服务于一体的高品质产业功能区,塑造集勘察设计、科技咨询、成果转化、运营维护、人才培训、特色金融等功能于一体的轨道交通产业服务平台。项目聚合了铁路文化保护、民生改善、产业植入,符合国开行城市有机更新融资条件,取得国开行贷款授信80亿元。

四 城市有机更新中的主要问题及建议

(一)存在的主要问题

1. 关于土地出让问题

当前通过成都、广州的土地支持政策,可以看出两地在土地出让政策上做出了探索性的创新,即设定一定建设条件后,通过招标方式确定项目实施主体,引入项目实施主体投资,解决政府在征收或搬迁补偿时的资金困难问题,并提前通过协议方式锁定土地使用权。这样的方式,同《闲置土地处置办法》(国土资源部令第53号)规定的"市、县国土资源主管部门供应土地应当符合下列要求,防止因政府、政府有关部门的行为造成土地闲置:土地权利清晰;安置补偿落实到位;没有法律经济纠纷;地块位置、使用性质、容积率等规划条件明确;具备动工开发所必需的其他基本条件"存在相悖之处。

2. 关于金融支持问题

按照成都、广州探索创新的城市有机更新模式,其涉及改造的项目是成片统筹实施,其需要的资金量相当大,特别是前期涉及的搬迁补偿资金,更是占项目资金总量相当大的比例,从实践来看,基本超过50%。按照土地出让价款定价机制,搬迁补偿部分是要纳入土地成本核算的。而根据《中国人民银行、中国银行业监督管理委员会关于金融促进节约集约用地的通知》(银发〔2008〕214号),禁止金融机构向房地产开发企业发放专门用于缴交土地出让价款的贷款。这样就事实上形成了无解的现实——项目实施主体亟需金融机构支持筹集前期搬迁补偿资金，而金融机构不得提供专门用于缴纳土地出让价款的贷款。

（二）相关的政策建议

1. 关于设定政策约束条件的建议

按照成都、广州的模式，我们可以将调整后政策适用的约束条件设定为，经设区的市政府认定的旧城重大连片城市有机更新项目，可以享受相关政策。

2. 关于土地出让政策建议

经设区的市政府认定的重大连片城市有机更新项目，在确定开发建设条件下，其建设土地使用权可以实施非"净地"出让，具体方式由各地政府根据本地实际情况制定。比如成都、广州的现行模式均是可以实操的例子。

3. 关于金融支持政策的建议

经设区的市政府认定的重大连片城市有机更新项目，在确定开发建设条件和实施非"净地"出让的情形下，金融机构可以发放用于搬迁补偿的贷款，不将其纳入缴纳土地价款的贷款监管。

B.27
谋划推动川南航空货运枢纽布局的思考

关焕文*

摘　要： 随着成渝地区双城经济圈建设上升为国家战略，未来成渝地区产业和消费将带动航空货运市场的发展，同时航空货运市场也将促进成渝地区的产业和消费。在成渝地区谋划货运枢纽机场，可以在川南城市自贡建设航空货运枢纽，形成三大综合枢纽专注做客运兼顾腹舱货运，川南（自贡）货运枢纽做货运的错位发展格局，对促进自贡融入成渝地区进而带动当地相关产业发展，促进区域协调发展并提升成渝地区整体效能，具有重要的战略意义。

关键词： 区域协调发展　成渝地区双城经济圈　航空货运枢纽　物流

一　背景

（一）中央战略谋划

十九大报告指出我国社会主要矛盾已经转化为人民日益增长的美好生活需要和不平衡不充分的发展之间的矛盾，提出了科教兴国、人才强国、创新

---

* 关焕文，工学博士，航空工业第一飞机设计研究院研究员，2020年挂职自贡航空产业园管委会副主任，主要研究方向为航空飞行员生命保障系统研发、试验、仿真、通用航空及无人机产业研究。

驱动发展、乡村振兴、区域协调发展、可持续发展等战略。其中，区域协调发展战略提出积极推进西部大开发，振兴东北地区等老工业基地，促进中部地区崛起，鼓励东部地区率先发展，继续发挥各个地区的优势和积极性，形成东中西相互促进、优势互补、共同发展的新格局。相继提出了京津冀协同发展、长江三角洲区域一体化发展、粤港澳大湾区建设、长江经济带发展、黄河流域生态保护和高质量发展、成渝地区双城经济圈建设等战略性构想。主要战略构想是突出重点，强化核心区域，辐射带动周边协调发展，为实现社会主义现代化强国奠定物质基础，同时实现区域协调发展。

（二）地方规划部署

四川省委财经委员会第四次会议强调，要科学把握推动成渝地区双城经济圈建设的方向路径，把省委"一干多支"发展战略置于国家战略全局来统筹谋划和实施，构建点、线、面相结合的战略推进格局。要坚定不移做强成都极核，提升成都发展能级，大力推进成都平原一体化发展和成德眉资同城化建设，进一步把成都及周边地区打造成为成渝地区经济发展最活跃的增长极和动力源。此外，还需要一体化推进带动全域发展，加快区域中心城市发展步伐，培育创建若干全省经济副中心城市，进一步优化全省空间布局和经济地理。具体来说，要谋划建设一批战略实施载体，综合考虑发展需要和现实基础，形成一批支撑功能平台，发挥好载体功能、先导作用和引领效应。推进实施一批重大项目，按照"需要国家支持的""需要川渝两地协同推进的""自己能干的"三大类，逐项梳理细化，制定项目化的重点任务清单。

（三）载体落地实施

作为老工业城市，要实现产业转型升级，融入成渝地区双城经济圈、实现区域协调发展，作为经济发展动脉的物流运输如何作为，作为物流运输重要一环的航空物流运输如何作为，作为支持航空物流运输载体平台的以货运为主的机场如何作为，引起处于成渝地区区域中心自贡市高

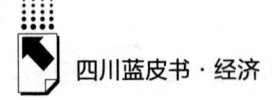

度重视。

2018年全国人代会，自贡市市长何树平作为全国人大代表，提出了《关于在川滇黔渝接合部的自贡市布点建设西南国际航空货运中心的建议》。

对于提案，国家发改委、中国民航局做了积极回应。由于民航运输机场建设需要中国民航局和军队统一协调规划，而《全国民用运输机场布局规划》和《中国民用航空发展第十三个五年规划》均没有在自贡建设民航运输机场的规划，因此建议自贡市依托凤鸣通用机场加快发展通用航空产业，鼓励自贡市与圆通、海航等优秀物流公司进行实质性合作，为将来规划布局航空货运枢纽奠定基础。

2020年，四川省《关于实施"一干多支"发展战略 推动全省区域协同发展的指导意见》提出发展壮大川南城市群，以加快一体化发展为方向，培育壮大以宜宾、泸州为区域中心城市，以内江、自贡为重要支撑的川南城市群。为川南城市群提供经济增长新动力源的航空货运枢纽这一载体功能平台能不能建设、怎样建设，成为自贡市融入成渝地区双城经济圈建设、实现老工业城市产业转型升级的一个现实考量。

二 成渝地区机场概况

（一）双流机场

成都双流国际机场位于四川成都，是中国大陆第四大航空枢纽。2019年，成都双流国际机场实现旅客吞吐量55858552人次，同比增长5.49%；货邮吞吐量67万吨，同比增长1.02%；航班起降量366887架次，同比增长4.19%。

（二）江北机场

2019年，重庆江北国际机场实现旅客吞吐量44786722人次，同比增长7.67%；货邮吞吐量41万吨，同比增长7.83%；航班起降量318398架次，同比增长5.87%。

(三)天府机场

成都天府国际机场位于天府新区,总体规划"四纵两横"6条跑道,4个航站楼面积共126万平方米,满足年旅客吞吐量9000万人次及年货邮吞吐量200万吨的需求。

(四)川南地区机场

泸州云龙机场。泸州云龙机场是四川省重点建设项目,总投资32.36亿元,占地约5000亩,按军用三级永备、民航批复4C级实际4D级标准规划建设,跑道和平行滑行道长2800米(各一条),有14个停机位、8个登机廊桥,航站楼面积30000平方米,并预留国际口岸及候机区。

宜宾五粮液机场。宜宾五粮液机场为4C级军民合用运输机场,于2016年10月正式开工建设,2019年9月完工,到2020年,旅客吞吐量达80万人次、货邮吞吐量7000吨、飞机起降量10000架次。

三 西南地区货运枢纽机场建设必要性分析

(一)航空货运的发展趋势

一是高效物流要求的国际航空货运物流占比增加;二是全货机航空货运呈增长趋势;三是高效的航空货运影响应季性商品产业的发展;四是高效的航空货运影响居民的消费结构,有利于拉动消费,从而促进产业发展。

(二)货运枢纽机场的建设趋势

一是物流更为高效的专业货运枢纽出现,在我国已出现了全国性货运枢纽机场,同时也是快递企业的主营运基地,但区域性门户货运枢纽并没有与之配套;二是专业货运枢纽选择在区域次级城市;三是专业货运枢纽建设会分担综合枢纽压力,有利于综合枢纽提高客运效率;四是专业货运枢纽建设有利于促推区域协调发展。

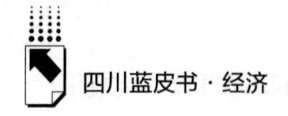

（三）成渝地区货运枢纽机场数据分析

国内吞吐量排名前十的机场设计货邮吞吐量分析见表1。这些机场全部为综合性枢纽，除上海浦东机场与深圳宝安机场外，其余机场按照民航规定每位旅客可以托运20公斤的行李，设计旅客吞吐量乘以20公斤，基本为设计货邮吞吐量。而目前成渝地区货运枢纽双流机场、天府机场和江北机场的设计货邮吞吐量与这个分析基本一致。

表1 国内吞吐量排名前十的机场设计货邮吞吐量分析

机场	设计货邮吞吐量（万吨）	设计旅客吞吐量（万人次）	设计托运量（万吨）	备注
北京首都	195.5（2019年实际）	8550	171	
上海浦东	363.4（2019年实际）	9650	193	2017年11月统计，每周全货机起降近1000架次
广州白云	250.0	8000	160	一期货运库面积为8万平方米
成都双流	150.0	6000	120	
深圳宝安	260.0	8000	160	
昆明长水	95.0	3800	76	
西安咸阳	40.0	5000	100	货运区2.5万平方米
重庆江北	110.0	4500	90	
杭州萧山	80.5	3300	66	货机停机坪5.2万平方米
南京禄口	120.0	3000	60	

从这个分析可以看出，成渝地区这三个综合性枢纽依然以客运为主，货邮吞吐量主要靠客机腹舱来实现，全货机运输量较少，货运区建设滞后，遑

论提高货运效率。可以说航空货运枢纽建设的落后不仅制约了产业的发展，也制约了消费市场的成长。"少不入川，老不出蜀"，成渝地区自然环境以及人文环境潜藏着巨大的应季性商品消费市场。

天府机场从2011年5月正式启动选址工作，到2019年T1、T2航站楼主体结构全面封顶到最终投入使用，基本历时10年时间。大兴机场从2010年12月1日北京新机场建设指挥部成立，到2019年9月25日正式通航，也是基本历时10年时间。

因此，在西南地区谋划货运枢纽机场，要着眼于2030年以后西南地区的产业性货运市场和消费性货运市场。随着成渝地区双城经济圈建设上升为国家战略、产业转移、国内消费需求增长，可以预见未来成渝地区产业和消费将带动航空货运市场的发展，同时航空货运市场也将促进成渝地区的产业发展和消费。

（四）西南地区货运枢纽机场建设必要性分析

1. 产业转型升级需要

建设专业的航空货运枢纽，有助于提升成渝地区航空货运能力，支撑成渝地区以高端成长型产业和新兴先导型服务业为引领，推动先进制造业加快发展和传统优势产业转型升级，重塑产业发展新优势，再造产业发展新动能，不断提升成渝地区产业核心竞争力。

2. 货运枢纽运营效率提高需求

对成渝地区来说，三大综合枢纽为提高货运效率而分别建设现代化的货运设施，属于同质化建设，利用率不高，而转向提高客运运行效率，对提升城市竞争力、促进成渝地区双城经济圈建设利大于弊。

综合来看，西南地区是未来我国航空货运发展最具潜力的地区之一，是西部地区货运功能为主的机场布局的重点区域。因此，货运物流企业在西南地区建设货运功能为主的机场，是基于对国家宏观经济政策和发展方向以及对航空货运物流市场未来发展的科学判断的合理选择。

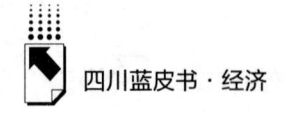

四 建立川南（自贡）货运枢纽机场的可行性分析

（一）自贡市优势

1. 空域条件

一是自然条件较好，二是净空航线少，三是低空改革已形成成果。本场1600平方公里范围，2400米高度，开通通用航空（非民航货运）类货运具有先天优势。

2. 机场基础

凤鸣机场为A1类通用机场，飞行区等级为2B，2017年12月取证投用以来，已为16家用户保障安全飞行作业4.3万架次、2.1万飞行小时。

3. 承载能力

自贡航空产业园形成8平方公里承载能力，新进产业预留土地面积超4000亩，机场预留3300米跑道建设空间，具备发展货运物流的空间基础和规划基础。

4. 区位条件

自贡市位于中国西部、四川省南部，处于国家"一带一路"和长江经济带两大规划的交汇区域、成渝经济区的轴心地带和川南城市群的几何中心，距成都160公里，距重庆180公里，空中区位具有一定优势。

5. 后发优势

自贡无论是在凤鸣机场基础上升级货运枢纽，还是新选址建设货运枢纽，投资都较少。新建中央计算机系统、数码辅助公派系统、包裹扫描系统、自动托运系统、自动化标签系统、电子通关系统等多种高科技设施，有利于提高成渝地区航空货运周转效率，从而助力成渝地区产业市场形象和消费市场能级提升。

（二）面临的挑战

1. 投资主体的确定

建设货运枢纽机场，如何确定投资主体成为重要的一个环节，目前可能的途径有两条：一是引入物流企业投资；二是当地政府投资。

鄂州机场为面向长三角城市群、珠三角城市群、京津冀城市群、成渝城市群的全国性货运枢纽。考虑到区位，建立承接全国性货运枢纽的区域性枢纽，服务成渝、辐射西南、面向东南亚及欧洲，成为比较实际的选择，但选择顺丰等物流企业，是否符合这些企业的发展战略，需要进一步开展工作。

川南（自贡）货运枢纽机场定位为区域性枢纽，规划用地10平方公里，按需要投资至少100亿，依靠地方政府根本无力承担。如何借力成渝地区两个中心城市，取决于两个城市对航空货运的产业布局，充满不确定因素。

2. 政策上的限制

《中国民用航空发展第十三个五年规划》提出，按照实际需求，研究以货运功能为主的机场布局及运行机制。2018年5月11日，中国民航局发布了《民航局关于促进航空物流业发展的指导意见》，其中明确指出，"推进鄂州等货运功能为主的机场建设，及时总结经验并综合全国航空货运基础设施使用状况，适时启动货运功能为主的机场布局规划和运行机制"。

从以上政策可以看出，我国货运枢纽机场的建设也没有成熟的方案，属于"摸着石头过河"，当然这也提供了建设货运枢纽机场的机遇，看哪些区域、哪些企业能抓住机遇。

3. 投资收益风险

建设服务成渝、辐射西南、面向东南亚及欧洲的航空货运枢纽，应基于成渝两地借助双城经济圈建设，综合考虑两地整体福利，由上而下地去布局规划，依靠当地政府，由下而上地去推动规划。航空货运市场受成渝两地中心城市航空货运及相关产业的影响，市场规模及收益受成渝两地三大机场货运业务的影响以及未来高铁货运业务的冲击，投资收益具有不小的风险。

（三）与内江联合建设的可行性分析

1. 政策上的优势

四川省《关于实施"一干多支"发展战略推动全省区域协同发展的指

导意见》提出支持内江、自贡同城化发展，编制内江、自贡同城化发展规划，协同打造产业园区和城市新区。可以说四川省的"一干多支"发展战略提出的内自同城化发展为自贡与内江联合建设货运枢纽提供了政策上的支持。

2. 凤鸣机场升级为货运枢纽

在凤鸣机场的基础上升级，所有前文论及的优势依然存在，在投资主体上的挑战可能会降低。就政策上的限制来说，建设货运枢纽兼顾客运，可以解决内江、自贡两个城市人民的航空出行需求，在枢纽机场的规划上增加布点的可能性。

3. 新寻址建设

在内江与自贡接合部重新寻址建设，可以跳出目前凤鸣机场的局限性，兼顾两个城市的共同利益。

（四）错位发展

通过在川南城市自贡建设航空货运枢纽，提高货运运行效率，构建成渝地区机场群协同机制，形成成渝地区三大综合枢纽专注客运兼顾腹舱货运、川南（自贡）货运枢纽做货运的错位发展格局，对促进自贡融入成渝地区、发展航空货运做好航空运输协同，带动当地相关产业发展从而促进区域协调发展并提升成渝地区整体效能，具有重要的战略意义。

五 推动川南（自贡）航空货运枢纽布局的相关建议

（一）强化平台功能，保障产业引进培育

立足凤鸣机场现有基础和特色优势，坚持招商引资和培育本土企业并重，优化产业结构，扩大主导产业规模。

（二）着力提升效益，保障产业健康发展

以保障产业健康发展为着力点，不断完善凤鸣机场硬件设施和软件，确保飞行安全和提升机场使用效率。

（三）着力破除瓶颈，拓宽产业发展业态

在现有航空制造业、航空运营服务业等产业充分发展的基础上，不断破除制约产业进一步发展的瓶颈。

（四）抢抓发展机遇，融入成渝发展大局

积极抢抓成渝地区双城经济圈建设的机遇，加强与成渝双城和其他市州合作，在引进航空货运物流企业、加强与周边规划的协调、控制好机场周边用地和净空环境上持续推进，为机场未来发展预留空间。

"数"说天府
Digital Economy Research on Tianfu New Area

B.28 提升四川天府新区成都科学城创新策源功能的对策建议

刘 洋[*]

摘　要： 四川天府新区成都科学城规划建设以来，创新策源功能不断提升，已成为西部地区最具影响力的科技创新高地。成都科学城将借鉴国内外创新策源功能的建设经验，努力做强支撑成都打造中国西部科学城、助力四川高质量发展的关键极核。

关键词： 创新策源功能　成都科学城　天府新区

党的十九届五中全会提出"坚持创新在我国现代化建设全局中的核心

---

[*] 刘洋，经济学博士，四川天府新区新经济局党组成员、副局长，成都科学城管委会副主任，主要研究方向为科技创新、产业经济。

提升四川天府新区成都科学城创新策源功能的对策建议

地位，把科技自立自强作为国家发展的战略支撑"，科技创新被提高到前所未有的高度。作为西部高质量发展重要增长极的核心承载地，四川天府新区成都科学城在新的历史起点上，基于对中华民族伟大复兴战略全局、世界"百年未有之大变局"的深刻把握，深入实施创新驱动发展战略，抢抓成渝地区双城经济圈战略机遇，以统筹推进国家科技创新中心、西部（成都）科学城、综合性国家科学中心、天府实验室四层架构建设为抓手，着力提升创新策源功能，积极参与完善国家创新体系，打造具有全国重要影响力的原始创新高地，在加快推进科技强国战略中彰显西部担当。

一 创新策源功能的内涵

习近平总书记强调，要强化科技创新策源功能，努力实现科学新发现、技术新发明、产业新方向、发展新理念从无到有的跨越，成为科学规律的第一发现者、技术发明的第一创造者、创新产业的第一开拓者、创新理念的第一实践者，形成一批基础研究和应用基础研究的原创性成果，突破一批关键核心技术。习近平总书记的重要指示深入解析了创新策源功能之于科技强国战略新的时代意义，深度赋予了科技创新中心建设新的时代内涵，深刻指出了广大科技工作者新的时代使命。

由此可见，创新策源功能的内涵应该包括以下几个方面。一是创新领域的基础性。基础研究是科技创新的源头，决定了一个国家科技创新的深度和广度。二是创新思维的原创性。原创能力是核心竞争力，原创思维是根本推动力，要勇于挑战最前沿的科学问题，提出更多原创理论，产生更多原创发现。三是创新方式的颠覆性。要从根本上改变技术路径、产品形态、产业模式，创造新产品、新需求、新业态。四是创新作用的引领性。要抢占世界新一轮科技革命和产业变革的先发优势，不断锚固创新驱动高质量发展的定力。五是创新任务的关键性。要瞄准关键制约，在"卡脖子"关键核心技术领域取得更多突破，把技术和发展的主动权牢牢掌握在自己手里。六是创新目的的支撑性。在结构优化和转型升级的关键时期，推动实现质量变革、

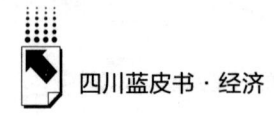

效率变革、动力变革，对新旧动能转换形成强力支撑。七是创新价值的战略性。要主动对接国家战略需求，超前谋划长期保持创新发展优势，不断强化在全球创新和竞争格局中的地位和影响。

总而言之，创新策源功能就是聚焦基础领域，突出原创思维，运用颠覆方式，发挥引领作用，完成关键任务，达到支撑目的，实现战略价值的创新能力。

二 成都科学城创新策源功能的建设成效

经过六年多的建设发展，成都科学城创新资源不断丰富、应用产出持续涌现、各项创新指标显著增长、辐射带动作用明显增强、创新策源功能不断提升，已成为西部地区最具影响力的科技创新高地。

（一）创新基础加速夯实

成都科学城围绕国家使命和战略目标，始终坚持"四个面向"，布局基础型、多层次、综合性国家科技创新基地集群。围绕光电信息、先进能源、空天技术等重点领域启动天府实验室建设。布局架设电磁驱动聚变大科学装置、成都超算中心等重大科技基础设施和交叉研究平台11个。以突破前沿引领技术、战略必争技术和关键共性技术为目标，引进中科曙光先进微处理器技术国家工程实验室、川藏铁路技术创新中心等国家科技创新基地项目15个。

（二）创新产业加速发展

成都科学城以平台型、服务型、生态型为主导的创新产业加速发展，产业生态圈层次、品质、能级持续提升的良好局面已经形成。依托华为鲲鹏、安谋中国等平台型项目，推动高性能计算、大数据等新兴技术赋能各行业转型升级，逐步形成自主可控、安全可靠的产业生态体系。围绕技术研发、国际交流、知识产权、产业孵化、科技金融等重点领域，引进重大项目212

个,主导产业营收达 150 亿元,聚集高新技术企业 438 家。依托海康威视、商汤科技等 90 余家龙头企业,打造生态型创新产业集群,吸引培育产业链上下游企业 3600 余家。

(三)创新人才加速集聚

创新驱动实质上就是人才驱动,成都科学城坚持人才是创新的根基,紧密围绕人才这个创新策源的根本动力,深入实施"天府英才计划",加大吸引培育力度,实现创新能力快速提升。累计引育高水平创新团队 47 个,会聚院士、杰青、长江学者等高层次人才 273 名,国内外科研人员 5000 余名,落户高学历青年人才 14 万人,占全市落户人才总量的 43%。

(四)创新成果加速显现

成都科学城创新校院地合作机制,让创新成果在助推产业发展过程中发挥重要作用。探索形成整体搬迁新建、共建研究机构、成立合资公司、研究机构下属公司投资设立新公司四种合作模式,引进校院地协同创新平台 43 个,打造科教基础设施 27 处,累计承接国家级科研项目 11 个、省市级科研项目 71 个,取得省部级以上科技奖励 12 项,突破关键核心技术 31 项,推出创新产品 63 件,申请发明专利 367 件,获批软件著作权 80 件,培育孵化重点产业领域高成长性科技企业 41 家。

(五)创新生态加速完善

成都科学城以创新要素需求为导向,积极构建人才、资本、产业、配套等一系列高标准政策体系。1 亿元天使投资基金、10 亿元人才发展专项资金、15 亿元高端产业引导基金、3000 万元科技债权融资风险担保资金池,以及国际基金小镇 531 家创投机构的 4700 亿元管理资本,一系列高密度资本为创新创造提供全周期金融保障。规划建设高品质创新载体 500 万平方米,建成投用 152 万平方米。打造高质量生活配套,已建成学校 6 所、幼儿园 5 所、医疗设施 2 处、人才住房 36 万平方米,集聚产业人口 2 万人。

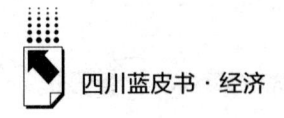

三 国内外创新策源功能的建设经验

党的十八大以来，从量的积累到质的飞跃、从局部突破到整体跃升，我国科技创新快速进入跟跑、并跑、领跑并存的新阶段，各主要城市和城市群创新能力显著提升。根据美国康奈尔大学、欧洲工商管理学院和世界知识产权组织联合发布的《2020年全球创新指数（GII）》报告，中国有3个城市（地区）进入全球最具活力的科技活动集群前10名，分别是深圳-香港-广州（第2名）、北京（第4名）、上海（第9名），紧随其后的中国大陆城市为：南京第21名、杭州第25名、武汉第29名、西安第40名、成都第47名。成都科学城是支撑成都打造中国西部科学城、助力四川高质量发展的关键极核，以全球视野积极谋划和主动实施创新发展战略尤为重要，必须充分借鉴国内外创新策源功能建设的相关经验。

（一）美国硅谷

硅谷自创建以来始终引领全球科技变革，已经成为全球高科技产业的聚集地和科技创新的风向标。截至目前，硅谷拥有包括苹果、谷歌、英特尔、Facebook等世界级企业在内的高科技公司3万多家，以不到全美1%的人口创造了5%的GDP。其创新策源功能建设的经验有三点。一是以全球顶级研究型大学和机构作为依托。斯坦福大学师生创办了硅谷60%~70%的企业。加州大学负责运行的劳伦斯国家实验室，是世界核物理学的顶级研究机构，先后诞生了14名诺贝尔奖得主（及机构）。二是丰富的人才供给和广泛的国际交流是不断创新的重要保障。硅谷集聚科技人才100万名以上，其中包括数以千计的美国科学院院士和30多名诺贝尔奖获得者。与此同时，硅谷还源源不断地吸引来自世界各地的技术移民，有33%的高技术人才来自海外。三是适度政府干预与充分市场竞争相得益彰。政府通过前端科研立项、后端订单购买以及法律保护、协同创新等一系列全过程支撑体系，服务创新需求、研发创新产品、引领创新方向。与此同时，充分的市场竞争使企业存活率非常低，10%的公司能够存活10年以上，10%～20%的公司仅能存活3～5年。政府干预和市场竞争相互配合，进而形成创新型企业、研究型大学、行业协会、服务型企业、风投机构良性互动的强大创新体系。

（二）日本筑波科学城

筑波科学城是日本国内研究机构和人才最为密集的地区，也是世界级的科学研究中心，其创新策源功能建设的经验有四点。一是政府在主导开发建设和资源集聚中发挥关键作用。首相办公室下设建设促进指挥部统筹财政、国土、科技、教育等部门具体实施，国有平台公司负责商业设施、公共设施的建设和管理。同时，政府始终以建设"领导世界革新的全球都市"为目标，通过行政手段不断加大创新资源导入。截至目前，累计投入数万亿日元，打造形成了9个工业园区，聚集了2所综合性大学、8个大科学装置群、48个国家级科研机构、29个公共教育机构、2.2万名顶尖科研人才，产生了6名诺贝尔奖获得者。二是依托优势科研资源构建完善高效的创新生态系统。一方面，聚焦生物工程技术、新材料、新能源等优势学科，打造产业创新网络、探索产业创新模式、构建国家战略主导下的高端产业梯次推进格局，形成从源头创新到"成果就地转化+根植性产业培育+域外辐射推广"的全链条式产业创新体系。另一方面，培育300多家民间科研机构、200多家民营企业和300多家风投企业，构建以大学、大院、大所为主导的集约化、实体化协同创新服务体系，形成资源共享、联合攻关的良好格局。三是对外开放合作扩大国际影响力。人才的国际化是创新能级提升的关键所在，来自10多个国家的5000多名学者在这里从事科研工作，占全部科研人员的25%以上。利用世博会、七国集团科技部长级会议等大型国际活动持续提升国际影响力。四是强化体制机制创新。将规划、建设、管理等顶层设计方面的内容通过法律手段确立下来。同时，规定中央、地方、团队、个人在科技成果转化过程中的权利、义务和责任，极大地调动了各利益相关方的积极性。

（三）合肥滨湖科学城

滨湖科学城是合肥综合性国家科学中心的核心承载区，是内陆省份创建科技新高地推动高质量发展的典范，其创新策源功能建设的经验有四点。一是集中布局高水平创新资源。汇聚全市70%的科研机构、80%的高端人才和专利成果、90%的省级以上战略新兴重大工程，规划建设国家实验室核心区和成果转化区，围绕中科院合肥物质研究院建设大科学装置集中区，依托中国科技大学、合肥工业大学、安徽大学建设教育科研区。二是积极构建高质量创新体系。争创量子信息科学国家实验室，加快建设聚变堆主机关键系统综合研究设施等重大试验装置，在脑科学等领域建设前沿交叉研究平台，加快推进人工智能研究院等产业创新转化平台建设，依托高校、科研院所和企业打造"科大硅谷"，依托安徽创新馆等载体打造服务全国、面向世界的国际科学交流中心，努力构建"源头创新—技术开发—成果转化—新兴产业"的全链条创新体系。三是大力发展高能级战略性新兴产业。基于汇聚全市50%高新技术企业、44%战略新兴产业总产值、70%省级以上产业基地的良好基础，加快发展新一代信息技术等十大新兴产业。通过实施量子科技、先进核能等未来产业培育工程，加快构建一批战略性新兴产业增长引擎，建设世界级战略性新兴产业集群。四是探索推行高效能"合肥模式"。地方政府平台找准市场需求、遵循产业逻辑，通过关键核心技术"投资—上市—退出"的产业投资模式产生盈利，反哺基础设施项目，促进两者形成良性循环。

四 提升成都科学城创新策源功能的对策建议

通过国内外代表性案例可以看出，创新策源功能建设的关键经验在于：以丰富的创新要素为根本依托、以高端的产业集聚为根本目的、以开放的交流合作为根本路径、以灵活的体制机制为根本保障。相比之下，虽然近年来成都科学城创新策源功能建设成效显著，但还处于原始积累阶段，仍有较大提升空间。

（一）发挥创新主体建制化优势，在创新资源集中性上下功夫，不断增强创新吸引力

一是发挥科研机构的集聚效应。采用政府主导、政策引导的方式，有序

组织研究型、创新型高校、科研院所和企业研发机构向成都科学城集中，鼓励国内外创新主体在成都科学城设置分支机构，打造空间分布集聚、功能方向关联的研发机构群。二是发挥一流学科的集成效应。整合做强材料科学与工程、电子科学与技术、信息与通信工程、交通运输工程等双一流学科，面向前沿领域构建国家重点实验室体系，促进多学科交叉融合和多技术领域集成创新，在成都科学城开展系统性、有针对性的前沿基础研究和战略技术预见。三是发挥科技设施的集群效应。瞄准能源、材料、核物理和空天技术等优势领域，为预研、新建、推进和提升等层面的国家、省市科技重大专项、重点研发计划项目落地成都科学城制订重点支持方案。

（二）强化创新要素一体化配置，在创新动力内生性上下功夫，不断增强创新竞争力

一是要明确核心任务。坚持问题导向、目标导向、结果导向，紧紧围绕提升项目支撑能力这个核心任务，着力强化人才吸附能力、成果转化能力、技术迭代能力和资本运作能力，做强创新链条，提高创新附加值。二是要抓住关键环节。以重大科技任务和重大工程建设为牵引，统筹项目、人才、成果、技术和资本等创新要素一体化配置这个关键环节。三是要瞄准最终目标。根据项目需求，相应匹配人才、成果、技术、资本等要素，提升要素供给的政府引导力和市场灵敏度，着力形成共同支撑创新动力建设的内生增长新格局。

（三）鼓励创新平台协同化发展，在创新合作开放性上下功夫，不断增强创新影响力

一是主体协同。通过制定普惠性税收减免政策，鼓励商汤科技、诺基亚等行业龙头企业牵头成立创新联合体，构建高校、科研院所、大中小微企业和科技服务机构统一开放、竞争有序的产学研协同创新网络。二是区域协同。以省、市两级政府为主导，围绕协同创新示范区建设，按照"核心+基地+网络"模式，构建以成都科学城"一核四区"为主平台的科技创新

网络,大力实施成渝科技创新合作计划,推动成渝地区共建综合性国家科学中心,实现创新协作导向下的"去界线发展"。三是政策协同。探索出台旨在统筹多元主体共同支撑的政策创新网络,打通创新主体、市场主体和行政主体三者内部以及三者之间的系统性梗阻。四是国际协同。主动融入全球创新网络,与国外创新热点城市开展交流合作,共建"姐妹科学城"、联合实验室、基础数据中心、技术转移中心和人才交流中心,在开放型科技交流合作中不断提升话语权和影响力。

(四)推动创新技术产业化应用,在创新体系完整性上下功夫,不断增强创新承载力

一是聚焦关键核心技术攻关。以先进核能、航空航天、电子信息、生命科学等领域的重大技术突破和重大发展需求为主攻方向,瞄准关键核心技术的关键制约环节,集中资源开展技术攻关,加快创新成果产业化,围绕产业链部署创新链,围绕创新链打造产业链。二是培育战略性新兴产业发展。依托高端芯片研发、高速轨道交通、前沿新材料、新能源技术等领域的创新平台,强化能力建设,补齐自主创新短板,打造助力战略性新兴产业高质量发展的创新引擎。三是大力发展新经济、培育新动能。支持互联网、大数据、人工智能等新一代信息技术与传统产业深度融合衍生新产品、新业态、新模式,引导企业以市场需求为导向,以应用场景为牵引,带动技术突破、应用迭代和服务创新。

(五)聚焦创新能力专业化建设,在创新生态系统性上下功夫,不断增强创新保障力

一是组建专业化机构。建立以政府主导,高校、科研院所、企事业单位、社会团体共同参与的战略咨询委员会,承担重大决策、重点规划、重要项目的咨询论证工作。进一步支持成都科学城做强"极核"、联动"四区",健全支撑西部(成都)科学城建设的体制机制。二是建立专业化机制。在内部建设上,要以强化创新能力建设为主线,着力完善重大科技任务组织实

施机制、基础研究投入支持机制、管理运行机制、内部考核机制、开放合作机制、绩效评估机制和容错纠错机制等。在外部支持上,要以省、市、新区三级联动为关键,在争取重大科技项目立项、高端人才引进、科技体制改革、土地资源利用、加大财政投入等方面出台相应支持政策。三是开展专业化运营。引入集招商引资、园区管理、运营服务、品牌提升等于一体的专业团队参与创新生态建设。发挥政府、企业、社会团体等多元主体作用,进一步强化项目招引力度。推进数字化建设,提升行政治理效能和管理服务水平。加大宣传推广力度,注重成都科学城创新精神提炼,创建独有文化品牌。组织大科学装置、实验平台面向机构和公众开放,推动资源共享和科学文化产业发展。积极争取承接国际国内科技展会、学术论坛等具有影响力的交流活动,持续提升社会知名度。

B.29
2021年四川天府新区数字经济发展形势分析与预测

向娟娟*

摘　要： 2020年天府新区数字经济在危机中开创新局，实现平稳增长。2021年，在国内外复杂多变的经济环境下，天府新区应采取加深区域合作、加快数字城市建设、加快数字经济产业集聚、构建更多应用场景、健全数字经济配套服务等举措，推动天府新区数字经济发展更上一层楼。

关键词： 数字经济　试验区　区域合作　产业集聚　天府新区

四川天府新区作为习近平总书记首次提出公园城市理论的国家级新区，以"天府"之誉承"天府之国"历史荣华，以"新区"之名启"千年立城"时代华章，先行先试、敢行敢试，始终践行着当好"一带一路"建设和长江经济带发展的重要节点，打造新的增长极，建设内陆开放经济新高地的国家使命。2020年10月，四川数字经济创新发展试验区建设工作方案获批。天府新区作为四川数字经济特区，已经站在了新的起点上，具备在全国形成引领性、示范性试验成果的基础条件。

一　天府新区数字经济发展情况

天府新区成立于2013年7月，2014年获批国家级新区，是国家经济版

---

* 向娟娟，四川天府新区行政审批局一级助理。

图上的"后发者"。而数字经济作为一种新型经济形态，可加速重构经济发展与政府治理模式，深度赋能经济社会发展，也与天府新区"后来居上""弯道超车"的建设理念深度契合。从2013年到2020年，数字经济在天府新区经济体系中扮演着越来越重要的角色。

（一）数字经济企业总量逐年攀升

1. 存量数字经济企业发展情况

2013年底，天府新区在册数字经济企业仅有207家，占当期企业存量的1.13%；注册资本有8.58亿元，占当期企业注册资本存量的3.16%。截至2020年底，新区在册数字经济企业有13981家，占当期企业存量的30.35%；注册资本有1359.56亿元，占当期企业注册资本存量的14.98%。数字经济企业在七年时间里增加了13774家，增长66倍多；注册资本增加了1350.98亿元，增长157倍多。数字经济企业户数在企业总量中的占比增加了29.22个百分点，注册资本在企业总注册资本中的占比也增加了11.82个百分点，天府新区数字经济企业规模逐步显现（见表1、图1）。

表1　2013~2020年天府新区数字经济企业发展情况

年份	存量户数（家）	同比增长（%）	存量注册资本（亿元）	同比增长（%）
2013	207	—	8.58	—
2014	375	81.16	22.51	162.35
2015	911	142.93	78.98	250.87
2016	1843	102.31	180.35	128.35
2017	4181	126.86	606.13	236.09
2018	7477	78.83	940.17	55.11
2019	10576	41.45	1159.17	23.29
2020	13981	32.20	1359.56	17.29

2. 2020年新增数字经济企业发展情况

2020年，天府新区新增企业11116家，与上年同期相比下降5.23%，其中新增数字经济企业有3405家，与上年同期相比增长9.87%，占新增企业总

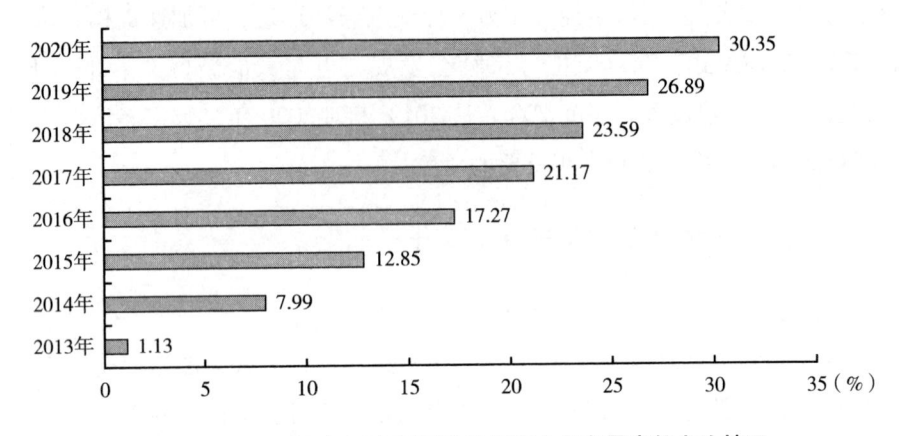

图1　2013～2020年天府新区数字经济企业存量户数占比情况

量的30.63%，在新增企业总数同比下降的趋势下，天府新区数字经济发展异军突起，企业数持续攀升。从六大经济类型看，天府新区新增经济企业7595家，数字经济企业占44.83%，成为新区经济发展的中流砥柱。从数字经济企业行业分布看，新增新兴软件服务类企业3216家，占新增数字经济企业总数的94.45%，成为推动天府新区数字经济发展的重要力量（见表2）。

表2　2020年天府新区数字经济新增企业户数分布情况

类　　型	户　数（家）	占　比（%）	注册资本（亿元）	占　比（%）
新兴软件服务产业	3216	94.45	152.84	76.27
信息网络产业	187	5.49	47.49	23.70
电子核心制造产业	2	0.06	0.06	0.03
合计	3405	100	200.39	100

（二）数字经济企业纳税额日益上涨

2018年天府新区数字经济企业实现税收1.81亿元，2020年实现税收3.22亿元，增加了1.41亿元，平均每年增长38.95%；2020年天府新区数字经济企业纳税额明显增加，与2019年相比增长52.61%，在当期纳税总额中的比重明显高于2018年和2019年（见表3）。新冠肺炎疫情并没有阻碍天府新区数字经济向好发展的态势,数字化在抗击疫情中发挥的积极作用助推了天府新区数字经济发展。

表3 2018~2020年天府新区数字经济企业税收情况

单位:亿元,%

年 份	数字经济纳税额	同比增长	新区纳税总额	数字经济纳税额占比
2018	1.81	—	107.77	1.68
2019	2.11	16.57	126.61	1.67
2020	3.22	52.61	148.37	2.17

二 天府新区数字经济发展面临的机遇与挑战

(一)发展机遇

中央在"十四五"战略布局中,提出了加快形成以国内大循环为主体、国内国际双循环相互促进的新发展格局,以及提升服务业和数字经济的国际竞争力,解决好产业链、创新链的韧性问题等战略方针。在已发布的国家和四川省"十四五"规划以及2035年远景目标中,发展数字经济和加强数字社会、数字政府建设已成为未来经济建设和城市治理的核心任务以及重要方向,应运而生的数字经济正迎来空前的历史机遇。

1. 成渝地区双城经济圈建设

2020年1月3日,中央财经委员会第六次会议决定,大力推动成渝地区双城经济圈建设,标志着成渝地区双城经济圈正式上升为国家战略,四川省和重庆市均被确定为数字经济创新发展试验区。在成都市政府"唱好双城记,建好经济圈"方针的指引下,天府新区迎来新的发展机遇,与两江新区在多个领域开展深度合作,探索打通两个国家级新区数字经济产业链、供应链、创新链,两区在数字经济协同发展上存在无限可能。

2. 四川省数字经济特区

2020年10月,国家发展改革委、中央网信办正式复函同意四川等5省份数字经济创新发展试验区建设工作方案，四川将大力发展"芯屏端软智网"全产业链和大数据、区块链、5G和超高清视频等数字经济产业，加快建设天府新区数字经济特区。天府新区具有充分的政策优势，加之科学城产业功能区逐渐完善，独角兽岛、天府无线谷、紫光芯城、华为鲲鹏基地、成都超算中心等重点区域逐步布局，天府新区在数字经济产业生态圈构建上具有较大潜力。

3. 新型基础设施建设机遇

2020年4月29日，中共中央政治局常务委员会召开会议强调，要启动一批重大项目，加快传统基础设施和5G、人工智能等新型基础设施建设。当前经济正面临多方的压力，疫情的发生使经济陷入短期的"停摆"。转型的阵痛和供给侧改革的推进，使基建投资成为经济增长重要的加速器。天府新区在国内稳投资、扩内需、拉增长的新机遇下，在包装一大批5G、大数据中心、人工智能等新基建项目上存在较大空间。

（二）困难挑战

在"十四五"时期，中国经济发展将面临更加复杂、更加不确定的外部环境挑战，我国的经济发展也将进入一个新阶段。我国传统产业竞争优势继续减弱，但产业规模优势转化为产业配套优势、要素成本优势转化为综合成本优势的趋势将增强，这对天府新区数字经济发展提出了更高要求。要打破传统的经济格局，重塑更符合新发展形势的经济形态，需要直面重重困难和挑战。

1. 区域合作有待进一步加强

天府新区要做区域合作的引领者，而不是被挤出局的观望者，在区域合作的大势所趋下，天府新区与其他区域的合作还主要停留在宏观战略合作方面，对区域间数字经济发展政策、资源、市场等方面的资源禀赋优势缺乏系统的分析，存在政策空间和产业转移空间不完全匹配的难题，在数字产业项目实质落地方面的成效还不显著，合作环境还需要进一步细化和提升。

2. 传统企业数字化转型迫在眉睫

党的十九大报告指出，"要加快发展先进制造业，推动互联网、大数据、人工智能和实体经济深度融合"，天府新区传统企业数字化转型亦面临着技术创新、人才缺乏、合力统筹不足等多方面的挑战。多数企业没有强有力的制度设计和组织重塑，缺乏有效的配套考核和制度激励措施，仍处于数据应用的被动感知阶段，覆盖全流程、全产业链、全生命周期的工业数据链尚未构建，面临转型成本较高、核心技术供给不足的问题。天府新区大数据与实体经济融合的深度和广度还不够充分，还有空间潜力尚可挖掘。

3. 应用场景试验区缺乏

数字经济的发展以应用场景为载体，2020年，福建、广州等地相继发布涉及交通、政务服务、医疗、农业、教育、新零售等领域的优质应用场景，进一步激发技术创新活力。相较而言，天府新区数字经济应用场景还不够丰富、种类不够齐全，应用场景主要集中在与消费者密切相关的C端，比如无人超市、无人驾驶、智能机器人等，但在B端的场景应用比较缺乏，天府新区应加大数字经济应用场景的搭建和开放力度，实现从数字化到智能化再到智慧化的转变。

4. 中高端人才建设仍需强化

随着数字经济的不断发展、科学技术的不断创新，人才成为促进数字经济发展的关键要素。天府新区面临着中高端人才缺乏的现状，缺乏数字经济方面的领军型人才、一流工程师、优秀技术工人等，人才结构需要进一步优化。天府新区应进一步加强中高端人才培养的政策制定，进一步优化高精尖人才培养的软环境，不仅引得进人才，还要留得住人才，打破因人才缺乏而造成的科技创新瓶颈。

三 2021年天府新区数字经济发展形势预测

（一）数字经济规模不断扩张

从近几年天府新区数字经济企业发展情况看，数字经济新增企业数量均保持正增长，始终高于天府新区总体企业的增长速度。尽管新冠肺炎疫情对天府新区企业发展造成较大冲击，但数字经济企业在危机中找到了新机遇。

随着自上而下的政策指引，天府新区作为数字经济创新发展试验区，数字经济规模将不断扩张。2021年，天府新区数字经济企业户数将实现稳步增长，数字经济增加值呈上扬态势，数字经济纳税额将进一步上涨。

（二）数字经济环境进一步优化

数字经济对外部资源的依赖性相对较低，但对营商环境的优劣极为敏感。随着国家、省、市对数字经济的发展越来越重视，2020年，天府新区出台成都首个区（市、县）级数字经济发展鼓励政策，进一步完善了数字经济发展政策环境；创新推出融合服务"e窗通"改革，进一步优化了数字经济企业准入环境；成都科学城数字经济产业规模初现，进一步完善了数字经济发展的创新环境。2021年，天府新区数字经济环境将更加优化。

（三）数字城市建设规模初步显现

天府新区数字城市建设已完成城市合伙人的公开招标程序，现进入一期项目搭建阶段，涵盖了包括智慧交通、智慧社区、智慧政务、智慧校园、智慧民生等智慧城市建设的各个方面。预计到2021年8月底前，科学城、鹿溪智谷、总部商务区等重点示范区，以及政务服务、社区治理等重要民生领域将建成一批示范性和带动性强的应用场景，在第31届世界大学生运动会举办的重要时机发挥积极作用。2021年，天府新区智慧城市建设多点铺开，现代数字城市将初具雏形。

四 对策与建议

（一）以区域合作为契机，共推数字经济协同发展

积极融入"一带一路"数字经济建设，向浦东新区等发达区域取经，深度参与数字经济国际合作，形成多层次、多角度、多方位的合作格局，引进一批具有代表性的数字产业项目，为天府新区数字经济发展注入新活力。

积极服务成渝地区双城经济圈建设，与两江新区联姻，通过区域互补、技术互补、发展互补，催生一批新技术、新应用、新产品、新服务、新项目，构建数字经济发展合力。积极带动成德眉资同城化发展步伐，与毗邻区域合作，整合区域数据资源，打破区域数据藩篱，构建数据融通共享机制，把天府新区打造成数据开放和区域协同创新的引领地。

（二）以数字城市建设为引导，构建数字经济发展新引擎

构建"政府引导、市场主导、多方参与"的数字城市建设体系，加快推进天府新区数字城市建设步伐，建设以天府大脑为枢纽、以数据资源为核心、实体空间和数据模型协同映射的现代数字城市，将顶层设计和规划蓝图作为天府新区数字经济发展的"底座"，将数字城市建设作为撬动天府新区数字经济发展的"杠杆"，将数字经济发展活力作为助推天府新区数字城市建设的"燃料"，把天府新区打造成智慧城市与公园城市有机结合的样板区。

（三）以华为鲲鹏基地为载体，加快数字经济产业集聚

依托华为鲲鹏生态基地，共建鲲鹏转化平台、鲲鹏行业孵化平台、华为鲲鹏天府实验室、鲲鹏生态基地展示平台，为平台厂家及独立软件开发商提供开放创新、简单易用、驻地服务的服务化鲲鹏资源，广泛吸纳包括软件开发、计算机及其部件制造、信息传输、信息咨询和信息服务等行业内企业，推动软件开发商的操作系统、数据库、中间件、行业软件应用等向鲲鹏迁移，构建新计算发展体系，凭借聚合力优势，共同打造鲲鹏生态产业园，推动鲲鹏产业生态创新发展，加快数字经济产业聚集。依托新兴产业园打造成果转化基地，促进产业链上下游深度合作，加速重点产业转型升级，让鲲鹏产业成为夯实新区数字经济发展的"新底座"，把天府新区打造成数字经济企业的孵化场。

（四）以应用场景构建为示范，助力数字企业成熟化发展

通过在新区布设各类通信网络基础设施、新技术基础设施，扩展现有

5G覆盖区域，进一步优化新区新型基础设施布局，奠定应用场景构建基石。采用"场景先行"的模式孵化新区数字企业，打造具有引领效应的应用场景，完善数字经济企业测试设施条件，帮助数字企业熟化技术、优化产品和服务。对商业模式和开发用户进行打磨，在测试中寻找刚需，在刚需中开发大规模应用，推进政务服务、普惠民生、公共服务、产业创新领域大数据应用，加快数字经济与实体经济融合发展，把天府新区打造成数字经济应用场景的示范区。

（五）以健全配套服务为保障，吸引高质量数字企业落地

加大数字经济人才激励力度，鼓励创新创业创造，为数字经济发展培养复合型专业人才；健全数字经济领域科研成果保护，界定知识产权归属，为科技创新成果提供保障；健全数字企业融资环境，降低企业融资成本，为数字企业提供不同阶段的融资便利；加大税收政策优惠力度，减轻数字企业税收负担，为企业研发投入释放空间；优化新区营商环境，降低企业制度性成本，把天府新区打造成高质量数字企业落户的首选地。

B.30
税收视角下四川天府新区科创企业发展现状、瓶颈及对策研究

国家税务总局四川天府新区成都管理委员会税务局课题组

摘　要： 运用涉税主体数量、企业税收申报数据、入库税金、个税申报人数及金额等税收数据，对天府新区科创企业经营情况、载体建设、人才集聚及未来发展趋势进行深入研究，结果表明，天府新区科创企业整体发展势头良好，企业主体及人才集聚效应初步形成。但数据同时显示，天府新区面临着缺乏大型头部企业、土地要素配置不齐、企业创新投入不足、政策支持体系不完善等问题。基于上述分析，提出促进天府新区科创企业发展的对策建议。

关键词： 科创企业　天府新区　高质量发展　税收

中共四川省委十一届七次全会提出"加快两区一城建设，高质量发展天府新区，做强总部集群、科技创新、商务会展、现代金融、文化创意等核心功能，打造高质量发展引领区、内陆开放示范地、城市建设新标杆"，寄望四川天府新区未来能够构建高能级平台体系，形成生态融通、开放包容、活力迸发的创新策源牵引动力。作为落实国家、区域发展战略的主力军，四川天府新区[①]科创企业的发展状况无疑是衡量区域高质量发展的重要参考指标。

---

① 数据范围仅包括原四川天府新区成都直管区。

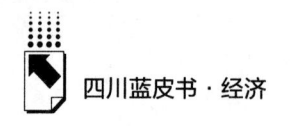

一 科创企业发展的现状

近年来,四川天府新区经济税源结构发生了较大变化,服务业税收占比逐年提升,传统制造业税收逐年萎缩,科创企业则在数量及发展质量上不断取得突破。一方面,四川天府新区作为2014年新成立的国家级新区,在发展初期会立足基建及产业载体建设,起步期科创行业规模相对较小;另一方面,作为"创新为魂"的后起之秀,四川天府新区科创行业发展速度较快,呈现朝气勃发的景象。

(一)发展势头整体良好

1. 高新技术企业税收引擎作用显现

高新技术产业是供给侧改革的战略先导产业,是推进经济发展方式转变和产业结构调整的重要力量。自新区成立以来,四川天府新区高新技术产业持续快速发展,企业数量大幅度增长。2020年,四川天府新区共有265家企业被认定为全国高新技术企业,较2019年的162家增长63.6%。从经营情况看,四川天府新区高新技术企业发展迅速,2020年营业收入同比增长26.6%,利润同比增长105.4%,营业利润率明显提升;研发投入不断增加,2019年研发费用加计扣除金额为4.23亿元,较2018年增加2.11亿元,增长99.5%;从税收入库情况看,新区高新技术企业整体贡献稳中有升,2020年合计入库1.37亿元,较2019年增加0.2亿元,增长17.1%,其中税额千万元以上企业有5家(见表1)。

表1 2020年四川天府新区高新技术企业经营数据

单位:亿元,人,%

项目	2019年	2020年	同比增长
营业收入	33.30	42.16	26.6
利润	-2.32	0.13	105.4
入库税收	1.17	1.37	17.1
从业人数	8796	9529	8.3

2.科技型中小企业发展迅猛

科技型中小企业独具的开拓创新精神和科技敏感性使其成为推动科技创新的重要力量，也是衡量地区创新潜力的重要参照。2020年，四川天府新区新入库科技型中小企业527家，占全市的8.7%，同比增长57%，增速位列成都市第2。行业主要集中在基础软件开发、工程和技术研究、科技推广服务、信息技术服务等领域，其中软件开发（含基础软件开发、其他软件开发）占比高达45.9%（见图1）。2020年，四川天府新区科技型中小企业共实现税收收入1.43亿元，较2019年增加0.63亿元，增长78.8%，占本地税收的比重为1%，比2019年提升0.3个百分点。

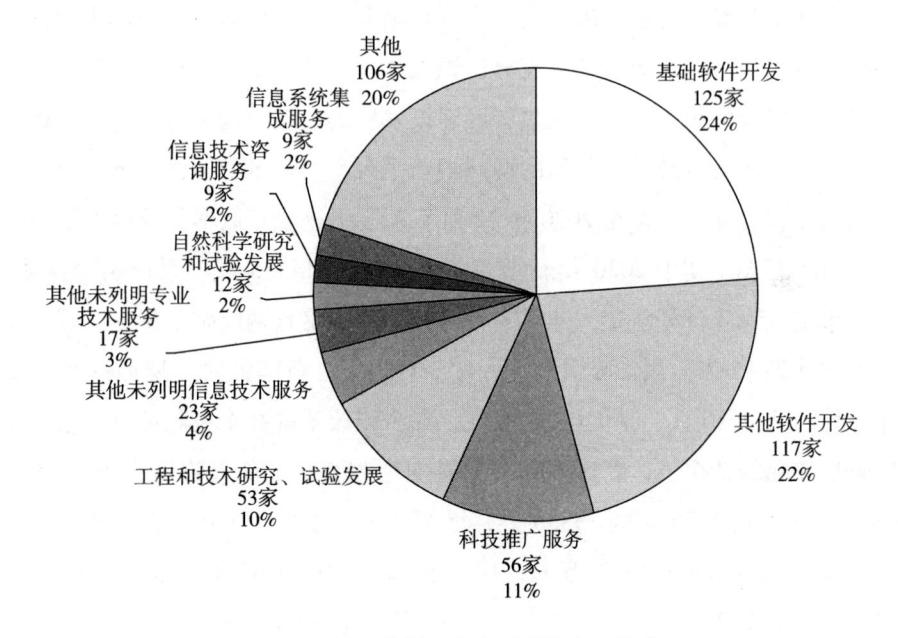

图1 四川天府新区中小型科技企业构成

（二）载体建设初见成效

区域科技水平的提高，离不开科技创新载体的建设。四川天府新区坚持把科技创新载体作为增强区域自主创新能力的一项重要工程，全力推进中国西部（成都）科学城、科技企业孵化器等为主体的创新载体建设。在"十三五"期间，四川天府新区汇聚了13家"中科系"科研机构，落地多态耦合轨道交通动模试验平台等5个重大科技基础设施和宇宙线物理研究与探测技术研发平台等5个交叉研究平台，落地27个科教基础设施、11个科技创新基地引进孵化创新创业项目。为建设高品质科创空间，四川天府新区以天府海创园为核心，以川港设计创意产业园和蓉港青年创新创业梦工场为协同，启动110万平方米科创空间载体建设，构建多点驱动、辐射全域的"1+2"科创空间格局。

（三）科技人才加速集聚

人才作为经济社会发展的主动力，在国家竞争和区域竞争中的决定性作用越来越明显。四川天府新区充分认识人才工作的重要性，抢抓成渝地区双城经济圈建设的重大机遇，聚焦新区建设发展的战略方向和阶段特质，通过强有力的人才支持政策及优质的协同创新平台，为新区的经济发展提供了有力的人才智力支持。截至2020年12月，新区引进全日制本科及以上学历人才14.02万人，其中2020年新增青年人才落户14588人。累计引育国家、省、市重点人才计划认定人才273名，其中自主培育两院院士2名、国家重点人才计划15人。累计吸引外籍人才166人、"高精尖缺"层面（天府英才计划）人才30人、顶尖团队14支。在个税改革提高个税起征点及增加专项附加扣除的情况下，新区600余家科创企业缴纳个税人数仍从2017年的6336人增加到2020年的15356人，增幅达142.4%。以上企业缴纳个税金额，从2017年的3540.9万元，增加到2020年的6539.5万元，增幅达84.7%（见图2）。

（四）企业集聚态势初步形成

四川天府新区科创企业南北分布差异明显，主要集中在新区北部，零散分布于新区南部。得益于成都科学城起步区初步建成以及高新区软件产业人才、资本和创新要素的溢出效应，紧邻成都科学城的兴隆街道和毗邻天府软

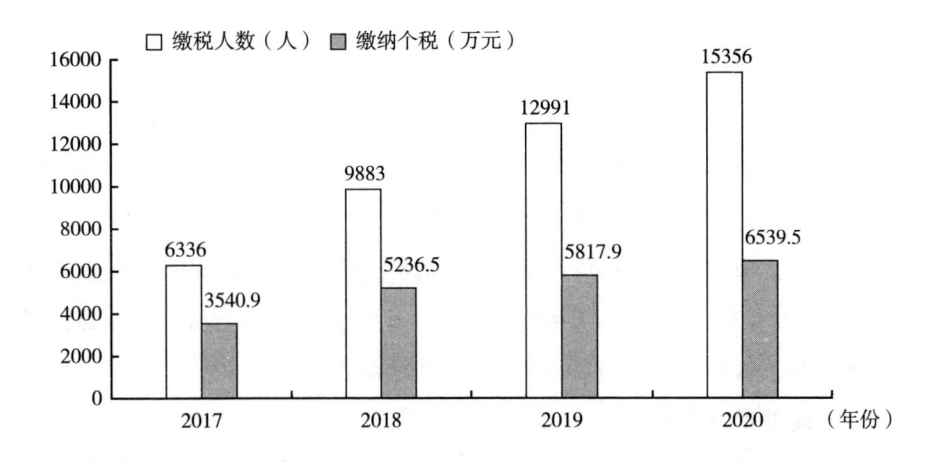

图2 2017~2020年四川天府新区缴纳个税的科技人才数量及金额情况

件园的华阳街道等区域科创企业数量多，分布较为集中。而远离市区、建设时间尚短的新区南部区域内的科创企业则呈零散分布状态。籍田街道、煎茶街道、太平街道、永兴街道的科创企业数量较少，处于萌芽阶段。值得注意的是，随着"一核四区"战略规划落地，未来天府新区会形成"核心驱动、协同承载、全域联动"的发展格局，预计科创企业的集聚区将从北部逐步向科学城所在的四川天府新区中心区域转移。

（五）经营效益持续提升

1. 盈利水平逐渐增强

从新区科创企业进销比①来看，以2018年为例，当年对成都市内企业进销比达0.953，进销差仅0.05亿元，占当年总进销差的2.8%；对省外企业进销比达0.00003，进销差为1.5亿元，占当年总进销差的79.7%。从年度进销比来看，2016~2019年，企业基本维持在0.37~0.39，盈利能力较为平稳，进入2020年后，企业进销比下降至0.312，经营水平及盈利能力

---

① 进销比是增值税进项税额与销项税额的比值，通常来说，进销比越小，盈利水平越高。

有所提升。

2. 经营范围逐步扩大

从新区科创企业进项情况可看到，虽成都市内进项占比由2016年的98.3%下降至2020年的92.1%，但税额占比依旧维持在90%以上，而下降的6.2个百分点中，省内其他地区就占了6.1个百分点。从销项情况来看，省内销项占比由2016年的63%下降至2020年的53.1%，省外销项占比由2016年的20.6%上升至2020年的46.6%，新区科创企业与省外企业经济联系逐渐增多，省内省外经济联系逐渐趋于均衡。

3. 产品类型渐次转化

随着人工智能、大数据、物联网等新技术的应用和发展，新区科创企业创新和创造价值的能力显著增强，产业竞争力正逐步凸显。从近三年新区科创企业中一般纳税人销项来看，货物类产品占比为69%，服务类产品占比为22.1%；从增幅情况来看，货物类年均增长18.6%，服务类年均增长31.3%。新区科创企业服务类产品开票增速显著高于货物类，高附加值、高技术含量的知识密集型服务产品未来将逐步成为主流。

二 四川天府新区科创企业发展的瓶颈

四川天府新区聚力推进创建综合性国家科学中心，培育以数字经济为核心的产业生态，在基础前沿研究和战略高技术研究方面能力进一步增强，加快建成创新资源高度集聚、应用成果持续产出、产城融合不断深化的科技创新高地。但受制于国内外客观形势，科创行业发展的瓶颈也十分明显。

（一）缺乏行业引领性的大型头部企业

截至2020年，有7家具有科创背景的世界500强公司项目进驻四川天府新区，投资总额达到257亿元。盟升电子登录科创板，实现四川天府新区科技企业上市零突破。此外，还有19家中国500强和新经济500强公司投资四川天府新区，涵盖人工智能、大数据、计算机技术开发、通信等领域。但从入驻的大型公司数量来看，上海浦东新区同期有346家世界500强企业入驻，差距较为明显。从实际经营来看，2020年，四川天府新区科创企业中，纳税超千万元的仅有8家，合计纳税1.53亿元。其中，入库税收最多的企业实现营业收入仅为5.64亿元，入库税收不足4000万元，企业规模和税收产出能力较小。

（二）土地要素配置不齐全

从契税缴纳情况来看，"十三五"期间新区综合用地税额增长最为明显，年均增长132.3%，占总额的83.3%；商业用地年均增长79.2%，占比为12.8%；工业用地年均增长22.1%，仅占总额的0.5%。工业用地契税缴纳规模与增长率均远落后于其他土地类型。对比上海市①，2020年成都市完成工业用地供应1.13万亩，较上海市仅高0.26万亩，成都市工业用地供应空间仍较大。

作为四川天府新区代表性科创类招引企业，商汤科技、海康威视、华为承载着新区科创企业龙头引领的作用。但从税收情况来看，"十三五"期间三家企业累计贡献税收收入-134.2万元，研发成果无法有效落地转化是税收贡献偏少的重要因素之一。企业完成研发后，如无法就近落地转化，企业会重新选址落地，工业产值、利润、税收收入由此向外转移。地方财政在无法获得税收的同时，还需要按照国家减税降费政策对企业研发、建设投入进行税收减免或退税，进而使地区经济内循环无法有效维持。此外，成果无法落地转化还会降低企业扎根地方的黏性。目前，新区大部分科创企业仅持有少量轻资产，后期转移相对容易，管理机构与生产基地的距离拉长会显著抬升基建、人员、管理成本，加剧企业外移风险。

---

① 成都市土地面积约为上海市土地面积的2.26倍。

（三）企业创新投入不足

1. 税收优惠政策惠及面较小

2016~2019年四川天府新区科创企业享受研发费用加计扣除的家数及扣除比例呈逐年上升的趋势（见图3）。2020年，新区新入库的527家科技型中小企业中，255家享受了研发费用税前加计扣除优惠政策，占比为48.4%。据江苏省科技厅公开数据，2018年江苏省入库科技型中小企业12859家，其中10750家享受了研发费用税前加计扣除优惠政策，占比高达83.6%。由此可见，天府新区企业加计扣除政策惠及面尚有不足。

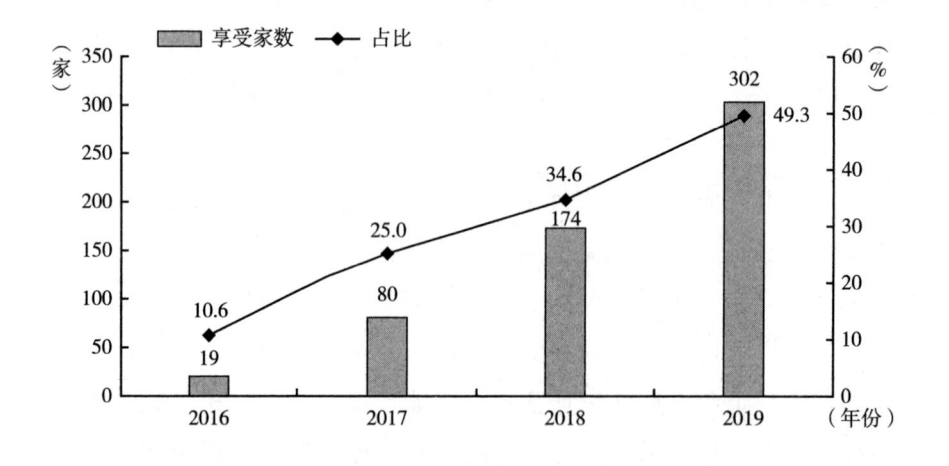

图3 2016~2019年四川天府新区科创企业享受加计扣除政策情况

2. 研发投入强度不高

2019年，四川天府新区科创企业享受研发费用加计扣除税收优惠数量为302家，享受加计扣除金额为4.23亿元，户均享受加计扣除金额为140万元，其中高新技术企业户均享受加计扣除金额仅为161万元。除成都市易冲半导体有限公司加计扣除金额超2000万元，其他企业研发费用加计扣除金额均不超过500万元。2018~2019年，四川天府新区高新技术企业的研发费用占销售收入的比例不足5%，同期北京市海淀区占比达8%以上，新区高新技术企业研发投入强度存在不足。

（四）政策支持体系不完善

1. 财政政策可执行性与覆盖面较窄

随着创新驱动战略的实施，四川天府新区陆续出台了很多鼓励科技创新的财政政策，但还没有形成完善的"产学研"一体财政支持体系，制约了新区科技的创新与发展。一方面，支持科技创新的财政政策来自各个部门，如科创和人才局、新经济局、总部经济局等，使得难以整体规划设计对科创企业的扶持政策，影响了新区支持科技创新财政体系的形成。另一方面，新区财政政策体系的可执行性不足与覆盖面狭窄，尤其是对数量众多的中小型科创企业的创新支持不足，使其创新投入风险偏高。

2. 科创企业受惠力度较小

税收优惠政策在企业初创早期作用较小，但在中后期，税收优惠政策能够显著加快企业对科技成果的商业性转化。科创企业税收优惠政策相对单一，以所得税与增值税为主。企业在发展早期，由于资本性投入较大，通常企业所得税持续性亏损与增值税进项税不断累加，因而在企业所得税与增值税方面，科创企业受惠的力度较小。

3. 人才政策不完善

2017年8月，四川天府新区推出《天府新区成都直管区"天府英才计划"实施办法》，对人才和人才项目进行奖励资助，以达到吸引人才的目的。2019年，经"天府英才计划"获得奖励的715人中，75人为特优人才，其余640人全部为优秀人才，没有顶尖、领军和高级人才。这表明新区还需要进一步完善人才政策，以提升人才引进的数量和质量。通过大力营造人才发展的良好环境，确保科创人才创业有机会、发展有空间、生活有保障，为科创企业发展创造更好条件。

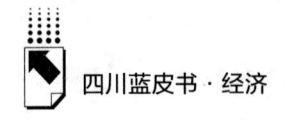

三 四川天府新区科创企业发展形势分析

近几年来，党中央国务院进一步明确了推进西部大开发形成新格局、构建成渝地区双城经济圈等一系列重大战略决策，省、市也把四川天府新区作为建设"四位一体"创新平台体系的核心支撑、西部（成都）科学城的战略新极核，走科技创新路线成为四川天府新区服务国家战略的重大政治责任。

（一）新战略定位带来巨大发展空间

国外日益重视科技创新在国民经济中的重要性，纷纷推出强力措施加快科技创新步伐，抢占技术制高点。国内各大城市也把积极培育科创企业当作强化未来竞争优势的重要手段，出台了一系列产业政策和人才新政。但从区域位势来看，中央、省、市给予四川天府新区的战略定位毫不逊色于国内其他地区。当前，科技创新中心、西部（成都）科学城、综合性国家科学中心和国家实验室建设等战略在四川天府新区相互叠加，未来一段时间，政策、资源、要素势必高度汇聚，新区科创企业将迎来重大发展机遇。

（二）科创企业数量有望迎来大幅增长

受制于科创载体建设的不足，此前很大一部分科创企业注册在四川天府新区，但实际办公地点在高新区、双流等邻近区域。经过近五年的发展建设，四川天府新区已初步形成以成都科学城为核心、全域联动发展的创新格局，成为全市科创资源密度最高、增速最快的区域。成都科学城毗邻的天府海创园和天府总部商务区等区域初步成型，为科创企业长期稳定发展提供了必要的硬件基础，部分企业"两地分居"的历史将彻底终结，新区科创企业数量也将有望迎来大幅增长。

（三）后疫情时代产业格局加速转型

新冠肺炎疫情加快了经济转型的进程和步伐，部分传统产业加速没落，而一些与信息技术高度关联的新兴产业得到了逆势增长，产业链供应链随着疫情发展加速洗牌重构。在此背景下，具有后发优势的四川天府新区不仅不会为产业转型耗费大量时间、精力和资源，还会有更大空间调整后疫情时代的产业布局，优化资源配置。新区科创企业也会瞄准这一时代潮流，根据自身优势和发展环境，重估和调整自身经营发展方向和布局，增强企业竞争力。

四 对策建议

（一）优化土地出让方式，完善土地考核指标

进一步探索土地全生命周期管理机制，积极盘活存量土地、闲置土地，提高土地集约节约利用水平，通过亩均税收考核，制定低效企业退出机制。学习沿海先进城市"限地价竞税收"的土地出让模式，在减少企业拿地负担上持续发力，通过缩短企业拿地年限、降低企业首次拿地价格、竞价未来10年亩产税收等方式，引导和鼓励高能级、高产出企业落户工业园区。同时，通过进一步深挖新区科创企业土地配置需求，先进地区头部企业、独角兽企业科技转化需求，特别是生产型、研发型科创企业生产用地、研发用地需求，设置大类产业条件和通用技术指标等考核方式，完善工业用地考核机制。积极接洽摸清先进地区头部企业、独角兽企业是否存在受制于土地价格、土地使用年限等因素造成企业发展缓慢的问题，引导企业将产线整体转移或新建产业功能园区，通过土地价格及营商服务吸引科创企业落户，充分给予新区科创企业发展拓展空间。

（二）扩容科技落地场景，促进科技型企业落地生根

进一步探索建立中小型科创企业科技成果转化平台，构建资源整合、供

需对接的技术服务和交易平台，以产业协会为主导、政府部门为协助，将政府、产业、学校、研究院、金融机构、服务机构等各类创新主体聚集串联起来，拓宽信息获取渠道，降低技术并购成本。进一步优化科创企业激励机制，瞄准重大技术研发成果、新兴技术成果落地转化、新兴产线落地等情况，分层分级落实企业创新奖励，积极培育服务本地科创企业发展。进一步增强高新技术成果承载能力，在增加创新孵化基地、科创产业基金的同时，对不同企业、不同需求、不同产业集群，引导社会力量开展技术交流、学术研讨等活动，增强新区创新创业氛围，在软、硬件两端持续发力，营造优良的创新场景。

（三）创新协同发展方式，打破区域发展壁垒

进一步探索跨区联合发展模式，积极依托成渝经济圈、成德眉资同城化发展规划，参照成阿工业园区等跨区合作发展模式，按照新区注册、税收分享的共享发展成果方式，与新区卫星城市共建工业产业园。探索总部在内、园区在外发展模式，充分发挥成德眉资同城化发展趋势，运用新区总部经济集聚效应、能级效应，引导企业将区域总部与区域产业园区异地配置。通过总、产两地合理分配税收的方式，在为企业搭建总部合作发展平台的同时，为企业提供足够的产业转化、产业落地空间。

（四）整合政府创新资源，完善全生命周期管理机制

从优化企业外部环境的角度来看，政府应帮助企业拓展资金来源，降低融资难度。一方面，政府部门可以把现有的创投、小贷、担保、贴息、上市支持等各类资源整合起来，提供投融资合作平台，实行"投、贷、保"联动的投融资服务方式，扶持和引导企业进行技术创新活动，促进科技成果转化，加快科技产业化进程。另一方面，应健全科创企业全生命周期管理机制。目前，四川天府新区在科创企业启动阶段、获得高新技术企业国家认定等环节已设立了财政资金激励，未来可以借鉴深圳的先进经验，致力于构建更加完善的全生命周期管理机制，逐步健全"基础研究＋技术攻关＋成果产业化＋科技金融"的闭环创新生态链。

（五）完善人才培育体系，打造优质发展软环境

高校和科研院所是培育人才的载体。当前，应积极争取科技含量高、产业发展匹配度高的研究中心落户新区，壮大现有院校和研发机构规模，打造一批高端创新平台载体，以此来培养满足自身发展需要的科创人才。由政府相关部门牵头搭建新区科创人才学习、交流平台，定期举行交流活动，创造更多相互学习、相互交流的机会。另外，努力提供优质生活条件和工作软环境，促进外来和本地人才在新区定居创业。同时，设立专门的工作机构和人才服务窗口，提供便捷优质的保障服务。

社会科学文献出版社

皮 书
智库报告的主要形式
同一主题智库报告的聚合

❖ 皮书定义 ❖

皮书是对中国与世界发展状况和热点问题进行年度监测,以专业的角度、专家的视野和实证研究方法,针对某一领域或区域现状与发展态势展开分析和预测,具备前沿性、原创性、实证性、连续性、时效性等特点的公开出版物,由一系列权威研究报告组成。

❖ 皮书作者 ❖

皮书系列报告作者以国内外一流研究机构、知名高校等重点智库的研究人员为主,多为相关领域一流专家学者,他们的观点代表了当下学界对中国与世界的现实和未来最高水平的解读与分析。截至2021年,皮书研创机构有近千家,报告作者累计超过7万人。

❖ 皮书荣誉 ❖

皮书系列已成为社会科学文献出版社的著名图书品牌和中国社会科学院的知名学术品牌。2016年皮书系列正式列入"十三五"国家重点出版规划项目;2013~2021年,重点皮书列入中国社会科学院承担的国家哲学社会科学创新工程项目。

权威报告·一手数据·特色资源

皮书数据库
ANNUAL REPORT(YEARBOOK) DATABASE

分析解读当下中国发展变迁的高端智库平台

所获荣誉

- 2019年，入围国家新闻出版署数字出版精品遴选推荐计划项目
- 2016年，入选"'十三五'国家重点电子出版物出版规划骨干工程"
- 2015年，荣获"搜索中国正能量 点赞2015""创新中国科技创新奖"
- 2013年，荣获"中国出版政府奖·网络出版物奖"提名奖
- 连续多年荣获中国数字出版博览会"数字出版·优秀品牌"奖

成为会员

通过网址www.pishu.com.cn访问皮书数据库网站或下载皮书数据库APP，进行手机号码验证或邮箱验证即可成为皮书数据库会员。

会员福利

- 已注册用户购书后可免费获赠100元皮书数据库充值卡。刮开充值卡涂层获取充值密码，登录并进入"会员中心"—"在线充值"—"充值卡充值"，充值成功即可购买和查看数据库内容。
- 会员福利最终解释权归社会科学文献出版社所有。

数据库服务热线：400-008-6695
数据库服务QQ：2475522410
数据库服务邮箱：database@ssap.cn
图书销售热线：010-59367070/7028
图书服务QQ：1265056568
图书服务邮箱：duzhe@ssap.cn

卡号：553687418624
密码：

S 基本子库
SUB DATABASE

中国社会发展数据库（下设 12 个子库）

整合国内外中国社会发展研究成果，汇聚独家统计数据、深度分析报告，涉及社会、人口、政治、教育、法律等 12 个领域，为了解中国社会发展动态、跟踪社会核心热点、分析社会发展趋势提供一站式资源搜索和数据服务。

中国经济发展数据库（下设 12 个子库）

围绕国内外中国经济发展主题研究报告、学术资讯、基础数据等资料构建，内容涵盖宏观经济、农业经济、工业经济、产业经济等 12 个重点经济领域，为实时掌控经济运行态势、把握经济发展规律、洞察经济形势、进行经济决策提供参考和依据。

中国行业发展数据库（下设 17 个子库）

以中国国民经济行业分类为依据，覆盖金融业、旅游、医疗卫生、交通运输、能源矿产等 100 多个行业，跟踪分析国民经济相关行业市场运行状况和政策导向，汇集行业发展前沿资讯，为投资、从业及各种经济决策提供理论基础和实践指导。

中国区域发展数据库（下设 6 个子库）

对中国特定区域内的经济、社会、文化等领域现状与发展情况进行深度分析和预测，研究层级至县及县以下行政区，涉及省份、区域经济体、城市、农村等不同维度，为地方经济社会宏观态势研究、发展经验研究、案例分析提供数据服务。

中国文化传媒数据库（下设 18 个子库）

汇聚文化传媒领域专家观点、热点资讯，梳理国内外中国文化发展相关学术研究成果、一手统计数据，涵盖文化产业、新闻传播、电影娱乐、文学艺术、群众文化等 18 个重点研究领域。为文化传媒研究提供相关数据、研究报告和综合分析服务。

世界经济与国际关系数据库（下设 6 个子库）

立足"皮书系列"世界经济、国际关系相关学术资源，整合世界经济、国际政治、世界文化与科技、全球性问题、国际组织与国际法、区域研究 6 大领域研究成果，为世界经济与国际关系研究提供全方位数据分析，为决策和形势研判提供参考。

法律声明

"皮书系列"（含蓝皮书、绿皮书、黄皮书）之品牌由社会科学文献出版社最早使用并持续至今，现已被中国图书市场所熟知。"皮书系列"的相关商标已在中华人民共和国国家工商行政管理总局商标局注册，如LOGO（ ）、皮书、Pishu、经济蓝皮书、社会蓝皮书等。"皮书系列"图书的注册商标专用权及封面设计、版式设计的著作权均为社会科学文献出版社所有。未经社会科学文献出版社书面授权许可，任何使用与"皮书系列"图书注册商标、封面设计、版式设计相同或者近似的文字、图形或其组合的行为均系侵权行为。

经作者授权，本书的专有出版权及信息网络传播权等为社会科学文献出版社享有。未经社会科学文献出版社书面授权许可，任何就本书内容的复制、发行或以数字形式进行网络传播的行为均系侵权行为。

社会科学文献出版社将通过法律途径追究上述侵权行为的法律责任，维护自身合法权益。

欢迎社会各界人士对侵犯社会科学文献出版社上述权利的侵权行为进行举报。电话：010-59367121，电子邮箱：fawubu@ssap.cn。

社会科学文献出版社